经管核心课程系列

商务经济学
Business Economics

主 编 李育冬 张荣佳

复旦大学出版社

序 言

互联网时代,经济社会发展日新月异。一些商务变革在深层次上影响着人们的生活,也在改变着企业的竞争局面。这些商务变革包括:智能手机的出现,各种层出不穷的手机应用软件和移动支付一步步改变了我们的学习、工作和日常生活;电子商务的发展改变了整个时代的购物方式,也加剧了产业之间的融合态势;共享经济和平台经济快速发展,共享的概念冲击着企业商业模式的变革……可以说,人类正面临一场有史以来最为迅速、广泛、深刻的革命——数字技术革命,各种技术创新在不断冲击着当前的经济社会。在新一轮技术革命驱动下,商务活动也是变幻莫测的。一方面,企业运营、商业模式的创新离不开基础的经济学理念和原则;另一方面,这些新兴的商务现象也形成了对传统经济学的巨大挑战,需要新的理论对其加以解释,并进行系统梳理。

从人才培养的角度看,传统的经管人才的培养已经难以满足社会经济快速发展的需要,新兴的商务活动呼唤新型卓越的商科人才。这类新型卓越的商科人才必须是突出的"双面手",既具备敏锐的市场触觉和把握经济社会发展趋势的感性认知能力,又具备高度理性的定量分析、数据挖掘处理能力。正是在这样的背景下,教育部在普通高等学校本科专业目录中新增了商务经济学这一特设专业。

商务经济学正是该专业人才培养方案中的核心专业基础课。但是,目前国内没有以"商务经济学"命名的中文教材。国际上常见的一些相似的教材有 Business、Economics for Business、Business Economics 等,大致可以分为三类:第一类是围绕企业经营过程中的所有商务活动展开,涉及企业竞争战略、价格或产量决策、投资、人力资源管理、财务等方方面面,内容过于庞杂;第二类是侧重介绍经济学理论,包括微观经济学和宏观经济学,可以看作是从企业视角对经济学理论进行的改编版;第三类是侧重从产业组织的视角对企业的经营活动加以分析和探讨,注重分析企业经营所处的外部商务环境。上述三类教材与我们对商务经济学的界定有着一定的偏差。

本书重点介绍新兴商务背景下企业运营的经济环境对企业经营活动的影响,以及企业决策过程中经济分析方法的运用,帮助学生掌握商务活动背后的基本经济理论,为后续学生更深刻地理解企业的商务活动、进行商务决策打下基础。同时,本课程立足中国经济发展的现状,解释中国经济发展中的新兴商务问题,如共享经济的发展、全球化以及全球贸易环境变化对中国企业"走出去"战略的影响、"一带一路"倡议的提出等,同时也增加了关于大数据与新零售、新兴商业模式等内容的讨论。教材的理论性与应用性并重,有助于学生建立国际化视野,进一步强化经济学分析方法在现实中的应用,为高素质商科人才培养服务。

本书用经济学的分析方法认识企业商务活动及商务环境分析,章节逻辑清晰,体系严谨。本书共分三部分:第一部分是导论及商务环境分析部分(包括第一至三章);第二部分是企业商务决策分析(包括第四至六章);第三部分是商业模式及新兴业态分析(包括第七至九章)。教材立足中国经济发展的实际,在案例上坚持"本土化",致力于解释中国经济与中国企业发展中的新兴问题。同时,在坚持发挥传统经济学的强大分析能力的基础上,也尝试引入行为经济学、委托代理理论等现代经济理论和现代企业理论。在这样一个尝试摸索的过程中,本书难免会存在不足和薄弱之处,期待未来再版中进一步改进。

上海商学院商务经济学专业的教师顾振华、王琳琳、王晨、李成彬、刘玉飞、孙迪等六位教师为本书一些具体章节的创作提供了巨大的帮助,对于他们的突出贡献,在此表示由衷感谢。在本书的撰写过程中,我们也与商务经济学委员会各兄弟院校的同仁进行了深入沟通,对他们提出的启发性建议一并致谢,他们对本书的编写产生了积极影响。我们特别要感谢北京大学汇丰商学院的魏炜教授和清华大学经济管理学院的朱武祥教授,他们在国内首创的魏朱商业模式理论影响力巨大。在多次举办的商业模式师资培训班和研讨交流会中,我们都受益匪浅。基于此,本书在第七章专门介绍了魏朱商业模式理论。当然,文责由编者自负。

李育冬、张荣佳

2020 年 11 月

目　　录

第一篇　导论及商务环境分析

第一章　导论 …………………………………………………… 3
1.1　技术创新与新兴商务变革 / 3
1.2　商务的内涵 / 8
1.3　商务分析中的经济学方法 / 20
1.4　商务经济学与其他学科的联系与区别 / 23
思考题 / 26
参考文献 / 26

第二章　商务环境分析 …………………………………………… 27
2.1　企业的外部商务环境分析 / 27
2.2　基于SCP范式的产业背景分析 / 33
2.3　全球化背景下的国际商务环境分析 / 36
思考题 / 47
参考文献 / 48

第三章　政府、企业与市场 ……………………………………… 49
3.1　市场失灵和政府干预 / 49
3.2　政府规制的基本理论 / 51
3.3　互联网经济中的垄断与政府规制 / 59
3.4　商业伦理、社会责任与政府规制 / 63
3.5　商业周期、企业行为与政府规制 / 65
思考题 / 68
参考文献 / 68

第二篇 企业商务决策分析

第四章 新兴商务市场与企业发展 ········· 73
4.1 认识新兴商务市场 / 73
4.2 企业在商务市场上的定位 / 75
4.3 企业在商务市场上的扩张 / 80
4.4 企业在商务市场上的发展 / 85
思考题 / 88
参考文献 / 89

第五章 新商业业态下的需求管理和客户分析 ········· 91
5.1 需求和企业 / 91
5.2 理解客户行为和客户关系管理 / 99
5.3 市场估计和需求预测 / 106
5.4 网络营销 / 114
思考题 / 120
参考文献 / 120

第六章 商务企业战略决策 ········· 121
6.1 价格战略与价格决策 / 121
6.2 数字产品的定价规则与在线市场价格 / 127
6.3 新兴商务背景下品牌战略决策 / 132
思考题 / 138
参考文献 / 139

第三篇 商业模式及新兴业态分析

第七章 商业模式分析——基于魏朱商业模式理论 ········· 143
7.1 商业模式的内涵 / 143
7.2 商业模式的经济解释与设计 / 146
7.3 商业模式重构 / 153
7.4 生态系统视角的商业模式分析 / 162

思考题 / 165

参考文献 / 165

第八章 上海商业新业态与商业模式创新 …………………………… 166
8.1 上海商业新业态与上海经济 / 166
8.2 商业模式创新 / 180
8.3 商业模式创新案例——以上海"拼多多"为例 / 187

思考题 / 195

参考文献 / 195

第九章 商务经济新发展 …………………………………………………… 198
9.1 大数据与商务决策 / 198
9.2 网络经济与网络外部性 / 201
9.3 平台经济：单边平台和双边平台 / 206
9.4 共享经济：基本理论及其发展 / 217

思考题 / 223

参考文献 / 223

第一篇 导论及商务环境分析

第一章 导论

当今互联网时代,人类正面临一场有史以来最为迅速、广泛、深刻的革命——数字革命,各种技术创新正不断冲击着当前的经济社会,经济社会发展日新月异。在新一轮技术革命驱动下,商业世界也是变幻莫测的。近十多年来,长尾、众包、网红经济、社群经济等新理念、新模式不断涌现。一些商务变革在深层次上影响着人们的生活,智能手机的出现、各种层出不穷的手机应用软件和移动支付逐步改变了人们的学习、工作和日常生活。同时,电子商务的发展改变了整个时代的购物方式。电子商务为企业提供了更加丰富、精准、及时的消费数据,进而提高了企业挖掘分析消费者需求的能力,推动了一些企业从制造环节走出来,从事消费者分析以及销售产品设计的业务。与传统的线下零售相比,电子商务不仅能突破地理限制,也能更精准地找到特定人群,以及进行更差异化的市场细分。通过电商交易形成的海量消费数据可以被企业运用于新产品设计中。虽然目前企业对数据利用的水平还有待很高,但在电子商务背景下,对需求信息的分析和利用有助于企业根据消费者需求更加精准地进行产品创新。

共享经济和平台经济的快速发展正在加速推进企业商业模式的变革,一批高速成长的企业颠覆了传统行业,如 Airbnb 的出现对传统酒店行业的冲击。一方面,企业运营、商业模式的创新离不开基础的经济学理念和原则,需要依靠规范的经济学分析工具来获得更具有启示意义和实践价值的结论;另一方面,一些新的商务问题不断涌现,这也形成了对传统经济学的巨大挑战。我们除了需要关注变革的内容和结果,更重要的是要把握住这些变革的本质与趋势。基于此,我们需要在新的理论分析框架下对新兴商务活动加以解释,并进行系统梳理。

在本章中,我们将简要地介绍商务经济学的发展背景,并分析商务活动主体——企业组织以及它是如何发展的。首先,我们将对当前技术创新与商务变革的背景进行分析,讨论企业的属性以及组织结构,并分析企业等商业机构是如何满足顾客需要并赚取利润的。接着,我们将回顾商务分析中重要的经济学概念及分析方法。本教材是问题导向型的,着眼于企业面临的实际问题,并展示经济学如何帮助企业解决这些问题。

1.1 技术创新与新兴商务变革

技术创新与技术进步极大地改变了传统的商务运营模式,并对当前经济社会的发展形成了巨大的冲击。具体而言,以大数据、智能化、移动互联网、云计算为代表的新一代信息通信技术与电子商务全面深度融合,重塑商业模式,创新交易场景,提高了企业的运营效率。当前,我国政府正在积极推进网络提速和 5G 产业布局,网络提速实际上是完善数字经济的基础设施,对于促进新经济、新业态出现以及推进"互联网+"、人工智能等与相关产业融合具有重要作用,同时有助于推进产业升级和优化供给结构,从而有助于稳定经济增长和就业。

当前,对企业商业模式创新具有显著影响的四类技术是:

(1) 传感器技术,实现了成本更低、范围更广的数据收集;

(2) 大数据、人工智能和机器学习技术,帮助公司将海量非结构化数据转为规则和决策;

(3) 互联设备(物联网)和云技术,实现了广泛的去中心化数据操控和分析;

(4) 制造技术(如纳米技术和3D打印),为分散的小规模制造创造了更多机会。

从产业中观层面看,这些新技术意味着新的产品和服务的出现,互联网深度应用催生的快速、便捷、个性、科技等特征正推动制造业、服务业逐渐走向高端化。浙江丽水3D打印技术服务中心就是以3D打印技术催生"智造"新业态的典型代表,3D打印技术已应用到文化创意、机电制造、医疗器械、建筑、教育、航空航天、影视动漫等领域。丽水3D打印技术服务中心自2013年成立以来,推动了丽水市经济发展,尤其是青瓷、青田石雕等文创产业以及现代装备制造业的科技创新和转型升级。从微观层面看,企业在千方百计地为这些新兴技术寻找最佳匹配的商业模式,在客户的个性化需求日益突出的今天,成功的商业模式需要将技术和需求更好结合起来,企业才能获得核心竞争力。

综合来看,这些信息技术的全面深度应用使得消费方式向全时空、个性化方向发展,流通方式向集中化、直接化方向发展,生产方式向定制化、专业化、分散化方向发展。商业、技术和人文深层次融合,产业跨界、交互发展成为常态。新技术、新行业、新服务的不断融合,一方面不断改造、提升现有商业发展水平,另一方面促进了各类新商业的兴起,催生新的增长点,推动形成互联网经济新格局。

1.1.1 新技术重塑商业模式

商业模式(Business Model)是近年来管理学界以及业界热议的一个概念。学者们关注商业模式的视角不同,给出的定义也各不相同。国内目前关于商业模式研究具有影响力的理论之一是魏朱商业模式理论。该理论是根据其创始人——北京大学魏炜教授和清华大学朱武祥教授的名字命名的。他们将商业模式定义为企业为了最大化企业价值而构建的企业与其利益相关者的交易结构,即"利益相关者的交易结构",并在全国率先推出"魏朱商业模式六要素"模型。在本质上,商业模式是一个由焦点企业及其供应商、合作伙伴等外部主体形成的复杂系统,它描述了一个公司如何创造和获取价值。当交易结构可以持续交易时,就会创造出新的价值,每一方会按照一定的方式去分配这个价值,而分配比例在很大程度上取决于双方的讨价还价能力以及实力对比。如果每一利益相关方获得的价值超过了它投入资源的机会成本,这个交易结构便能达成并持续下去。关于商业模式的具体讨论,详见本书第七章。

商业模式是动态调整的,市场需求的改变、竞争环境的变迁、技术进步以及新的利益相关者的出现都会促使企业进行商业模式再设计和创新,其中技术创新对商业模式的影响尤为显著。从某种意义上讲,商业模式本身具有很强的非连续性属性,表现出跨越式、间断发展的趋势,过去的经验对未来商业模式设计的参考意义几乎为零,但这并不否认商业模式存在渐进式改革。魏炜等(2015)将商业模式创新区分为商业模式变革和商业模式渐进式创新,前者伴随着价值创造机理的显著革新,后者则是指在商业模式价值创造机理不变的前提下进行模式微调,是一种稳定性管理。对于高速成长企业,其商业模式创新带给企业巨大的发展空间。但是,对于大多数非高速成长企业,应该如何应对新商业环境下的变革,仍然是一个需要慎重考虑的问题。

Timmers(1998)、Amit 和 Zott(2001)等早期研究者认为,以互联网技术为代表的新技术是商业模式创新的主要动力。随后,Kodama(2004)、Faber 等(2003)、Yovano 和 Hazapis(2008)等学者的研究也表明,在更广泛的 IT 和 IC 领域,产业模块化和产业融合等技术变化推动了美国、欧洲国家和日本相关企业的商业模式创新,而且商业模式创新有助于企业在更大程度上获得技术变化所带来的收益。此外,Willemstein、Valk 和 Meeus(2007)的研究也证实了企业内部技术的提升是推动生物制药企业商业模式创新的动力之一。

Timmers(1998)、Kodama(2004)、Venkatraman 和 Henderson(2008)等学者谈到了 IT 系统在商业模式创新中的作用,并强调 IT 系统建设要与商业模式创新相匹配。IBM(2006)认为,IT 变革是商业模式转变的一个内在因素,同时也决定了商业模式转变的可行性。在商业模式创新中,企业技术人员应该配合企业管理者从三个方面实施商业模式创新的行动,即理解商业模式的系统构成,用商业思维对企业现有的 IT 模式进行创新,建设柔性化和响应化的 IT 基础设施。

另外,商业模式在某种程度上也可以驱动技术创新。在魏炜教授看来,在传统的产品技术研发路径(即用户需求导向和技术自身发展)之外,可以先设计出一个商业模式,然后再设计与模式相匹配的产品。这意味着,商业模式驱动可以成为引领产品技术发展方向的第三个来源。除了引领技术创新,成功的商业模式通过连接技术与市场需求,推动产业突破性发展。这是斯泰利奥斯·卡瓦迪亚斯等人于 2016 年 10 月发表在《哈佛商业评论》一篇文章里提到的重要观点。在他们看来,尽管新技术往往是主要因素,但它们从未颠覆过一个行业。实现这种颠覆的是商业模式的革新,成功的商业模式可以将新技术与新的市场需求联系起来。他们进一步明确了此类商业模式应该具备的六要素:(1)定制化程度更高的产品或服务;(2)实现产品循环使用的闭环流程;(3)资源共享;(4)基于顾客对产品或服务的使用情况定价;(5)与供应链合作伙伴合作性更高的生态系统;(6)能对市场变化做出实时调整的敏捷的自适应组织。研究认为,通常具有三种以上的要素才能构成颠覆性商业模式创新,且具备的要素数量越多,越有助于企业的成功。

在理论上,一个新的商业模式具备上述要素越多,其改变行业的潜力就越大。这类商业模式也被称为颠覆性商业模式或转型性商业模式,顾名思义,此类商业模式可以助推产业转型,使产业发生根本性变革,就如 Uber 和 Airbnb 的出现颠覆了传统的出租车和酒店行业一样。颠覆性商业模式通常从企业外部视角出发进行资源整合,往往适用于新创企业。正如美国哈佛商学院著名教授克里斯滕森所认为的,大公司很难做出颠覆性的商业模式创新。这从另外一个角度也说明,颠覆性商业模式的存在仍然是少数。对于绝大多数企业而言,尤其是资源能力有限的中小企业,重点不是进行颠覆性的商业模式创新,而是有针对性地在原有业务基础上,结合自己的企业基因,选择适合自己的渐进性商业模式创新,在时机成熟时,再尝试颠覆性商业模式改革。

1.1.2 新技术创新交易场景

电子商务改变了传统的线下交易场景。目前,新兴技术的出现也在改变着大家习以为常的线上交易(例如,在网站上看着一张张商品图片和文字描述进行选购,然后物流送货上门)。电子商务平台的竞争已从资源驱动时代进化到技术驱动时代。未来商业的变革越来越依托于新技术的创新。

在以大数据、云计算、人工智能、虚拟现实、物联网等为代表的新一代技术快速发展的情况下,大容量数字产品、三维位置服务、全息商品展示等应用领域酝酿新的突破,智慧化、场景化、平台化将引领电子商务的发展,创造精准匹配、交互式购物等用户体验,为消费者提供更加多样化的消费场景。看电影、电视剧时候的同款周边链接,电子阅读时相关物品在屏幕下方罗列,网红主播在平台上去讲解游戏时下方出现各种玩家周边,随着广告、内容、产品、交易之间的界限愈加模糊,消费者购买的决策时间越来越短,个性化的场景需求更加明显。

利用虚拟现实、自动识别等技术,可以为消费者创造沉浸式购物体验,提供更为智能、便捷和安全的网购方式,提升客户服务水平。沉浸式购物的方式要比现在从电脑或者智能手机屏幕中浏览商品更要充满诱惑力,消费者足不出户便能身临其境感受真实般的购物体验。例如,以往如果消费者想更换一台沙发,那么只能靠图纸加想象,而现在却可以轻而易举地将沙发移动到想要的位置,进行家具的更换展示。在 AR 场景中,消费者可以自由地缩放、放大、移动、摆放,还可以尝试各种各样的款式、颜色和风格,随心所欲地操纵"大件家具"。360 度产品细节展示,突破视界、身临其境的沉浸式体验将颠覆性地改变传统交易模式。这种交易模式的好处是大幅减少退货风险,用户可以在购买家具之前先在智能手机上预览一下实际的摆放效果,避免出现购买之后风格不搭或者不喜欢还得退货的麻烦。阿里巴巴推出"Buy+"计划,京东成立电商 VR/AR 产业推进联盟,布局沉浸式购物场景,毫无疑问,未来沉浸式购物将会成为用户的主要线上消费模式。

随着增强现实、虚拟现实、混合现实等技术的成熟与普及,体验式营销内容更加生动化,用户早已不再局限于静态的屏幕展示以及日常的内容呈现。消费体验数字化趋势延续技术和数字化的进步变革不仅改变着消费者们的消费方式和消费习惯,也在进一步提高用户的消费体验。通过搭建多元数字化场景,不仅嗅觉等更多感官将被数字化,从线上的支付方式、社交媒体,到线下门店体验,都将被全面数字化。

有学者提出,互联网绝不只是营销渠道,而是对企业的生产方式、商业模式和组织管理模式的全方位再造。中国企业创新的主要领域正在由"WTO+外需"快速转向今天的"互联网+内需",这一趋势在近十年尤其显著。这一转变将有望孕育出真正有中国特色的生产方式、商业模式、组织模式。果真如此,这将是继美国福特制和日本丰田制之后,中国企业对全球商业文明作出的巨大贡献①。

1.1.3 新技术提高运营效率

作为一种可用资源和企业新能力、新竞争手段的衍生基础,互联网引发了经济活动的"破坏式创新"(Afuah & Tucci,2003;赵振,2015)。作为连接不同群体的中介技术,互联网轻松打破了时空限制,形成了一个低成本、开放、标准的虚拟空间和平台,为大量的多元化用户群体提供了近乎零成本的交流渠道(Afuah & Tucci,2003;Wu & Hisa,2008;Hagel & Armstrong,1997)。

---

① 资料来源:商业评论网,http://www.ebusinessreview.cn/articledetail-175135.html。

传统工业经济时代,地域分割进一步分散了需求,大部分厂商为了规模经济不得不将消费者进行同质化看待(Anderson,2006)。互联网情境则极大唤醒企业了对其深度开发的可能,并带来广泛的经济效应。互联网提供的广泛的信息沟通和反馈渠道,大大减少了供需双方之间的信息不对称(Afuah & Tucci,2003)。企业利用大数据、云计算、北斗导航、人工智能等技术,提升数据处理和分析能力,捕捉消费者个性化消费需求,优化物流路径,改善企业运营效率和营销水平。在传统社会中,因为信息的不对称使社会的"供给"和"需求"始终是错位的,这就需要商人的商业行为去对接"供给"和"需求",商人同时也可以从中谋利。互联网搭建起的商业基础会越来越完善,今后两者可以随时精准连接。

以 AR 技术为例。AR 技术的全称是 Augmented Reality,即增强现实技术,通过电脑模拟仿真后再叠加,可以在电脑或手机屏幕上将虚拟世界套入现实世界中并进行互动。现在在家具装修领域已开始应用,也标志着远程体验和增强现实已成为能真正服务商业的新应用。在虚拟技术中,企业实体经营成本大幅度减小,为了让消费者能体验到家具样式和尺寸,家具厂商们往往需要将样品摆放到距离消费者最近的商场或者家具城,这需要大量的场地和物流作为支撑,意味着高昂的租赁成本、人工成本、仓储物流成本、退换运费成本等。但是,通过 AR 技术的应用,消费者在自己家中虚拟呈现一个家具场景后下单,家具厂商就可以收到订单,并按图索骥地为用户制作家具,甚至可以达到按户型、按尺寸定制。

随着机器学习、深度神经网络、知识图谱构建、自然语言处理等方面的技术进步,人工智能客服机器人将拥有类似人类客服的知识体系和服务能力,未来 90% 的用户服务可以由人工智能客服完成。随着无人机、无人车、无人驾驶汽车、无人仓库等新技术的应用,物流的智能化至少可以提高 30% 的效率,降低物流行业成本。美国电子商务巨头亚马逊正计划使用巨型空中仓库来帮助无人机进行货物交付,一些储存着大量产品的飞艇或飞船在 4.5 万英尺的海拔高度上盘旋,然后部署无人机在几分钟内交付货物。数字化能够以信息流的高效运转提升全产业链的协调效率,从而减少信息不对称和交易成本,比如通过信息系统对数据的高效收集和处理实现生产协同、降低迂回物流和相关成本等(Mukhopadhyay,1995)。

企业运营效率提升的一个重要表现是柔性生产对大规模生产的替代。柔性生产是相对于大规模生产而言的。大规模生产结束于 20 世纪 80 年代,在很多方面已经被柔性生产赶超。柔性生产是现代生产模式的主流方向和共同基础。由于同质化需求被极大瓦解,使消费者在很大程度上逐渐取代了生产者的市场中心地位,大规模生产被柔性生产所取代(Duguay,1997)。随着信息技术和电子商务的普遍应用,柔性生产的积极作用进一步得到强化。商务智能和大数据的应用会提升电子商务的能级,智能商务将会颠覆传统的电子商务模式。电子商务(网络销售)有助于实现供应链协同,提高生产效率。

电子商务引发的个性化、多样化需求造成了制造业生产品种的增多和生产批量的减少。柔性生产使得个性化定制与标准化大批量生产的矛盾因此得以解决,生产流程得到了极大的简化。同时,也由于先下单、后生产而实现了零库存,节约了库存成本。柔性生产机制高度适应了零售订单的变化。

整体来看,以互联网为商业基础设施、由消费者所驱动的、能够实现大规模定制乃至个性化定制的 C2B(Consumer to Business)商业模式,在诸多行业和企业中已经开始了快速发育。它的三大支撑就是个性化营销、柔性化生产和社会化协作的供应链。柔性化生产的演进,是一场正发生在中国部分行业、部分企业车间里的一场静悄悄的生产革命。

1.2 商务的内涵

1.2.1 企业与商务活动

商务这一词来源于英文的 Business 或 Commerce,与传统的"商业"一词是最为接近的,传统层面上的商业有广义与狭义之分。广义的商业是泛指一切以盈利为目的的事业;狭义的商业是指专门从事以货币为媒介的"转售"(商品交换)活动,从而实现商品流通的盈利性事业,也就是通常所说的贸易业,包括国内贸易业与国际贸易业。但是,在当今信息技术高度发达的现代经济生活中,商务这一术语显然包含了比传统商业更丰富的内涵,电子商务的出现恰恰说明了这一点。

在维基百科英文的释义中,Business 一词包含四个不同的含义:第一种情况,也是最常见的情况,Business 指的是企业组织,与消费者进行产品和服务的贸易;第二种情况,Business 指的是商务部门,反映经济体中以企业为主体的贸易综合活动和产业活动;第三种情况,Business 指的是贸易,描述商品的交易过程;第四种情况,特指某一特定的产业。

本书从企业的角度去研究商务活动。首先,需要对企业有一个直观的认识。虽然传统的(新古典)企业理论通常以高度抽象的方式(用投入产出关系描述的"黑箱")对待企业组织,但最近的研究认识到企业创业活动的复杂性,并为企业在将投入转化为产出方面的作用提供了更为现实的观点。企业不再仅仅被视为具有集体思维的实体,企业在经营过程中,不同利益相关者有着不同的目标,这些目标甚至是相互冲突的。

那么,如何来理解企业呢?企业一般是指以盈利为目的,按照一定的组织规律,运用各种生产要素(土地、劳动力、资本、技术和企业家才能等),向市场提供商品或服务换取收入,实行自主经营、自负盈亏、独立核算的法人或其他社会经济组织。在自由市场中,企业自主决定生产什么、如何生产及以什么价格销售。在自由市场体制中,京东、亚马逊这样的网络平台能够销售任何法律允许范围内的商品,从电视、玩具和工具到计算机、照相机和服装。要获得成功,企业必须具备三大特点:(1) 对人、财、物以及信息进行有效组织;(2) 满足消费者的需求;(3) 盈利,即企业必须能够获得正的经济利润。

虽然许多人——特别是公司股东,认为利润是公司的本质底线或最重要的目标,但利益相关者却可能看重的是公司的社会责任。这里的利益相关者是指受组织机构的政策、决定和活动影响的不同人群或各类人群。企业所获得的利润成为企业家的财产。因此,在某种意义上,利润是企业家因生产和提供客户需要的产品和服务而获得的报酬。同样,利润也是企业家因承担企业所有权方面的风险所获得的报偿。除企业家外的所有其他人——员工、供应商、银行等贷款人,都必须在企业家之前获得报偿。企业家则以他们的投入为底线,一旦经营失败,他们有可能失去他们投入的一切。

在更抽象的理论层面上,科斯(1937)认为企业就是"当一个企业家控制某种资源时出现的关系体系"。劳动力、资本、土地和原材料等各种资源的所有者都和某一代理人签订双边契约关系,这些资源的使用及分配则完全取决于企业决策者的战略意图,会随时因为企业市场环境的变化而调整。这一个过程与市场机制下的个体分散决策完全不同。所以,人们通常认为,企业内的资源是按计划进行分配,而市场条件下的资源分配则是在价格机制指导下分散进行的。企业和市场是两种不同的资源分配方式,企业的出现是为了节约交易成本,这是以科斯为代表的新制度经济学的重要观点。

企业是社会发展的产物,因社会分工的发展而成长壮大。企业是市场经济活动的主要参与者;在社会主义经济体制下,各种企业并存共同构成社会主义市场经济的微观基础。企业存在三类基本组织形式:独资企业、合伙企业和公司制企业。公司制企业是现代企业中最主要的、最典型的组织形式。

一、独资企业

独资企业是指一人投资经营的企业。个人出资经营、归个人所有和控制、由个人承担经营风险和享有全部经营收益的企业,独资企业投资者对企业债务负无限责任。

独资企业是企业制度序列中最初始和最古典的形态,也是民营企业主要的企业组织形式。独资企业的主要特点:(1)企业资产所有权、控制权、经营权、收益权高度统一;(2)企业所有人自负盈亏和对企业的债务负无限责任成为强硬的预算约束;(3)企业的外部法律法规等对企业的经营管理、决策、进入与退出、设立与破产的制约较小。

独资企业的缺点:(1)难以筹集大量资金。因为一个人的资金终归有限,以个人名义借贷款难度也较大。因此,独资企业限制了企业的扩展和大规模经营。(2)投资者风险巨大。企业业主对企业负无限责任,在硬化了企业预算约束的同时,也带来了业主承担风险过大的问题,从而限制了业主向风险较大的部门或领域进行投资的活动。这对新兴产业的形成和发展极为不利。(3)企业连续性差。企业所有权和经营权高度统一的产权结构,虽然使企业拥有充分的自主权,但这也意味着企业是自然人的企业,业主的疾病或死亡、他个人及家属知识和能力的缺乏,都可能导致企业破产。(4)企业内部的基本关系是雇佣劳动关系,劳资双方利益目标的差异构成企业内部组织效率的潜在危险。

二、合伙企业

合伙企业指自然人、法人和其他组织依照《中华人民共和国合伙企业法》在中国境内设立的,由两个或两个以上的自然人通过订立合伙协议,共同出资经营、共负盈亏、共担风险的企业组织形式。

合伙企业可分为普通合伙企业和有限合伙企业。

- 普通合伙企业由2人以上的普通合伙人(没有上限规定)组成。在普通合伙企业中,合伙人对合伙企业债务承担无限连带责任。在特殊的普通合伙企业中,一个合伙人或数个合伙人在执业活动中因故意或者重大过失造成合伙企业债务的,应当承担无限责任或者无限连带责任,其他合伙人则仅以其在合伙企业中的财产份额为限承担责任。
- 有限合伙企业由2人以上、50人以下的普通合伙人和有限合伙人组成,其中普通合伙人和有限合伙人都至少有1人。当有限合伙企业只剩下普通合伙人时,应当转为普通合伙企业,如果只剩下有限合伙人时,应当解散。普通合伙人对合伙企业债务承担无限连带责任,有限合伙人以其认缴的出资额为限对合伙企业债务承担责任。

合伙企业具有以下五个特点。
- 生命有限。合伙企业比较容易设立和解散。合伙人签订了合伙协议,就宣告合伙企业的成立。新合伙人的加入,旧合伙人的退伙、死亡、自愿清算、破产清算等均可造成原合伙企业的解散以及新合伙企业的成立。
- 责任无限。合伙组织作为一个整体对债权人承担无限责任。按照合伙人对合伙企业的责任,合伙企业可分为普通合伙和有限合伙。普通合伙的合伙人均为普通合伙人,对合伙企业的债务承担无限连带责任。
- 相互代理。合伙企业的经营活动,由合伙人共同决定,合伙人有执行和监督的权利。合伙人可以推举负责人。合伙负责人和其他人员的经营活动,由全体合伙人承担民事责任。换言之,每个合伙人代表合伙企业所发生的经济行为对所有合伙人均有约束力。因此,合伙人之间较易发生纠纷。
- 财产共有。合伙人投入的财产,由合伙人统一管理和使用,不经其他合伙人同意,任何一位合伙人不得将合伙财产移为他用。只提供劳务,不提供资本的合伙人仅有权分享一部分利润,而无权分享合伙财产。
- 利益共享。合伙企业在生产经营活动中所取得、积累的财产,归合伙人共有。如有亏损则亦由合伙人共同承担。损益分配的比例,应在合伙协议中明确规定;未经规定的可按合伙人出资比例分摊,或平均分摊。以劳务抵作资本的合伙人,除另有规定者外,一般不分摊损失。

三、公司制企业

公司制企业又称股份制企业,是指按照法律规定,由法定人数以上的投资者(或股东)出资建立、自主经营、自负盈亏、具有法人资格的经济组织。我国目前的公司制企业包括有限责任公司和股份有限公司两种形式。当企业采用公司制的组织形式时,所有权主体和经营权主体发生分离,所有者只参与和作出有关所有者权益或资本权益变动的理财决策,而日常的生产经营活动和理财活动由经营者进行决策。

有限责任公司简称有限公司,中国的有限责任公司是指根据《中华人民共和国公司登记管理条例》规定登记注册,由50个以下的股东出资设立,每个股东以其所认缴的出资额为限对公司承担有限责任,公司法人以其全部资产对公司债务承担全部责任的经济组织。有限责任公司包括国有独资公司以及其他有限责任公司。

股份有限公司是指公司资本由股份所组成的公司,股东以其认购的股份为限对公司承担责任的企业法人。我国《公司法》规定,设立股份有限公司,应当有2人以上、200人以下为发起人。由于所有股份公司均须是负担有限责任的有限公司(但并非所有有限公司都是股份公司),所以一般合称股份有限公司。

公司制企业的优点有以下四项。
- 无限存续。一个公司在最初的所有者和经营者退出后仍然可以继续存在。
- 有限债务责任。公司债务是法人的债务,不是所有者的债务。所有者的债务责任以其出资额为限。
- 所有权的流动性强。
- 资本市场的优越地位。

公司制企业的缺点有以下三项。
- 双重课税。公司作为独立的法人,其利润须交纳企业所得税,企业利润分配给股东后,股东还须交纳个人所得税。
- 组建公司的成本高。《公司法》对于建立公司的要求比建立独资企业或合伙企业高,并且须提交各种报告。
- 委托代理问题突出。经营者和所有者分离以后,经营者称为代理人,所有者称为委托人,代理人可能为了自身利益而伤害委托人利益。

阅读 1.1

知识驱动的企业性质的演变

在知识驱动的经济中,创新已经成为在商业世界中获得成功的关键。随着知识变得越来越重要,为了保持在当今全球市场中的竞争力,企业组织,无论大小,均开始对它们产品、服务,甚至是企业文化进行重新评估。更具前瞻性的企业已经认识到,只有通过这种根本性彻底改革,它们才有望在这种愈演愈烈的竞争中存活。

知识是许多行业在经济中获得成功的基础,并且对于大多数企业来说,关键知识掌握在劳动力中的技术成员手中。这样便形成了知识市场,在这种市场中掌握知识的人士能够获得高薪酬,并且通常是被"争相争抢"的资源。这种"知识经济"正在从根本上改变企业的性质、组织形式以及传统习惯。

以前的传统有限公司主要基于以下五种基本原则:

- 个体员工需要企业以及企业提供的收入比企业需要他们的程度要高。毕竟,雇主总是可以找到适用人员来代替现有员工。如果一名员工失去了他的工作,那么对于该名员工的机会损失远比企业的机会损失要大得多。因此,在就业关系中,公司曾经是主宰方。
- 员工倾向于全职工作,并且依赖于这份工作,因为这是他们的唯一收入来源。
- 公司是一体化组织形式,管理结构单一,控制着各个阶段的生产活动。这曾经被认为是效率最高的组织生产活动方式。
- 供应商,特别是制造商,因控制着有关其产品或服务的信息,其影响力远远凌驾于顾客之上。
- 在以前,某行业相关的技术通常是在行业内研发的。

然而,如今,随着知识经济的到来,这些原则几乎完全发生了改变。知识经济中的关键资源是知识本身以及掌握知识的员工。如今,没有这样的员工,公司很难成功。因此,在如今的经济体系中,企业和专业员工之间的影响力更加平等。

尽管大多数员工仍然处于全职工作状态,但是企业开始变得越来越具有灵活变通性,在雇用合同的形式上也更具有多样性,例如,兼职和短期合同以及顾问咨询形式等,这意味着全职不再是唯一的选择。因此,越来越多的员工开始以非传统的方式向企业提供服务,如企业顾问。

由于越来越多的公司开始向更为复杂的全球市场供应它们的产品,因此许多公司发现它们不完全具备自己操办全盘事务(即,从生产的所有阶段、研发、在具体市场上进行产品调整,到市场营销和销售)所需的专业知识。随着通信成本越来越低,"外包"和"解除一体化"能使企业提高效率并且更具有灵活性。如今,企业不仅将各种生产活动阶段进行外包,许多企业还聘用专业公司提供重要区域的管理服务,例如 HRM(人力资源管理)——聘用、解聘、培新、福利等。

以前,在企业与顾客之间,信息由企业掌握着,但如今,信息可通过互联网这样的来源获得,因此影响力开始转向客户这边。

与几十年前不同的是,当今科技发展与行业不再具有特定性。知识发展已经超越了行业之间的界限。这就意味着,在知识驱动型经济中,企业要想发展和增长,目光不能局限在本行业内。如今,我们经常看到超越行业类型和技术界限的企业间的合伙和合资组织形式。

从以上的分析,我们可以明显看出,知识经济原理要求企业在性质上进行根本性的改变。在组织形式上,企业要更为灵活才能有助于适应不断变化的市场条件。成功的企业利用它们的核心竞争力获取市场优势,最终在它们擅长的方面成为专家。在其他业务方面,公司必须通过将专业任务进行外包或者通过更为正式的战略合作形式,学会与他人合作。在这种新型企业模式下,核心资产是企业中的专业人员——知识型员工。

资料来源:John Sloman, Elizabeth Jones. *Essential Economics For Business* (Fourth Edition). Pearson Education Limited, 2014.

四、其他商务活动

除了对于企业个体微观层面的分析,我们也从中观或者更宏观的角度研究商务活动(Business Activities)。商务活动可以概括为一个组织或一个经济体的商业及制造业部门的总经济活动(具体包括购买、出售、租赁、投资等)。在萧浩辉所著的《决策科学辞典》中,他对商务活动的定义如下:"商务活动也称商事活动,指经法律认可的以商品或劳务交换为主要内容的营利性经济活动。按照国际习惯,商务活动包括以下四种经济行为:(1)直接从事商品购销的活动,如批发商、零售商等中间商直接从事商品购入和卖出进行谋利;(2)辅助商为中间商的商品购销直接服务的商业活动,诸如运输、仓储、加工整理等;(3)金融中间人为商品交易提供间接服务的经济活动,如金融、保险、信托等;(4)营销服务机构为商品交易提供劳务性质服务的活动,如饭店、旅馆、影剧院以及商业咨询、广告、信息、市场调研等。"

当我们从整体上关注商务活动时,我们更倾向于选择研究当前一些新兴商务活动,关注它们的发展趋势以及发展规律。

1.2.2 企业的内部组织结构

组织结构是一个组织实体为实现其特定目标,完成其工作任务,在职责、职权等方面进行规划所形成的分工协作体系,其核心是组织实体通过设计所形成的正式职务结构及其相互关系,包括正式的上下级负责关系,部门组成的方法和各组织成员之间的有效沟通、整合、协调的手段等,它阐明各项工作如何分配,谁向谁负责及内部协调的机制。企业内部的组织结构会受到授权模式的影响。

一、权力分配

在组织中分配权力是企业组织中的一个重要问题。授权是把一部分管理者的工作和权力分配给其他员工,集权或分权的程度由组织内的授权模式决定。

1. 授权

由于没有管理者可以完成所有事情,授权对于完成工作至关重要。授权在发展下属的技能和能力方面也很重要。授权过程一般包括三个步骤(见图1.1)。有几个原因会导致经理可能不愿意授权工作。许多经理不愿授权,是因为他们担心下属没有办法确保工作的完成。假设你是一名运营经理,负责执行特定的任务。你可能会把这个任务授权给别人。尽管如此,你仍然对你的直接上司负有完成该任务的责任。如果别人没完成任务,你(而不是你授权任务的人)将被追究责任。另一个原因是存在一种相反的情况。经理担心下属员工会更出色完成工作,从而获得更高层管理者的关注,抢走自己的"风头"。最后,一些管理者不授权,是因为他们缺少有效的计划和分配工作的技能,以至于工作安排混乱不堪。

图 1.1 授权的步骤

资料来源:〔美〕威廉·普赖德等.《商务学》(第12版).李育冬等译.复旦大学出版社,2018年.

2. 分权

整个组织的授权模式决定了该组织分权或集权的程度。在分权化的组织中,管理层有意识地在各级组织层次中广泛散播权力。相反,集权化的组织中权力都集中在高层。

有很多因素会影响组织的分权程度。第一个因素是公司所处外部环境。环境越复杂或者越不可预测,高层管理者越可能让更下级管理者作出重要决定。毕竟,下层管理者离实际决策的问题更近。第二个因素是决策本身的性质。高风险或更重要的决策,更倾向于集中决策。第三个因素是下级管理者的能力。如果这些管理者没有很强的决策能力,高层管理者将不愿意分权。相反,下级的决策能力强则有助于实现分权。最后,公司的集权或分权的历史传统很可能会影响未来集权或分权的模式。

原则上,分权和集权没有对错之分。对一个组织有效的对另一个组织可能不适用。凯玛特、麦当劳非常成功,两者都实行集权化管理;而分权在通用电气和西尔斯公司效果很好。每个组织都必须评估自己的情况,然后选择最佳的集权或分权水平。

> **案例 1.1**
>
> **戴尔重组为启动创新**
>
> 戴尔全球收入超过 600 亿美元,从计算机、云计算以及其他高科技产品看,其是斗志旺盛的。为了夺回市场份额,创造明日的热销新产品,总部设在得克萨斯的戴尔公司分散权力以鼓励更快的创新。例如,它在硅谷保持单独的研究和开发集团,用网络和其他技术来确定、开发和营销新产品。
>
> 另一个例子是戴尔的一个数据存储中心业务单元。离总部只有 8 英里,拥有自己的标志。这个公司像一个建立在某人车库里,而不像是一个跨国公司的投资组合中的一个。这个单位的负责人说:"你需要一支蜡笔在餐巾纸上作画,"没有层层官僚和严格指导方针,促进了企业创新。在短短的五年来,这个单位已发展成为业务额 10 亿美元、拥有 500 名员工的公司,同时,更多的增长即将到来。
>
> 重组结构来促进创新不能保证产品一击即中,正如戴尔从它第一次设立独立智能手机部门而获得的失败经验一样。但是,权力下放给了戴尔一个重新获取早期敏捷、创新精神的机会。
>
> 资料来源:Calnan C., Dell to Up Staff in Santa Clara, Calif[J/OL]. *Austin Business Journal*, January 31, 2012, http://bizjournals.com/austin/news/2012/01/31/dell-to-up-staff-in-santa-clara-calif.html, 2012-01-31.

二、组织结构形式

现在我们转向企业内部的组织结构。现代企业有很多种不同的内部运营结构,这些结构经常是由企业的规模所决定的。小型企业一般采用集中管理的形式,决策流程的等级分层清晰明确。然而,对于大型企业来说,其组织机构通常更为复杂。许多企业都因科技的不断创新而被迫对他们的企业重新评估,寻求最为合适的组织结构。其中,U 型结构和 M 型结构是最主要的两种结构,现实中也能经常见到这两种结构的组合。

1. U 型结构

在小型和中型企业中,各部门的经理——市场部、财务部、生产部等一般直接对总裁负责,而总裁的职能在于调节各部门的活动,即将企业的总体战略传达给各部门和负责跨部门的沟通协调。我们把这种层级结构各级中都存在"上下级雇佣关系"的结构形式称为 U 型(单元型)结构(见表 1.1)。这种结构又常被称为一元结构、职能性组织或直线职能制,是一种高度集权的结构形式。其基本特征是:企业的生产经营活动按照功能划分为若干个职能部门,每一个部门又是一个垂直管理系统,各部门独立性很小,企业实行集中控制和统一指挥,每个部门或系统由企业高层领导直接进行管理。

U 型结构有以下两个优势:(1)专业化,经理和员工都在某个领域内从事专门工作;(2)按职能关系进行交流。例如,生产经理主要是和生产工人交流,而不需了解财务方面的具体信息。职能经理向 CEO 汇报部门情况,分担 CEO 的工作。因为每个经理都在集中精

表 1.1 U 型和 M 型企业组织结构的定义

名称	定义
U 型企业组织	企业的集中组织(总裁或管理层)负责企业日常管理的同时还负责制定企业经营策略。
M 型企业组织	企业的组成分为不同的部门,因此企业的日常管理与企业策略计划的制定是分开来的。

力做好本部门的工作,所以有限理性的问题就减轻了不少,随着企业的不断成长,U 型企业将在某种范围内保持高效率。

随着企业的成长,尤其是企业多样化的增加,企业的经营管理开始变得复杂。这是因为:(1) 每个部门都涉及大量产品或业务;(2) 职能部门之间需要更加密切合作。在 U 型企业内,也就意味着高级经理的大部分精力要放在部门间合作上,他将无暇考虑战略性计划。因此,当企业发展至一定的规模后,U 型结构通常会变得效率低下。低效的原因来自交流、协调和控制方面的问题。正如 Chandler(1962)指出来那样:"当合作、评价、政策制定等问题变得越来越复杂时,让少数几个高级管理人员同时处理企业长期战略和短期经营管理问题,将是非常困难的。"此时,CEO 在不同部门之间的协调上也会面临更大困难。然而,只要多样性不是那么严重,U 型结构还是能保证高效的。即使是今天,U 型组织在西方国家还是很流行的,尤其是在一些中小企业中。

随着企业不断成长,解决这种信息和控制问题的一个办法就是增加这种结构的层级,但随着层级的增加,信息传递的步骤也会增加,更容易导致机会主义行为的发生。

2. M 型结构

要克服上面这些问题,企业可以采用 M 型(多单元形式)管理结构。M 型结构亦称事业部制或多部门结构。

M 型结构适合规模较大的、多元化经营的企业。向下分权是 M 型结构的一个重要特征。它的最简单的形式是由一个总部和若干业务部门组成。企业划分为若干个业务单元。每个单元均可能对生产的某个特定阶段、某种特定的产品或某组产品、某特定的市场(如特定的国家)负责,这意味着这种结构可以针对单个产品、服务、产品组合、主要工程或项目、地理分布、商务或利润中心来组织事业部。各单元的日常运营甚至是某些长期决策均由各单元的主管负责。总部主要进行战略规划,控制各业务部门。这样的方式有以下三个优点。

(1) 信息流的长度变短了,信息成本降低。部门经理与基层接触会更紧密,因此对外部竞争环境会有更清楚的了解,他们能迅速作出反应,在一般情况下,信息不需要通过层级结构进行传播,经理可直接作出决策。

(2) 减少高层经理的有限理性,这些经理可以从企业日常运作的繁杂事务中解脱出来,专心进行企业战略的规划和实施。因为 M 型企业可以减少高层经理的工作量,所以企业成长会更容易。凭借单元式经营方式,通过成立新部门来实现多元化经营也更容易些。

(3) 控制强度得以强化,使得各个单元均以一个迷你"公司"运行,与其他单元竞争有限的公司可得资源。各部门相互独立,也有利于改善资源分配。在这种结构中,我们可以很容易地观察到各部门的利润。这样就可以根据利润的高低,把资源投放在效率高、利润高的地方,可以大大提高资源分配效率。同时,也可以鼓励那些低效率的部门通过提高效率去争取更多资源。

M型组织结构的主要问题之一是由于多层的管理结构,它们会变得极其官僚。然而,近年来的科技创新,特别是计算机系统方面,例如:电子邮件和管理信息系统,使组织结构中的高级管理人员与底层员工之间的交流联系变得容易和直接。于是,某些公司开始转回到更为简单的组织结构。这种组织被称为单层组织,免去了各种中间管理层的环节,从而加快了内部交流的速度。但是,纯粹的M型结构是非常复杂的组织体系,这也解释了为什么其推广会如此缓慢。因此,尽管早在19世纪20年代就出现了M型结构,但直到1945年前后,它才得到广泛应用。1945—1960年,美国大多数大公司都开始采用这种M型结构。到1970年,大部分(85%)美国财富五百强企业都采用了这种M型结构。

3. 矩阵制结构

当企业组织使用矩阵结构时,个人要同时向多位上司报告,因为矩阵制结构将垂直条线和水平条线的权威结合起来。矩阵结构发生在按产品部门化,同时叠加按职能部门化的组织里。在矩阵组织中,权力在纵向和横向流动。

由于信息的流动在矩阵结构中更为复杂,许多组织选择利用软件和技术来帮助他们管理信息。矩阵组织的一个例子是汽车制造商,这类公司拥有生产、销售、市场、分销和会计等职能部门,这些部门共同协助管理特定产品部门(车辆型号)。

要理解矩阵组织的结构,首先需要考虑日常的职能安排,如工程部、财务部、市场部等。现在假设我们为了新项目把这些部门的人员分配到一个特别的小组工作——跨职能小组。一个跨职能团队由具有不同专业、专长和技能的个人组成。为了实现共同的任务,他们被集合在一起。通常跨职能团队负有开发新产品的责任。团队的负责人通常称为项目经理。在这个团队里的人要同时向项目经理和所在职能部门的上级负责(见图1.2)。

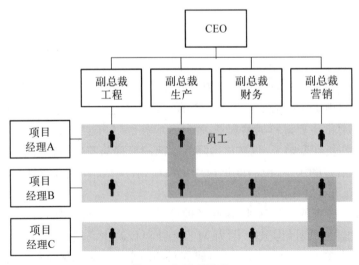

图1.2　矩阵制结构

跨职能团队项目可能是临时的,一旦任务完成,团队即解散。或者可以是永久的。例如,通用公司在家电部门保有一个永久的跨职能团队称为Lean Big Room,这个团队要能够识别和消除生产过程中的浪费,同时为市场开发有前景的新产品。这类团队通常有权作出重大决策。当使用跨职能团队时,团队成员可能要接受特殊的培训,因为有效的团队合作需要不同的技能。跨职能团队要想取得成功,必须为团队成员提供每项工作的具体信息。团队还必须培养凝聚力,保持良好的沟通。

矩阵结构比其他组织形式的优势体现在灵活性的增加上。矩阵结构也可以提高生产力、提高士气、培养创造力和创新精神。但矩阵结构也有缺点。让员工向多个领导报告容易导致责任混乱,团队可能比单独的个人要花费更长的时间来解决问题。其他的困难包括个性冲突、沟通不良、个人角色不明确、职责不清等,在绩效激励上需要同时兼顾个人和团队。由于需要更多的管理者和部门领导,矩阵结构的维持成本可能更高。

4. 虚拟组织结构

在网络制结构(有时称为虚拟组织)中,管理是执行的主要职能,其他职能,如工程、生产、营销和财务外包给其他组织。通常,一个网络制组织并不生产其销售的产品。这种组织有一些包括高级管理人员的长期雇员和按小时计费的工作人员。租用的设施和设备,以及临时工人会随着组织需求的变化增加或减少。

网络结构的一个明显优点是灵活性,能够保证组织迅速适应变化。网络制结构由许多团队组成,共同工作,不依赖集中领导。网络制结构中组织管理者面临一些挑战,包括控制来自其他组织人员的工作质量,临时工作者的低士气和高离职率度,还有依赖外部承包商等缺点。

5. H 型结构

随着许多企业业务的扩展,通常对全球性规模的企业来说,出现了形式更为复杂的企业组织。其中一种就是 H 型公司或控股公司。H 型结构即控股公司结构,它严格讲起来并不是一个企业的组织结构形态,而是企业集团的组织形式。控股公司(或母公司)持有子公司或分公司部分或全部股份。虽然母公司对各个附属公司拥有最终控制权,但是通常组织内部的策略和战略的决策权仍留在个体企业,下属各子公司具有独立的法人资格,是相对独立的利润中心。这种组织的典型例子如迪士尼公司。

控股公司依据其所从事活动的内容,可分为纯粹控股公司(pure holding company)和混合控股公司(mixed holding company)。纯粹控股公司是指,其目的是只掌握子公司的股份,支配被控股子公司的重大决策和生产经营活动,而本身不直接从事生产经营活动的公司。混合控股公司指既从事股权控制,又从事某种实际业务经营的公司。H 型结构中包含了 U 型结构,构成控股公司的子公司往往是 U 型结构。

这些附属公司反过来也同样可能在其他公司持有控制性权益。这就有可能产生一个复杂的交叉持股网。如今,交叉持股引起了行业与市场越来越多的关注。随着企业、资本市场、金融业等发展,交叉持股成为最常见的一种资本运作手法。交叉控股是指两个或两个以上的公司之间为实现某种特定目的相互持有对方的股权、彼此互为投资者的一种经济现象,从而在母子公司之间可以互相控制运作。但是,交叉持股也导致了公司内部组织关系的复杂化。在我国,除证券公司及其子公司之间不得存在交叉持股行为外,公司的交叉持股行为如果不违反《公司法》及其他相关法律法规的禁止性规定,是监管部门所允许的。通过相互持股,公司之间可以达成企业联盟,降低公司的经营风险,抵御恶意收购,促进公司的长期投资。但是,公司内部的治理结构容易失去制衡,形成内部人控制,并可能造成公司资本虚增、企业资本状况良好的假象,同时会增加相关内幕交易,给证券市场的正常运行带来危害。

三、组织的跨度与高度

当我们在分析组织的内部结构的时候,不可回避的一个问题就是管理跨度的设计。管理跨度应该宽还是窄?这个问题很复杂,因为管理的跨度可能因组织里的不同部门而改变。一个高度机械化的工厂可以有一个相当大的管理跨度,因为所有的操作都是标准化的。一个广告代理公司,新的问题和机会每天都会出现,不断需要团队合作,那么管理跨度就要窄得多。

当一个管理者有很多下属时就说明存在宽的管理跨度。一个管理者只有个别下属时就存在一个狭窄的管理跨度。有几个因素决定了对特定管理者来说更有利的管理跨度的大小(参见图1.3)。下列情况下管理跨度可以比较宽:(1)管理者和下属很能干;(2)组织的操作程序标准健全;(3)不可预期的问题很少出现。当存在以下情况时,跨度应该窄一些:(1)员工距离很远;(2)除了监管员工外,管理者还有许多其他工作要做;(3)主管和员工之间需要进行大量的互动;(4)新问题发生的频率较高。

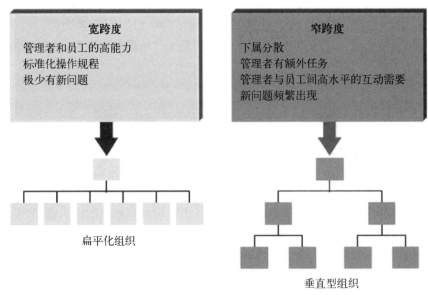

图1.3 管理的跨度

管理的跨度对管理者和工人之间的关系有着明显的影响。它对组织的高度有着更微妙且重要的影响。组织的高度也就是企业管理层的数量。管理跨度的大小直接影响组织高度(如图1.3所示)。如果管理跨度越广,所需要的层级就越少,组织是扁平的。如果管理跨度狭窄,就需要更多层级,组织就比较"高"。

在一个较高的组织中,行政成本较高,因为需要更多的管理人员。由于信息要在上上下下众多的人之间进行传递,层级间的交流而能会被扭曲。当公司削减成本时,一个选择就是降低组织高度,它能够减少相关行政费用。虽然扁平的组织能够避免这些问题,但管理者要履行更多的行政职责。由于只有更少的管理者,宽的管理跨度也有可能要求管理者花更多的时间来监督下属以及和下属一起工作。

案例 1.2

华为集团的组织结构

在现实中,企业的组织结构和权力分配往往更为复杂。华为集团的组织结构是复杂化的 M 型结构,每个部门都有自己责任和任务,但又都有自己的独立运营空间。从华为的组织结构图(见图 1.4)可以看到,股东会是公司权力机构,对公司增资、利润分配、选举董事/监事等重大事项作出决策。

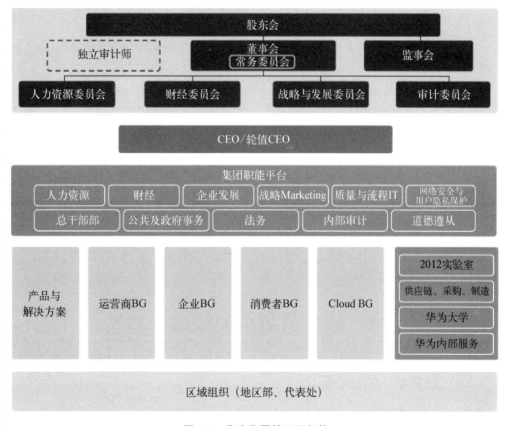

图 1.4 华为集团的组织架构

资料来源:http://www.huawei.com/cn/about-huawei/corporate-governance/corporate-governance。

董事会是公司战略、经营管理和客户满意度的最高责任机构,承担带领公司前进的使命,行使公司战略与经营管理决策权,确保客户与股东的利益得到维护。公司董事会及董事会常务委员会由轮值董事长主持,轮值董事长在当值期间是公司最高领袖。监事会主要职责包括董事/高级管理人员履职监督、公司经营和财务状况监督、合规监督。

自 2000 年起,华为聘用毕马威作为独立审计师。审计师负责审计年度财务报表,根据会计准则和审计程序,评估财务报表是否真实和公允,对财务报表发表审计意见。华为公司设立基于客户、产品和区域三个纬度的组织架构,各组织共同为客户创造价值,对公司的财务绩效有效增长、市场竞争力提升和客户满意度负责。

　　运营商BG和企业BG是公司分别面向运营商客户和企业/行业客户的解决方案营销、销售和服务的管理和支撑组织,针对不同客户的业务特点和经营规律提供创新、差异化、领先的解决方案,并不断提升公司的行业竞争力和客户满意度;消费者BG是公司面向终端产品用户的端到端经营组织,对经营结果、风险、市场竞争力和客户满意度负责。

　　2017年,华为公司成立了Cloud BU。Cloud BU是云服务产业端到端管理的经营单元,负责构建云服务竞争力,对云服务的客户满意度和商业成功负责。

　　产品与解决方案是公司面向运营商及企业/行业客户提供ICT融合解决方案的组织,负责产品的规划、开发交付和产品竞争力构建,创造更好的用户体验,支持商业成功。

　　区域组织是公司的区域经营中心,负责区域的各项资源、能力的建设和有效利用,并负责公司战略在所辖区域的落地。华为公司持续优化区域组织,加大、加快向一线组织授权,指挥权、现场决策权逐渐前移至代表处,目前已在部分国家试行"合同在代表处审结",以进一步提高效率、更快响应客户需求。区域组织在与客户建立更紧密的联系和伙伴关系,帮助客户实现商业成功的同时,进一步支撑了公司健康、可持续的有效增长。

　　集团职能平台是聚焦业务的支撑、服务和监管的平台,向前方提供及时、准确、有效的服务,在充分向前方授权的同时,加强监管。

1.3　商务分析中的经济学方法

1.3.1　经济学中的核心概念

商务经济学的研究离不开基本的经济学概念。这些概念反映了经济学家的基本思维方式和方法。

一、抓住稀缺问题

我们已经学习了企业环境的各个方面以及它们对企业的影响。我们也学习了企业面临的一些经济问题。那么,经济学家在分析这些问题和提供解决办法方面有些什么贡献呢?要回答这个问题,我们需要回到上一个阶段的问题:经济学家整体上研究的是什么?什么问题属于经济问题?答案是所有个体以及所有社会均面临同一个中心问题,这个问题就是稀缺。我们把稀缺定义为"人类对能实际生产的有限资源的过度需求"。

当然,我们所面临的稀缺程度是不同的。一个富人买不起第二辆法拉利的问题,对于一个吃不饱、住不好的穷人来说,那根本不是一个"问题"。无论是富人还是穷人,人们所想要得到的总比能得到的要多,从而导致了人们的某些行为方式。经济学家研究的就是这种行为。

满足需要的两个重要元素是消费和生产。就消费而言,经济学家研究人们花费多少;经济中有什么样的消费模式;以及人们购买特定商品的价格是多少。具体地讲,企业经济学家研究的是:消费者行为;消费者需求对价格变化、广告、时尚和其他因素的敏感度;以及企业是如何说服消费者购买它们的产品的。

在生产方面,经济学家研究的是:经济在整体上产出多少;什么影响着生产增长率;为什么某些物品的产量在上升而其他物品的产量在下降。要进行生产,就需要投入(或生产要素),生产要素主要有三种:人类资源(劳动力)、自然资源(土地和原材料)、制造资源(资本)。企业经济学家主要专注于研究企业在生产过程中的作用:什么决定了个体企业的产出,企业生产的产品范围,企业运用的技术、投入以及缘由,投入的金额和雇用的员工人数。

二、做选择

由于资源有限,那么必须做出选择。在任何一个社会,都必须做出三种基本选择。

由于资源的有限性,无法生产出人们需要的所有东西,那么应该生产和提供什么物品和服务,生产多少呢?生产或提供多少辆汽车?多少小麦?多少保险?多少流行演唱会?

由于通常有不止一种生产方式,那么,应该怎样来进行生产?利用哪些资源,多少资源呢?打算采用哪种生产技术呢?用机器人还是装配线工人来进行生产呢?用煤、油、气、核裂变、可再生资源,还是通过这些资源的组合来进行发电呢?

打算为谁生产这些东西呢?换句话说,国家的收入是如何分配的呢?因为,你的收入越高,你能消费的国家产出就越多。农场工人、打印工人、清洁工人和会计的工资都是多少呢?退休人员收到的养老金有多少呢?私营企业老板或国有企业的利润是多少呢?

无论决策人是个人、企业还是政府,都必须做出这些选择。在做选择的过程中,机会成本和理性选择能帮助经济活动主体更好地做出选择。

1. 机会成本

有选择就会有牺牲。你选择买更多的食物,那么你剩下的可以用于其他物品花费的钱就会越少。一个国家生产的食品越多,那么剩下的可用于生产其他物品的资源就会越少。换句话说,一种东西的生产或消费会涉及其他选择的牺牲。这种在一种东西的生产(或消费)中对其他东西的牺牲被称为机会成本。比如,如果一个裁缝可以制作100件上衣或200条裤子,那么制作一件上衣的机会成本就是两条裤子。你购买这本教科书的机会成本就是你同样想要的却已放弃的一条"新牛仔裤"。加班工作的机会成本是你牺牲的休闲时间。

2. 理性选择

经济学家经常会提及理性选择,意思是无论当企业在选择生产什么和生产多少时,工人在选择是否接受某项工作或加班时,还是当消费者在选择购买什么时,都应该权衡一下代价和收益。假设你正在一家超市购物,你想买一些烘烤过的黄豆,那么你会选择购买比较贵的亨氏牌产品还是比较便宜的其他代替品呢?要理性地进行选择,就需要权衡每种替代品的代价和收益。亨氏牌黄豆可能味道更好,因此会给你的舌尖带来很大的享受,但是它的机会成本高:由于它价格贵,如果你选择购买它的产品,你就需要牺牲在许多其他产品上的消费。如果你选择购买比较便宜的替代品,虽然味道可能没有亨氏牌产品那么好,但是你将会剩有更多的钱来买其他东西:它们的机会成本较低。因而,对消费者而言,理性选择就是选择那些在金钱上给你带来最大价值(相对于代价来说收益最大)的物品。两个不同的人在购买哪种产品的选择上可能不同,但两种选择却可能都是理性的。

企业在决定生产什么时,同样适用这一原则。例如,一家汽车企业是否应该再增加一条生产线呢?理性的决策同样需要权衡收益和代价。这里,收益是指企业在额外增加的汽车销售中所赚取的收入。代价则包括额外的劳动力成本、原材料成本和零部件成本等。该企业只有在其所获得的收入超过其投入的成本(即企业赚得利润)时,增加新的生产线才是可获利的。在更为复杂的情况中,比如生产哪种型号的手机,或每种型号生产多少,企业必须权衡每种情况的相对收益和代价,即企业希望生产的是最具盈利性的产品组合。

三、边际成本和边际收益

在经济学中,我们认为,理性选择同样包括对边际成本和边际收益的权衡。也就是指对于一项特定的活动来说,增加一点和减少一点所带来的成本和收益。我们可以用活动的总成本和收益作为对照。例如,我们刚才说的手机制造商如果要权衡生产手机的边际成本和利润的话,那么该企业需要比较的是,增加手机生产量所需要的成本和获得的利润。如果增加手机的产量使得该企业收入的增长比增加的成本要多,那么增加产量是具有盈利性的。

企业所做的所有经济决策都涉及选择。企业经济学家研究这些选择以及相应的结果。我们将学习以下方面的选择:生产多少,向顾客收取的价格是多少,投入多少以及如何进行组合投入,是否要扩大企业经营规模,是否要与其他企业合并或收购其他企业,是否要拓展市场的多样性或者是否要出口。由于企业经营所处的市场类型、企业对未来需求的预测、企业对市场的支配力、竞争对手的行为和反应、政府干预的程度和形式、当前税务制度以及资金的可获得性等的不同,导致选择的正确性(相对于最大限度上满足企业的目标而言)也不尽相同。简单地说,我们将学习企业在各种不同场景下所做出的一系列经济选择。

在所有这些场景中,企业家希望能做出最优的选择,即最大限度上满足企业目标的选择。通过前面的学习我们可以看出,最优的选择需要衡量每个决策的边际机会成本相对的边际收益。不同情境下有着不同的目标,企业的选择差异很大。

1.3.2 其他的理论和方法

现在还缺乏专门为商学院本科生所写的教材,即严格分析与企业利益直接相关的问题,试图在分析中引入现实主义,从而阐明经济学在制定和实施企业决策时所起的作用和力量。

本书所采用的分析方法包括传统观点和现代企业理论,特别是交易成本方法和企业的代理理论,强调导致企业出现并发展的因素实际上并不仅仅是技术。企业不是一个"黑箱",它是一种制度结构,其最初存在的目的是为了节约交易成本。企业组织和行动方式取决于人力和环境特征。通过适当的组织结构和激励机制可以弥补人类自身局限性,降低信息缺乏所导致的成本,因此组织和行为问题与生产效率是一样重要的。

1.4 商务经济学与其他学科的联系与区别

从亚当·斯密出版《国富论》到如今，经济学已经建立起了一个非常庞大的学科体系，并且形成了一整套有力的分析方法，这些分析方法也在不断向其他相关学科渗透，推动其他领域研究的深入开展，从而形成诸如管理经济学、产业经济学、劳动经济学、环境经济学等学科。无论是在自然科学还是社会科学的范畴内，任何一个被认为是科学的学科，都有它自己独特的研究对象、理论基础和研究方法，商务经济学也同样如此。其发展得益于以管理学为主的商科学科与传统经济学、新兴经济学理论的不断融合。

商务经济学作为一门新兴学科，其内涵和外延的定义并不十分清楚，这也导致商务经济学教材的内容体系差异较大。通常而言，商务经济学本质上是研究企业的经营活动，特别是有助于决定其生产性资源的获取和将这些资源转化为商品和服务以满足人类需求和需求的因素，即关于生产和消费的过程。事实上，除了成本、收入和盈利能力等明显因素之外，有充分的经验证据表明，在市场经济中，企业决策是由一系列其他影响因素所决定的，包括企业的目标、市场的竞争情况、企业经营外部环境中的机会以及约束条件等。因此，商务经济学也研究企业运营决策所处的外部环境。从经济学家的视角对这些商业决策影响因素的分析构成了这本书的主题。这一分析过程既涉及企业的内部环境因素，也涉及企业的外部环境因素。简而言之，商务经济学是一门研究企业以及企业运营决策所处的内外部环境的学问。

商务经济学分析的领域主要是经济学与以管理学为主的商科学科的交叉部分。在研究过程中，商务经济学介绍经济学基本理论在企业商务活动中的应用，尤其是微观经济理论在企业商务决策中的应用，而宏观经济理论主要突出表现在外部宏观商务环境对企业经营活动的影响上。从另一个视角看，商务经济学可以理解为针对提高企业收入和降低企业成本的经济影响因素的分析，从而提高企业层面的财务业绩，更直接地体现为利润。企业的生产决策是传统微观经济学关注的核心问题之一。微观经济学研究影响企业收入和成本的各种市场因素。企业在经济环境中运营，他们从销售产品中获得的收入是由市场决定的。此外，公司为其劳动力、原材料和设备支付的费用也在市场中被定价。宏观经济学涉及整体经济层面的问题，同样影响公司的收入和成本。理解微观经济和宏观经济对企业的影响，在企业决策中对其作出恰当反应，甚至控制这种影响是一种非常关键的商业技能。商务经济学正是致力于培养商科人才的这种技能，简单地说，即为商科人才提供支持企业决策的经济学分析工具。除了商务经济学外，企业也是管理经济学、战略经济学和产业组织理论研究的主要对象，这些学科相互交叉，并为商务经济学提供了深厚的理论基础。

从研究资源配置的角度看，经济学和管理学既有相似性又有区别。首先，经济学主要探讨社会资源的有效配置——合理的生产、交换、分配、消费问题，而管理学主要研究组织资源的有效利用——提高投入产出效率；其次，经济学研究社会资源的配置机制和制度方面，在市场和价格机制下，以人们的自利行为为出发点；而管理学研究组织资源配置的技术和方法方面，以权威和控制机制下人们自觉的行为为出发点；第三，经济学侧重于比较宏观和共性的方面——研究一般规律和普遍现象，而管理学侧重于比较微观和个性的方面——研究特殊性和实际方法。对管理学与经济学的关系,经济和管理都是调节经济活动的"手",进一步把市场机制视为"看不见的手",政府干预和制度安排视为"看得见的手",而管理则是"摸得着的手"。"摸得着的手"更注重经济社会活动的现实性和问题的特殊性,强调目标任务和实施完成任务,依赖于组织的纪律和约束,强调计划、指挥和控制。这只手在各个层次、各个方面不停地具体运作着。从某种意义上讲,"摸得着的手"可以减少"看不见的手"和"看得见的手"失灵时造成的问题,或在一定程度上弥补这两只手的不足。

与经济学家所不同的是,在管理学家眼中,人或企业是实实在在的,除了其共性外,不同的人或企业都有其个性或特殊性。在实际管理中,由于组织及其环境越来越复杂多变,经常需要从别的研究者的角度来看问题,从而更立体地透视问题和研究解决问题。例如,经济学的现代企业理论将进一步拓展管理学企业组织理论的研究,对组织结构和组织规模问题,组织中的冲突和协调问题、组织内的契约机制和组织之间的契约关系等问题的研究,都可从契约经济学、产权经济学和交易成本经济学等方面寻找到理论依据。在企业内部管理职能方法的研究中,可借助现代企业理论的一些理论和方法来处理集权和分权、分工与协作、上下级之间有效合作和防止"内部人控制"等问题。在企业经营战略方面,交易成本经济学的理论观点可用来分析企业的纵向一体化战略和国际化经营等问题,而信息经济学(非对称信息的博弈论)的理论方法则是分析竞争战略的有力工具。同时,经济学要通过对不完全信息和不完全契约下的效用最大化行为和契约安排的研究,提高经济学理论对现实存在的经济组织和经济现象的解释力;通过对企业组织结构、决策权利安排及监督、激励和控制问题及组织内人的机会主义行为的研究,使经济学理论进入管理学研究的领域,为管理学特别是组织理论的发展提供有力的支持。

任何一个学科都有独特的分析方法,尽管每一个学科在发展过程中会不断地自我创新分析方法或吸纳其他学科科学的分析方法,进而纳为自己独特方法论体系之中的一部分,商务经济学也同样如此。由于商务活动、企业管理任务的复杂性和环境依赖性,管理决策更多地是来自实践经验和其他学科理论的应用,缺乏实证性和规范性。目前的商务经济学在研究对象、研究起点、研究范畴等方面都缺乏一致性。未来商务经济学发展的一个重要方面就是要融合经济学的最新发展成果和研究方法,以规范的经济学理论为基础来理解企业的商务活动,通过对内涵与外延的界定,形成一个严密的逻辑体系。对商务经济学的研究,要把握其与商务学、管理经济学的区别。

1. 商务经济学与商务学

目前,国内外普遍接受的商务学的研究范畴涉及企业管理、人力资源管理、营销、财务管理、投资等多个方面。这显然是从一个更宽泛的角度界定了商务活动。商务经济学的研究范畴显然不应该等同于商务学。商务经济学的研究重心在经济分析方法和理论上,落脚点是解释新兴的商务活动,指导企业的商务实践。

2. 商务经济学与管理经济学

由于商务经济学与管理经济学均侧重研究经济学与管理学科的交叉部分,因此两者之间存在着诸多联系。前者强调企业运营的经济环境和企业决策过程中经济分析的运用,而后者关注的是为企业决策和管理提供分析工具和方法,其理论主要是围绕需求、生产、成本、市场等几个因素提出的。

　　管理经济学是经济学的一个分支,管理经济学为经营决策提供了一种系统而又有逻辑的分析方法,这些经营决策既影响日常决策,也影响长期计划决策的经济力,是微观经济学在管理实践中的应用,是沟通经济学理论与企业管理决策的桥梁,它为企业决策和管理提供分析工具和方法,其理论主要是围绕需求、生产、成本、市场等几个因素提出的。管理经济学是微观经济学与管理实践相结合的一门学科,服务于管理者的三个基本任务的解决:生产经营什么、生产经营多少以及怎样生产经营。其主要理论包括需求理论和市场理论。需求理论主要分析不同价格水平的产品的需求量,以及当价格、收入和相关商品的价格发生变化时,当国民经济水平发生变化时,需求的改变情况。它的作用是支持企业的价格决策和市场预测,帮助企业确定需求量和价格之间的关系,包括规模经济的选择和最佳产量的选择。市场理论分析在不同性质的市场条件下,企业选择什么样的行为能够达到自己预期的目标。

　　那么,为什么要学习商务经济学? 商务经济学服务的对象是谁?

　　广义上的商务经济学借鉴了许多不同的学科,包括但不限于会计和金融、人力资源管理、运营管理、市场营销、法律、统计学和经济学。每个学科都有一个特定的焦点和一系列专门研究的问题。在人力资源管理、组织理论和企业社会责任等学科关注企业如何处理股东、工人和更广泛社会的利益集团之间的矛盾关系时,商务经济学家关注的是如何用经济学的方法指导企业获得更大的利润。因此,这样的一门学科对于有志于从事企业管理的商科学生来说是十分重要的。

　　从经济学分析方法看,本书所采用的分析方法是传统观点、新制度经济学及行为经济学等现代经济理论和新企业理论的综合。经济学家对企业的分析始于一个简单的假设:企业是在为自己的所有者赚钱。假设企业是利润的最大化者显然是一个简化。公司代表的是工人、经理、股东、消费者和可能居住在公司业务范围内的个人的集合。这些集团中的每一个都可能对公司有不同的兴趣。例如,股东可能寻求更大的利润,但工人和经理可能会寻求增加工资。这些冲突在企业现实的组织环境中产生复杂性。经济学家试图简化现实的复杂性。在传统的经济学理论中,企业被看作是一种将投入转化为产出的"黑箱",这样的理论假设,在指导企业现实的决策问题时,存在明显的局限性。企业内部有着复杂的组织结构。

　　本书旨在帮助学生理解商务活动背后的经济原理并熟悉新兴商务市场的发展动态。企业在持续变化的外部环境中运营,这些外部环境因素包括经济因素、政治因素、法律因素、社会文化因素、技术因素等,其中,经济因素对企业的影响最强烈、最持续。本教材通过描述和分析企业运营的经济环境,一方面聚焦于企业决策过程中经济分析方法的运用,另一方面以上海经济为背景,分析新兴商业业态以及商业模式创新问题。

　　通过本门课程的学习,使学生掌握商务活动背后的基本经济理论,为后续学生更深刻理解企业的商务活动、进行商务决策打下基础。同时,本课程立足中国经济发展的实际,解释中国经济发展中的特殊问题,如政府与市场的作用边界、全球化以及全球贸易环境变化对中国企业"走出去"战略的影响等。课程理论性与应用性并重,有助于学生建立国际化视野,进一步强化经济学分析方法在现实中的应用,为高素质商科人才培养服务。学生在学完该课程后能运用理论分析现实商务问题,能对现实中的各种商务现象进行解释,最终提出自己的观点。

从经济学分析方法看,本书所采用的分析方法是传统经济理论、新制度经济学及行为经济学等现代经济理论和新企业理论的综合。本书的研究内容除了理解建立在成本收益分析基础上的基本的企业商务战略决策外,还将涉及商务环境、需求和客户分析、新兴市场、商业模式分析及创新等内容。这与当前新兴商务活动密切相关。

思考题

1. 技术创新对企业的商务活动有哪些具体的影响?
2. 企业内部组织结构是如何影响企业行为的?
3. 商务经济学运用的经济学分析方法有哪些?

参考文献

[1]〔美〕威廉·普赖德等:《商务学》(第12版),李育冬等译,复旦大学出版社,2018年。

[2]〔英〕玛丽亚·莫斯坎瑞斯:《企业经济学》(第2版),柯旭清、廖君译,北京大学出版社,2004年。

第二章
商务环境分析

商务经济学的研究重点,一方面是用经济学的研究方法分析企业的决策行为,另一方面是对企业运营环境进行分析。本章我们将重点转移到外部商务环境分析上,对企业所处的外部商务环境进行系统分析,关注外部商务环境对企业决策的影响。本章将对经典的 STEEPLE 分析框架、波特的五力模型,以及以产业为分析目标的 SCP 范式进行讨论,最后也将分析全球化背景下中国企业面临的国际商务环境。

2.1 企业的外部商务环境分析

本节我们将讨论企业运营所处的不同环境,从不同的角度分析企业竞争面临的外部环境。一家企业的决策和绩效不仅受到其内部组织和目标的影响,同样还会受到企业所处的外部环境的影响。这些外部环境会从不同的角度对企业的经营产生影响。企业外部环境对企业活动的影响如图 2.1 所示。

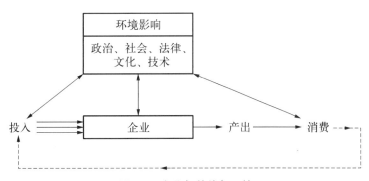

图 2.1　企业与其外部环境

2.1.1　STEEPLE 分析

通常,企业的外部环境被分为一般性或背景性环境因素和直接或运营性的环境因素(见图 2.2)。前者包括经济、政治、法律、社会等因素,后者包括供应商、竞争者、劳动力市场以及金融机构等。

我们首先应识别企业外部环境的各种维度,其中包括政治、经济、社会文化和科技等因素。

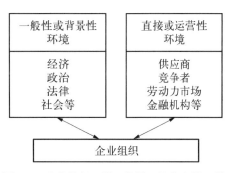

图 2.2　企业外部环境:背景环境和直接环境

一、政治因素

政府行为和其他政治事件对企业有着直接影响。这里的政治因素主要包括：(1)政治稳定性；(2)政治体制；(3)政府经济政策；(4)政府经济计划；(5)立法等。这其中也可能会有影响整个商界的大事件,如苏联的瓦解、伊拉克战争或一些政府政权变更等。企业在选择进入国际市场时,不仅要考虑市场规模大小、消费者行为等因素,还要考虑这些政治因素。企业要思考如下问题：该国政治体制稳定吗？现有政府能在位多长时间？如果现有政府一直在位,市场规则将会如何变化？市场规则变化将会产生什么影响？基于上述影响,企业如何采取决策和行动？另外,也可能会有仅影响某一方面经济的行为。例如,酒吧和餐馆等公共场所禁止抽烟的规定会影响整个烟草行业的经营；对酒类产品的最低限价则会影响餐饮、酒吧、超级市场等行业。

二、经济因素

在进行企业决策时必须始终考虑经济因素。影响企业的经济因素有很多,如原材料价格的上涨、竞争对手的降价、新的税收或利率或汇率的波动、金融危机等。企业在制定和实施其经营战略时必须考虑到此类因素。

我们一般把企业运营的经济环境分为两种。

一是微观经济环境,其中包含了对于某些特定企业来说,对其在自身特定的市场中运营有具体影响的所有经济因素。因此,某个企业所处的市场可能竞争非常激烈,而其他企业未必如此；某企业可能面临着顾客品味的快速变化(如服装设计生产商),而其他企业可能面对的是稳定的顾客需求(如土豆商贩)；某企业可能面临快速上升的成本,而另一家企业可能认为成本稳定或在下降。

二是宏观经济环境。这是指企业在整体上运营的国内和国际经济状况。一般来说,企业在经济增长时期的经营情况要比经济萧条时期要好,从2008年金融危机中就能发现这点。在分析宏观经济环境时,我们还应注意政府在调控经济时所应用的政策,因为这些政策通过影响税收、利率和汇率会对企业产生重大影响。例如,2017年4月,中国对外汇管制进一步收紧,严格限制外汇资金的用途,尤其是严禁个人购汇投资海外房产,碧桂园在马来西亚投入巨资开发的森林城市项目的销售就受到严重影响。

三、社会文化因素

企业环境在这方面的因素主要指社会态度和价值,包括对工作条件的态度以及工作日的时长、不同人群机会均等(不分种族、性别、身体素质等)、产品的性质和属性、动物制品的利用和对动物的虐待、广告所描绘的产品形象等。社会文化环境还包括社会趋势,比如人口平均年龄的上升,或社会对在抚养子女时寻求有偿就业的态度变化。最近,各种社会道德问题,特别在环境保护方面的问题,对企业的行为以及许多企业积极展现的形象有着重要影响。

另外,社会中的文化可以分成不同的亚文化。如可以按照社会阶级、年龄、性别等来划分不同的亚文化。人力资源经理需要处理员工之间的文化差异,尤其是在多元文化的跨国公司中。由于社会文化环境中包含了许多因素,在分析时,各个因素需要综合起来考虑。例如,在分析消费者行为时,要综合考虑其年龄、民族、居住地、文化价值、家庭结构、对媒体的偏好等多个因素的影响。

四、科技因素

在过去的30年时间,科技的变化十分迅速。科技的发展对企业生产和销售产品的方式以及业务的组建方式均有巨大影响。机器人以及计算机控制生产的其他形式的应用改变了许多工人的工作性质。同样,科技也为企业创造了越来越多的新机遇,许多即将被实现。信息技术的革新使通讯变得更加迅捷,人们无论在家、在旅途中还是在国外,都能够进行工作。网上购物的增长使企业能够真正延伸至全球市场,但这却给商业街的零售商们带来了问题。如今很多企业正在使用社交媒体向顾客提供有关产品和服务方面的信息。由于社交媒体的快速发展,以及科技与信息不断增长的重要性,企业需要投入更多的金钱使其在不断变化的科技环境中保持前进,以及投入更多的费用来培训员工使用新科技。

我们通常把这种将影响企业的因素划分成政治(P)、经济(E)、社会(S)和科技(T)的方法称为PEST分析法。最近,在这种分析方法的基础上又增加了三个元素,合称STEEPLE分析法。PEST分析法认为政治、经济、社会和科技因素塑造了企业环境,企业对这种企业环境进行评估,然后制定未来的经营战略。STEEPLE分析法除了上述因素还包括伦理(E)、法律(L)和环境(E)因素。

五、环境(生态)因素

环境问题在政治和商业中变得越来越重要。很多政府已经采用了一种曝光和谴责大型污染制造者的政策。因此,企业开始在经营活动中采取更为环保的方法,并通过更为洁净的技术、更优的废物管理和回收体系、或更为环保的产品,以便将对环境的负面影响降到最低。这样做可能会增加企业的成本,但是随着消费者的环境意识越来越强,环保的形象同样可以有助于销售量的提升。同时,这也使得企业能够从政府,以及寻求改善形象的投资者们那里获得更多的融资。

六、法律因素

企业会受到其经营地所适用的法律体制的影响。以《反垄断法》为例。2009年3月18日,中国商务部依据中国《反垄断法》第二十八条认为可口可乐收购汇源公司不利于中国企业的竞争,特此做出禁止收购。这是自2008年8月1日《反垄断法》自实施以来,商务部否决的第一起并购案。然而,在《反垄断法》实施之前,企业之间的并购并没有受到严格的法律管制。可口可乐收购汇源一案体现了我国《反垄断法》的立法精神和立法意义,《反垄断法》保护市场公平竞争,目的是提高经济运行效率,维护消费者利益和社会公共利益。并且,在跨国并购中,法律因素、监管机制等也会形成显著影响。2019年9月,伦敦证券交易所(下文简称伦交所)拒绝了香港证券交易所(下文简称港交所)的并购提议,除了认为并购不符合战略目标外,伦交所也认为与港交所的并购难以获监管批准。港交所的并购提议将受到许多金融监管机构以及政府实体的全面审查,例如,《英国企业法》(UK Enterprise Act)、美国的外国投资委员会(CFIUS)程序以及意大利的"黄金权力"(Golden Powers)机制等。

七、伦理因素

如今的社会压力越来越大,迫使企业在经营中的态度应更具有社会责任感。对许多企业来说,企业责任是一个重要问题,无论是工作条件、产品的安全和质量、如实宣传,还是其对环境的态度、对当地居民的关心,在整体上要避免任何有可能被视为不良的商业经营活动。

PEST 或 STEEPLE 模型被企业广泛应用于企业环境的评审,并且有助于企业为经营活动建立战略方案。同样十分重要的是,我们应该认识到这些因素之间是相互交叉和相互作用的。法律和政府政策反映了社会态度,科技因素决定着成本和生产率这样的经济因素,科技进步通常体现了科研人员希望满足社会或环境需求的意愿等。

企业要获得成功就需要适应其企业环境的变化,并且尽可能地利用这些变化。最后,企业管理人员对其所经营行业的环境的理解越透彻,那么他们在利用不断变化的机会方面或潜在灾难的规避方面就越有可能成功。

虽然在本书中我们主要讲述经济环境,但同时我们也在部分内容中涉及 PEST 和 STEEPLE 分析法中的其他维度(特别是在它们对经济环境产生影响时)。例如,竞争立法、社会因素对消费者需求产生的作用、企业对污染和社会责任态度的变化、科技对成本和销售量,以及企业满足顾客不断变化的需求的方式所产生的影响。

2.1.2 波特的五力模型

企业所处的外部环境除了图 2.2 所指的宏观背景环境以及直接环境之外,还可以从行业层面去分析企业的外部环境,包括供应商、总体竞争状况、替代品等因素。

战略分析的核心是寻求企业内部运作与外部环境的契合,从而保证企业的战略有利于实现其使命和经营目标。对企业外部环境展开战略分析的经典模型就是波特的五力模型。五力模型是迈克尔·波特(Michael Porter)于 20 世纪 80 年代初提出的,他是从经济学的角度系统研究企业战略的代表人物,对企业战略制定产生了全球性的深远影响。他是当今全球第一战略权威,是商业管理界公认的"竞争战略之父",其代表作包括《竞争战略》(1980)、《竞争优势》(1985)、《国家竞争力》(1990)等。

在《竞争战略》一书中,波特从产业组织理论(即产业经济学)的角度,系统地探讨了企业经营战略问题,提出了产业分析的基本框架(五力模型)和企业在产业内定位的三种一般竞争战略。该理论以传统的产业组织理论(即市场结构—行为—绩效框架)为基础,将产业组织经济学与企业战略研究相结合,从而将企业战略的研究推进到一个新高度。

五力模型将几种不同的因素汇集在一个简便的模型中,以此分析一个行业的基本竞争态势。五力模型确定了竞争的五种主要来源,即供应商的议价能力、购买者的议价能力、潜在进入者的威胁、替代品的威胁,以及同一行业企业间的竞争。五种力量的不同组合变化最终影响行业盈利能力。波特认为,企业战略设计的核心在于选择正确的、有盈利潜力的行业,并在行业中占据有力的竞争位置。在企业确定其可行的竞争战略之前,应该识别并评价这五种力量。不同力量的特性和重要性因行业和公司的不同而不同。五力模型如图 2.3 所示。

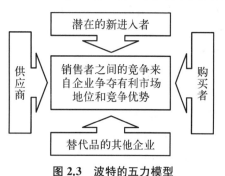

图 2.3 波特的五力模型

波特五力模型是对企业竞争因素的识别和分析,即企业外部环境分析可以用来描述和解释行业背景。

一、供应商的议价能力(Bargaining Power of Suppliers)

许多企业都拥有众多供应商,这些供应商可能提供原材料,也可能只是提供简单的办公文具。供应商主要通过提高投入要素价格或降低单位价值质量来影响行业中现有企业的盈利能力与产品竞争力。供应商力量的强弱主要取决于他们所提供给买主的是什么投入要素,当供方所提供的投入要素其价值构成了买主产品总成本的较大比例、对买主产品生产过程非常重要或者严重影响买主产品的质量时,供应商相对于买主而言就具有议价能力。一般来说,满足如下条件的供应商会具有比较强大的讨价还价力量:

(1) 当供应商相对较少,其产品的买主却很多,规模小且分散,以致每一单个买主都不可能成为供应商的重要客户;

(2) 当供应商企业的产品具有一定特色,以致买主难以转换或转换成本太高,或者很难找到可与供应商企业产品相竞争的替代品。例如,一些高端汽车经销商经常发现汽车制造商在定价、展示和售后服务方面会对他们施加相当大的压力。

二、购买者的议价能力(Bargaining Power of Buyers)

购买者主要通过压价与要求提供较高的产品或服务质量来影响行业中现有企业的盈利能力。一般来说,满足如下条件的购买者可能具有较强的讨价还价力量:

(1) 当购买者的总数较少,而每个购买者的购买量较大,占了卖方销售量的很大比例;

(2) 当卖方行业由大量相对来说规模较小的企业所组成;

(3) 当购买者所购买的基本上是一种标准化产品,采购公司向其他供应商转换的成本较低;

(4) 当采购公司可以相对容易地自行生产产品,从而相对容易地终止与供应商的合作。

以零售业为例。很多国家的零售业由少数大型连锁超市主导。这些大型连锁超市对农民和食品生产者施加了巨大的压力。这类超市不仅主宰了市场,而且通常可以找到许多替代供应源,包括国内和国际供应源,但转换成本相对较低。因此,供应商被迫降低价格,从而降低利润率。此外,所有超市都销售自己生产的或与现有制造商达成协议的自有品牌产品,这些产品的售价通常远低于同等品牌产品。可以说,这些大型超市相对于那些供应商具有更大的议价能力。

三、新进入者的威胁(Threat of New Entrants)

新进入者在给行业带来新生产能力、新资源的同时,将希望在已被现有企业瓜分完毕的市场中赢得一席之地,这就有可能会与现有企业发生原材料与市场份额的竞争,最终导致行业中现有企业盈利水平的降低,严重的话还有可能危及这些企业的生存。

新进入者进入市场的能力在很大程度上取决于各种进入壁垒的高低,以及在位者对新进入者的反应。进入壁垒往往因行业、产品和市场的不同而不同。影响进入壁垒的因素包括规模经济产品差异化、资金需求、知识需求、转换成本、分销渠道的控制等因素。这里有两个最基本的判断:首先,具有强大品牌标识的产品的公司通常会尝试使用产品差异化来降低竞争;其次,现有制造商将倾向于依靠规模经济和从经验中获得的低成本来保持相对于潜在竞争对手的成本优势。当然,行业进入壁垒并不是固定不变的,它会受到政府管制政策以及技术变革的影响。例如,网络销售成为许多产品的新销售渠道,传统零售商也开始建立电子商务平台。网络销售渠道有助于降低行业的进入壁垒,新进入者无须投入更多资金来建设实体店渠道。

现有企业对进入者的反应情况,主要是采取报复行动的可能性大小,这取决于有关厂商的财力情况、报复记录、固定资产规模、行业增长速度等。总之,新企业进入一个行业的可能性大小,取决于进入者主观估计进入所能带来的潜在利益、所需花费的代价与所要承担的风险这三者的相对大小情况。

四、替代品的威胁(The Threat of Substitutes)

替代品的出现可能是企业及其盈利能力的主要威胁,因为许多相近的替代品意味着相对富有价格弹性的需求。这里要强调的是,替代品是指由另一个行业所提供的满足相同顾客需求的产品或服务。替代品很容易被忽略,因为它们与现有行业产品有很多不同。例如视频会议是商务差旅的替代品。源自替代品的竞争会以各种形式影响行业中现有企业的竞争战略。首先,现有企业产品售价以及获利潜力的提高,将由于存在着能被用户更容易接受的替代品而受到限制;第二,由于替代品生产者的侵入,使得现有企业必须提高产品质量,或者通过降低成本来降低售价,或者使其产品具有特色,否则其销量与利润增长的目标就有可能受挫;第三,替代品生产者的竞争强度受产品买主转换成本高低的影响。总之,替代品价格越低、质量越好、用户转换成本越低,其所能产生的竞争压力就越强。

录像机和录像带的市场就是一个很好的例子,因为 DVD 和蓝光播放机的到来,对传统录像机和录像带市场影响很大。随着 DVD 播放机的价格下跌,视频播放机和录像带的价格也大幅下跌。当 DVD 录像机大量进入市场,人们使用 DVD 的转换成本慢慢降低了,从而导致了 DVD 对录像带的代替。

五、同业竞争者的竞争程度(The Extent of Competitive Rivalry)

大部分行业中的企业相互之间的利益都是紧密联系在一起的,作为企业整体战略一部分的各企业竞争战略,其目标都在于使得自己的企业获得相对于竞争对手的优势,所以在实施中就必然会产生冲突与对抗现象,这些冲突与对抗就构成了现有企业之间的竞争。现有企业之间的竞争常常表现在价格、广告、产品介绍、售后服务等方面,其竞争强度与许多因素有关。

一般来说,出现下述情况将意味着行业中现有企业之间竞争的加剧,这就是:行业进入障碍较低,势均力敌竞争对手较多,竞争参与者范围广泛;市场趋于成熟,产品需求增长缓慢;竞争者企图采用降价等手段促销;竞争者提供几乎相同的产品或服务,用户转换成本很低;替代产品可能很快会出现;存在合并和收购的可能性,这种对公司控制的竞争可能会对公司的战略产生相当大的影响;退出障碍较高,即退出竞争要比继续参与竞争代价更高。在这里,退出障碍主要受经济、战略、感情以及社会政治关系等方面考虑的影响,具体包括资产的专用性、退出的固定费用、战略上的相互牵制、情绪上的难以接受、政府和社会的各种限制等。

行业中的每一个企业或多或少都必须应付以上各种力量构成的威胁,而且客户必须面对行业中的每一个竞争者的举动。除非认为正面交锋有必要而且有益处,例如要求得到很大的市场份额,否则客户可以通过设置进入壁垒,包括差异化和转换成本来保护自己,努力从自身利益需要出发影响行业竞争规则、先占领有利的市场地位再发起进攻性竞争行动等手段来对付这五种竞争力量,以增强自己的市场地位与竞争实力。

波特模型旨在识别和分析影响公司的竞争因素。然而,成功往往不是通过竞争,而是通过合作和协作。例如,一个企业可能与其主要业务伙伴建立密切联系,或与竞争对手在研究和开发上进行协作,从而节省研发成本。事实上,企业有相当强的动机与竞争对手串谋,以增加其总利润,避免破坏性竞争。在理想情况下,为了合理开展战略规划,公司应该能够识别和量化影响它的五种力量中的每一种。然而,在实践中,企业往往面临着相当大的市场不确定性。竞争对手、供应商和客户会采取何种行动?消费者的口味将如何变化?哪些新公司和新产品将进入市场?这些问题都很难有确定的答案。此外,一些经济学家还提出了第六种力量——互补者。互补者是生产互补产品的公司。例如,生产赛扬、奔腾和 i3、i5 和 i7 核心处理器的英特尔(Intel)公司是 Windows 操作系统生产商微软(Microsoft)公司以及其他各种计算机制造商(如戴尔和惠普)的"互补者"。如果企业是互补者,则有形成战略联盟的激励,以便从合作和减少不确定性中获益。波特本人也增加了另一种第六力量——政府力量。很明显,政府政策对企业的影响有很多种方式,因此也会影响应采取的战略,如政府的税收政策、价格控制和监管。我们将在第六章对政府的规制政策进行详细的讨论。

2.2 基于 SCP 范式的产业背景分析

2.2.1 背景分析的一般方法

背景分析(Context analysis)是一种审视与特定公司或部门相关的内部和外部业务环境的方法。虽然几乎每个企业在某种程度上都使用这些方法,但背景分析最常见的应用者是那些需要不断努力保持竞争力的企业。这些业务包括销售高成本产品的公司,如汽车生产商,或面临商店空间竞争的公司,如食品和饮料生产商。最常见的一种背景分析方法就是专门针对企业面临的优势、弱点、机会和威胁进行分析的方法,即 SWOT 分析,用以制定企业的战略计划。

背景分析中涉及的流程包括审视市场和企业的所有方面,以找到成功或失败的可能方向。分析的最主要工作是企业及其竞争对手的市场定位分析。如果分析过程仅限于这一方面,分析通常被称为环境扫描(Environmental scanning)。在组织和战略规划方面,环境扫描包括考虑影响组织方向和目标的当前和潜在的各种因素,因为企业不仅仅是要对现在做出规划,也包括未来。例如,环境扫描可能预测,在未来十年 18—24 岁人口的比例将从 30% 增加到 40%。如果我们考虑决定在市场中可以引入哪些新产品,这是可以参考的重要信息。我们是否应该减少以老年人为目标群体的产品开发?或者致力于开发以年轻人为目标的产品,从而来适应市场向以年轻人主导的状况的转变?环境扫描迫使我们研究这些因素。虽然有些人认为环境扫描应只考虑组织外部的因素(如市场、立法和政府行动、人口统计、市场趋势等),但实际上内部环境扫描经常也是需要的。内部环境扫描包括查看组织的现有能力(基础设施、硬件、人员、能力、结构等),并将这些信息与组织未来实现其战略目标所需的信息进行比较。

真正的背景分析将着眼于企业定位,并致力于提高其竞争力。分析范围通常依据企业的需要而定,大致可以分为三类:(1)特殊分析。在进行特殊分析时,主要目标是快速而具体地了解某一件事情或工作。这些研究将说明与特定竞争对手的特定产品相比,企业产品成功的可能性。特殊分析通常是制定大战略的第一步,它显示了未来有待更深入开展研究的可能领域。(2)定期分析。定期分析会在特定时间观察市场。这些情况可能每年发生一次,或者每次公司计划发布新产品时都会发生。每一种情况下,这些方法都是根据与分析本身无关的外部事件进行安排的。许多企业都使用这些方法,比如年度检查。这个过程会帮助企业找出可以改善的地方。(3)持续分析。这种常见的分析是连续的。这些方法永远不会停止审视市场、企业、竞争以及其他可能影响公司的因素。这种类型的分析非常耗费资源,因此通常只由大型且竞争激烈的公司执行。这些方法收集的数据,在被以后出现的信息取代之前,会很快在公司内部进行处理消化。

2.2.2 SCP范式及其应用

SCP范式是哈佛学派的重要理论,经常被用于产业背景分析。产业通常被理解为提供同类产品企业的集合。与企业经营决策最密切相关的环境是企业所处的产业的竞争环境。要理解企业的行为必须掌握企业所处产业的状况。产业分析的一个有效工具就是来自哈佛学派的SCP范式。该理论构建了系统化的产业(市场)结构—企业行为—市场绩效的分析框架,对于研究产业内部市场结构、主体市场行为及整个产业的市场绩效有现实的指导意义,是产业经济学中分析产业组织的经典理论。

对于企业的产业环境最基本的分析应该从对不同产业的分类开始。一个行业通常是根据其产出的技术和物理特征来定义的。在我国,《国民经济行业分类与代码》被用作产业分类的官方手段。依据产业中关键资源的不同,我们也把产业分为技术密集型产业、劳动密集型产业与资本密集型产业。

在分析企业竞争关系的时候,产业被定义为生产相似替代品的企业的集合。市场结构是指企业市场关系(交易关系、竞争关系、合作关系)的特征和形式,是一个反映市场竞争和垄断关系的概念。市场结构决定市场的价格形成方式,从而决定产业组织的竞争性质的基本因素。那么,什么决定市场结构呢?有很多实证研究表明,技术因素或者规模经济是决定市场结构的根本因素,即市场结构外生。市场结构取决于一系列行业基本条件,有关于生产(供应)的,也有关于消费者需求的。例如,资本投入的可得性以及技术将会影响"以大规模还是小规模"进行生产会更有效率。消费者的品位以及是否有类似可选择的产品(可替代品)将会影响在整个行业内产品的类别范围,以及决定了生产这些产品的企业之间是否应该将产品进行高度差异化还是这些产品可以非常相似。这些条件将影响市场结构是存在激烈的竞争还是由少数生产商主导(通过市场壁垒来阻碍竞争者进入市场)。

衡量市场结构的指标包括:行业内部买方和卖方的数量及其规模分布、产品差别的程度和新企业进入该行业的难易程度(即进入壁垒)等。市场集中度就是某产业市场前几名企业市场份额占整个市场的比例,如CR4,指的是市场中市场份额最大的前四名企业的市场份额之和。通常,一个市场中企业的数目越多,市场越分散,集中度指数就越低,往往也意味着企业之间的竞争越激烈。同样,行业产品的差别化程度越低,进入壁垒越低,往往也意味着企业之间的竞争越激烈。

企业行为主要是指企业的定价行为、广告战略以及合谋等行为。在市场接近充分竞争的情况下，企业不存在明显高于边际成本的定价行为，也不存在激进的广告战略，合谋也很难发生。

市场绩效指标主要包括企业的生产效率、市场份额、股价的变化、利润率、技术进步，以及满足社会目标等。良好的市场绩效通常意味着企业价格能够随着成本的降低而降低，企业的生产效率较高，且利润率不高，技术进步能够不断得以实现。

按照哈佛学派的观点，企业运营所处的市场结构对企业行为、进而对企业绩效有决定性影响。这就是结构—行为—绩效的逻辑分析框架。对于处于具有高度竞争性的市场结构中的企业与处于竞争者相对较少的市场中的企业，其企业的行为活动是不同的。例如，市场竞争越激烈，为了将产品售出和保持竞争力，企业就可能要更有胆识。市场竞争越小，生产商之间进行联合谋划的可能性就会更大，因为这样可以降低直接竞争可能产生的过剩和不确定性。

这种行为又进而会影响市场的绩效。

在 SCP 框架中，哈佛学派着重突出市场结构的作用，认为市场结构是决定市场行为和市场绩效的关键因素，市场结构决定企业在市场中的行为，企业市场行为又决定经济绩效。如图 2.4 所示。因此，改善市场绩效的方式就是通过产业政策调整市场结构，市场结构越趋于分散，市场绩效就越好。在哈佛学派看来，在具有寡头或垄断市场结构的产业中，由于存在着少数企业间的共谋、协调行为以及通过进入壁垒限制竞争的行为，削弱了市场的竞争性，其结果往往是产生超额利润，破坏资源配置效率。这就是集中度-利润率假说。哈佛学派的代表人物贝恩的实证研究也证实了这一点。

然而，由于缺乏坚实的理论支持，哈佛学派很难自圆其说，其理论不断受到来自其他学派的挑战。芝加哥学派就是其中之一。在以斯蒂格勒为代表的芝加哥学派看来，与其说市场结构决定市场绩效，倒不如说是市场绩效决定市场结构。集中的市场结构同样也可能产生良好的市场绩效，只要市场绩效是好的，市场结构事实上并不是一个重要的问题。在芝加哥学派看来，形成较高的利润率的唯一原因是企业的创新和高效率经营，通过合谋是无法保证企业获得较高的利润率的，因为合谋都是不稳定的。企业绩效完全是由市场结构这样的外部因素所决定的看法是不正确的。如果一个企业高效率经营，拥有更低的生产成本（基于规模经济或先进生产技术），那么它就可以相比竞争对手获得更高的利润，并最终获得更大的市场份额，从而主导该市场。在芝加哥学派看来，市场绩效往往与市场中垄断势力的大小呈正相关关系。

综合上述观点，可以发现，市场结构、企业行为、市场绩效之间呈现出了复杂的相互关系，大量学者也对三者之间的关系进行了实证研究，但很难获得一致的观点。市场结构、企业行为以及市场绩效三者之间的直接或潜在的关系可以用图 2.4 来表示。

从短期来看，可以把市场结构看成是既定的要素，作为企业市场行为的外部环境，市场结构从某种程度上决定了企业的市场行为，而产业内所有企业的市场行为又决定了市场绩效。从长期来看，市场结构也在发生变化，而这种变化正是企业市场行为长期作用的结果，有时市场绩效的变化也会直接导致市场结构发生变化，所以在一个较长的时期内，市场结构、市场行为和市场绩效之间是双向的因果关系。

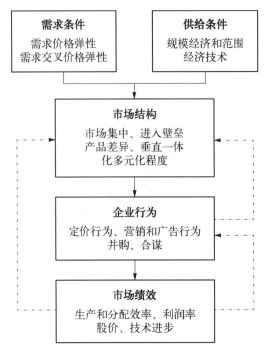

图 2.4　市场结构、企业行为与市场绩效三者之间的关系

事实上,企业的内部目标、组织形式和策略在决定成败方面也是非常有影响力的。我们将在后面章节分析企业策略以及决定企业竞争力的因素。尽管 SCP 范式缺乏理论上的逻辑性,但其价值仍然不可否认。斯蒂芬·马丁在其《高级产业经济学》认为:"随着时光的流逝,SCP 范式逐渐被认为是描述性的,且并不具有逻辑上的必然性。当代产业经济学的理论和经验研究都是基于正统的寡占模型,而不是 SCP 范式。""无论如何,SCP 范式仍是一个全面的分析框架,它吸收了在许多产业中观察到的普遍的经验性事实,并据此提出了明确的政策建议。"可以说,到目前为止,传统的 SCP 范式的分析方法仍然是无法取代的。

2.3　全球化背景下的国际商务环境分析

2.3.1　国内外商务环境比较

在企业经营过程中,公司必须学会应对国际环境,对于跨国公司而言更是如此。相比之下,在一个国家的边界范围内开展业务的公司基本上只需关心国内环境。然而,没有一家国内企业可以完全摆脱国外或国际环境力量的影响,因为它们时刻都可能面对在其本土市场经营的外国竞争对手的竞争。

一、外部和内部环境力量的影响

这里的环境是指所有影响公司生存和发展的力量。这些力量可分为外部或内部的。外部力量通常被称为不可控力量。管理者无法对其进行直接控制,但可以对其产生影响,如游说法律修订、大力推广需要文化态度转变的新产品。外部力量包括以下内容：

（1）竞争：竞争对手的种类、数量、地点及其活动。

（2）分布：对商品和服务进行分销的国家和国际机构。

（3）经济：影响公司经商能力的变量（如国民生产总值、单位劳动成本以及个人消费）。

（4）社会经济：人口的特点和分布。

（5）财务：利率、通货膨胀率和税收等变量。

（6）法律：控制国际商务运作方式的众多国外和国内法律。

（7）物理：地形、气候和自然资源等自然因素。

（8）政治：各国的政治环境因素，如民族主义、政府形式和国际组织。

（9）社会文化：文化元素（如态度、信仰和舆论）对国际管理人员十分重要。

（10）劳动力：劳动力的组成、技能和态度。

（11）技术：影响资源如何转化为产品的技术技能和设备。

管理者能够对其有一定控制能力的因素是内部力量，如生产要素（资本、原材料和人员）和组织活动（人事、财务、生产和营销）。这些都是管理者必须进行控制，以应对不可控环境因素的变化，这些内部因素称为可控力量。我们来看看政治力量的一次改变，例如欧盟在2013年的扩展是如何影响28个成员国内部经营以及与其有生意往来的全球公司的。欧盟扩展以后，一些企业不得不重新审视自己的商业惯例，改变一些做法。例如，一些欧洲的公司和在欧盟国家的外国子公司将部分业务迁往欧盟的另外一些国家，以利用那里的低工资。一些美国和亚洲的公司在其中某个成员国组织生产来为这一巨大的自由贸易区提供产品。他们这样做就可以避免支付从本国出口需要缴纳的进口关税。

二、国内环境

国内环境是所有源于本国的影响公司生存和发展的不可控力量。显然，这些都是管理者最熟悉的力量。然而，虽然是国内力量，但也不排除其对海外环境业务产生影响。例如，如果本国正在面临外汇短缺的困难局面，政府可能会对海外投资进行限制，以减少其外流。因此，公司的管理层会发现，他们再也不能随意拓展海外投资。在现实生活中的另一个实例是，一个在国内工厂组织罢工的工会了解到管理层正在从其位于其他国外的子公司调入零件。罢工者联系了外国工会组织，该工会承诺不加班生产罢工工厂需要的产品。这说明，国内环境力量的影响在海外也能感受到，就好像在国内一样。

三、国外环境

国外环境的力量与国内环境相同，只是它们在国外产生。然而，由于多种原因，它们的运作方式有所不同，这里介绍其中几种。

各种力量具有不同的价值观。虽然这两个环境中各种力量的种类是相同的，但它的价值观往往差异很大，有时完全相反。截然相反的政治力量、价值观有时会令跨国公司管理层左右为难。一个典型例子是，美国曾经对运往古巴的大部分商品实行出口禁令。这一禁令意味着，古巴无法从美国制造商购买巴士。为了规避禁令，古巴政府从美国公司的阿根廷子公司订购巴士。该公司的美国总部因美国禁令下令不允许交易，而阿根廷政府则命令阿根廷子公司可以交易。阿根廷政府表示，阿根廷的公司（包括该子公司）不必理会外国政府的要求。阿根廷子公司的管理者进退两难。最后,总部做出让步,允许阿根廷子公司进行交易。

力量可能难以评估。关于国外力量的另一个问题是,它们往往难以评估。在法律和政治力量方面尤其如此。为了安抚当地的部分民众,在表面上,政府可能表现出反对外国投资的姿态,但务实的领导人可能在实际上鼓励它。一个很好的例子是墨西哥,1988年之前一直有一项法律,禁止外国人拥有墨西哥公司的多数股权。然而,另一项条款规定,"如果投资有利于国家的福利"则允许出现例外。根据该条款,IBM、伊顿等公司成功地获得许可,设立了全资子公司。

各种力量相互关联。各种国外力量之间往往是相互关联的。这本身不是一个新鲜事物,因为国内的管理人员也面临着同样的情况。不过,在国外,各因素相互影响的种类和结果可能有所不同。例如,在许多发展中国家,高成本的资金再加上丰富的非熟练劳动力,可能导致他们宁可选择采用较低的技术水平。换句话说,当面临高利率和有大批工人可用时,是安装只需几个工人的昂贵专用机械,还是安装需要大量劳动力的便宜通用机械这一问题,管理者通常会选择后者。另一个例子是物理层面因素和社会文化的力量之间的互动,阻止一个国家的人口自由流动的障碍(如山脉和沙漠),有利于在一个国家内保持独特的文化,这对企业决策也有一定影响。

四、国际环境

国际环境所呈现出的不同力量的相互作用有两种表现形式:(1)国内环境力量和国外环境力量之间的相互作用;(2)两种国外环境力量之间的相互作用(例如,跨越国境开展业务就是当跨国公司在国外某个国家的分支机构与另一个国家的客户开展业务)。

对于多国化公司或全球性公司的总部工作人员,无论他们以什么方式参与在其他国家的业务,他们都是在国际环境下工作,而那些在国外子公司工作的人员却不是,除非他们也通过出口或管理其他关联企业参与国际业务。换句话说,对于一名诺基亚中国区的销售经理,如果其工作只是在中国销售手机,那么此人并不是在国际环境中工作。如果诺基亚中国具有将手机出口到泰国的业务,那么销售经理将受中国的国内环境和泰国的国外环境这两种力量的影响,因此是在国际环境中工作。那些行为会影响国际环境的国际组织也是其中一部分。这些组织包括:(1)全球机构(如世界银行);(2)包括多个国家的区域经济集团(如北美自由贸易协定、欧盟);(3)受行业协议约束的组织(如石油输出国组织)。

在国际环境中决策更为复杂。那些在国际环境中工作的人员发现,进行决策要比纯粹的国内环境复杂得多。假设在总部办公的管理层必须做出一项决定,这会影响多达10个不同国家的子公司(许多国际公司在20个或更多国家设有子公司)。他们不仅要考虑国内力量,也必须评估这10个国家的外国环境的影响。不像其国内同行那样,或许单单考虑一组10种力量组合的影响就可以,他们必须考虑10组10种力量组合,因为它们之间可能会有一些相互影响。

例如,如果管理部门同意一个外国子公司的雇员需求,那么就极有可能需要向另一家子公司提供类似的政策,因为工会可能会跨国交流信息。

在国际环境中决策主体具有自我参照标准。国外环境复杂性增加的另一个常见原因是,管理人员不熟悉其他国家的文化。有些管理人员将自己的喜好和反应强加于他人,有时会让情况变得更加糟糕。国外的生产部经理面对积压的订单时,会希望支付工人加班费让工人加班完成订单。当这一招不奏效时,他们可能会感到不可理解,会说:"这要是在我们那儿,每个人都会想挣更多的钱。"这名管理人员无法理解,工人们宁愿闲着也不愿意赚更多的钱。这种管理人员对自我文化价值观的无意识参照称作自我参照标准(Self-reference criterion),这可能是国际商务活动中犯错误最大的原因。成功的管理人员在处理问题时会认真考虑当地的文化特质以及自己的文化特质。

综合来看,国际商务环境与国内商务环境有着明显不同,具体见表2.1。

表 2.1 国际商务环境与国内商务环境的差异

国 内 商 务 环 境	国 际 商 务 环 境
单一货币	各货币的稳定性与比价不同
相同的财政金融与商业环境	不同的经济环境
相对同质的市场	市场分散且多样化
统一的法律与会计制度	各种各样的法律与会计制度
政治预期稳定	政治变化难预测
文化习俗与价值观念基本相通	文化习俗与价值观念难以沟通
获取信息相对容易	有效信息的收集十分困难

2.3.2 跨国公司与全球化

一、跨国公司的内涵

跨国公司(Transnational Corporation),又称多国公司(Multi-national Enterprise)、国际公司(International Firm)、超国家公司(Supernational Enterprise)和宇宙公司(Cosmo-corporation)等。20世纪70年代初,联合国经济及社会理事会组成了由知名人士参加的小组,较为全面地考察了跨国公司的各种准则和定义后,于1974年作出决议,决定联合国统一采用"跨国公司"这一名称。

简单地说,跨国公司是一种在多个国家进行海外直接投资(Foreign Direct Investment,FDI),并设立分支机构或子公司,从事全球性生产、销售或其他经营活动的国际企业组织。跨国公司被认为具有如下的组织特点:

(1) 在全世界寻找市场机会以及产品来源、原材料、融资以及人员,面临来自世界范围竞争对手的威胁。换句话说,它具有全球视野。

(2) 保持在世界各地主要市场出现。

(3) 在各个市场之间寻求相似点,而不是不同点。

(4) 使公司的一个或多个职能领域实现全球的标准化运营。

(5) 在全球整合其业务。

跨国公司作为最重要的国际投资的主体,是国际直接投资活动的主要承担者,目前全球FDI流量的90%以上来自跨国公司,FDI已成为跨国公司对外扩张、实施其经营战略的至为重要的手段。FDI有多种具体形式,包括在东道国开办独资、合资与合作经营、购买、兼并现有企业等。作为投资者的跨国公司,通过对外直接投资在国外设立子公司和分支机构,他们参与企业的生产经营活动,拥有实际的管理权、控制权。20世纪90年代初,世界跨国公司母公司约有3.7万家,其海外的分支机构约有17万家,而到21世纪初,世界跨国公司母公司达到4.3万家左右,其海外分支机构达到69万家左右。

二、跨国公司推进全球化

跨国公司也是经济全球化的重要推动器,是实现全球生产要素流动和资源优化配置的主要载体。伴随着跨国公司的对外直接投资,经济全球化的进程大大加快。全球化这一概念的应用领域非常广泛,涉及政治、文化、环境、历史等多个方面。这里我们要讨论的是经济全球化。全球化既是一个过程,也反映这个过程结束后的一个状态。经济全球化是指世界经济活动超越国界,通过对外贸易、资本流动、技术转移、提供服务、相互依存、相互联系而形成的全球范围的有机经济整体的过程,是商品、技术、信息、服务、货币、人员等生产要素跨国跨地区的流动,换句话说,也就是世界经济日益成为紧密联系的一个整体。经济全球化是当代世界经济的重要特征之一,也是世界经济发展的重要趋势。

经济全球化是一个既相互竞争、又相互融合渗透的过程。经济全球化有利于资本和产品在全球性流动,可以使一国经济在目前条件下最大限度地摆脱资源和市场的束缚,实现资源和生产要素在全球的合理配置。经济全球化促进了世界市场的不断扩大和区域统一,使国际分工更加深化,各国可以充分发挥自身优势,从事具有比较优势的产品的生产,扩大生产规模,实现规模效益。经济全球化有利于科技在全球性的扩张,发展中国家可以进口自己需要的先进科学技术,借助后发优势,促进科技进步、经济结构的优化和经济发展。经济全球化是人类发展进步的表现,是世界经济发展的必然结果。

事实上,国与国之间的相互依存关系既有利,也有弊。对单个国家来说,经济全球化是一柄双刃剑,既是机遇,也是挑战。特别是对经济实力薄弱和科学技术比较落后的发展中国家,面对全球性的激烈竞争,所遇到的风险、挑战将更加严峻。经济全球化中急需解决的问题是建立公平、合理的新的经济秩序,以保证竞争的公平性和有效性。经济全球化是贸易、投资、金融、生产等活动的全球化,即生存要素在全球范围内的最佳配置。从根源上说是生产力和国际分工的高度发展,要求进一步跨越民族和国家疆界的产物。进入21世纪以来,经济全球化与跨国公司的深入发展,既给世界贸易带来了重大的推动力,也给各国经贸带来了诸多不确定因素,使其出现许多新的特点和新的矛盾。经济全球化使得世界各国的经济联系在一起,这在促进各国经济合作的同时,也使得一个国家的经济波动可能殃及他国,甚至影响全世界,加剧全球经济的不稳定性,尤其对发展中国家的经济安全构成极大的威胁。

在经历了全球化的快速发展时期后,当前全球化的速度显著减慢,甚至在贸易保护主义色彩浓厚的今天,甚至出现了"逆全球化"。当前,全球FDI负增长成为决策者的长期担忧,2017年全球外商直接投资(FDI)明显下滑,凸显国际贸易关系持续紧张影响。联合国大会常设机构联合国贸易和发展会议(UNCTAD)指出,过去十年生产全球化的步伐明显放缓,假如主要经济体竖起一些新的贸易壁垒,这种趋势可能持续。

三、经济全球化的利与弊

科学技术的进步和生产力的发展,为经济全球化提供了坚实的基础,特别是20世纪70年代以来的信息技术革命,不仅加快了信息传递的速度,也大大降低了信息传送的成本,打破了种种地域乃至国家的限制,把整个世界空前地联系在一起,推动了经济全球化的迅速发展。优惠贸易协定的出现,如北美自由贸易协定和欧盟,将多个国家组成一个单一市场,为公司提供了更多的市场机会。所有这些都为国际资本的流动、国际贸易的扩大、国际生产的大规模进行提供了适宜的体制环境和政策条件,促进了经济全球化的发展。

由于世界各国在自然资源、生产力和科技水平、政治经济制度和民族文化等方面存在着巨大的差异,以及资本主义经济政治发展不平衡规律的作用,经济全球化对不同的资本主义国家会产生不同的影响。西方发达国家是经济全球化的主导,掌握了世界上最先进的生产力和高新科学技术,能够集中精力发展高技术含量、高信息含量的高新技术产业,而将传统工业和一般技术成熟的产业向发展中国家转移。因此,其在全球分工体系中处于优势地位,能够在经济全球化过程中占有更多的优势,获得更多的利益。发达国家通过跨国公司全球性的联合、兼并和扩张,进一步发展其高度发达和高度集约型的经济,使其产品竞争力始终高居世界领先地位。

经济全球化在一定程度上适应了生产力进一步发展的要求,促进了各国经济的较快发展,但同时也使世界经济的发展蕴藏着巨大的风险。一些人在意识形态上根本反对全球化的进程和结果,而另一些人可能只是关注寻找更好地管理全球化进程和结果的方法。全球化反对者们关注的主要焦点可以概括为三个方面:(1)全球化对各个国家和人民产生了不平衡的结果;(2)全球化已对劳动和劳动标准产生有害影响;(3)全球化使得环境和健康状况大幅下降。

全球化对各国和人民产生不平衡的结果。与全球化的支持者描绘的繁荣景象形成鲜明对比的是,反对者提到的更多是外国投资和贸易自由化给世界各国人民带来的有害影响。远未实现让每个人都成为赢家。出口导向型增长的承诺在有些地方未能兑现。例如,尽管在经济自由化、私有化和放松管制方面作出了很大努力,但是拉丁美洲未能复制亚洲的成功,最终的结果包括墨西哥的失望和阿根廷的灾难等。同样,撒哈拉以南非洲的努力都未能产生效益,生活在极端贫困状态下的人口比例在1981—2001年从42%上升到了47%。开放世界市场似乎可以提供经济发展的可能性,但这一处方实施起来并不容易,也不是放之四海皆准。

许多全球化的反对者声称,世界上的富有国家和贫穷国家之间有着巨大差距,而全球化进一步拉大了这一差距。毋庸置疑,富有国家和贫穷国家之间确实存在着巨大差距,但对于全球化增大了这种不平等的问题,证据也许并不明显。虽然马丁·沃尔夫(Martin Wolf)的分析表明,在大多数已融入世界经济的发展中国家,收入不平等已经不再扩大,但它也确实表明,在一些地方这种不平等仍在增加。在一些高收入国家,不平等现象也有上升趋势,但这归结于技术变革,而不是全球化。当对收入数据进行调整以反映相对购买力时,贫穷国家与富有国家之间的收入不平等将减少。沃尔夫还指出,虽然贸易和投资全球化是提高收入和生活水平的推动者,但如果对存在的障碍管理不善或过度借贷,结果可能会有所不同。

全球化已经对劳动和劳动标准产生不利影响。全球化对劳动标准产生影响的问题已经成为美国和其他国家的工人经常关注的问题。世界贸易组织推动的贸易自由化,资本的流动性也不断增加,设法将一个国家的工业保持在其边界内的措施已经减少,公司可以更轻松地将在一个国家的投资移动到另一个国家。发达国家的工人经常发声表达他们关注的问题,他们的工作将迁移到标准更低的发展中国家,从而降低成本,导致声名狼藉的"向下竞争"，使得有着更严格的劳动标准的发达国家处于不利地位。

虽然发展中国家的劳动标准通常低于工业化国家，但它们一直在上升，而且有证据表明，与运营本地公司相比，投资于国外的多国公司要支付更高的工资，以更快的速度创造新的就业机会，并且在研发上花费更多成本。发展中国家也会在其境内实施更苛刻的劳动标准，作为自由贸易的障碍。他们可能会觉得，较低的劳动力成本为自己带来竞争优势，如果他们强制实行更为严格的劳动标准，那么跨国公司便可能不再有动力在他们的国家设立分支机构，从而妨碍其促进经济发展。

全球化促使环境和健康状况恶化。对于反全球化力量所关心的全球化使环保标准不断下降的问题，墨西哥前总统塞迪略说："经济一体化有利于环保，而不是使环境恶化由于贸易有利于经济增长，至少会带来一些必要的环境保护手段。人们的生活水平越高，越需要好的环境。此外，并不鲜见的是，在出口活动中的就业机会将促使人们放弃高污染的边缘职业。"例如，北美自由贸易协定关于服务贸易的某些规则可能会导致政府降低对危险行业（如伐木、货车运输、供水、房地产开发）的环境标准。例如，为了遵守北美自由贸易协定关于服务贸易的规则，布什政府放弃了美国的清洁空气标准，以便允许墨西哥的卡车在美国公路上运输货物。全球化的反对者认为，这可能会增加边境各州的空气污染和相关健康问题，因为老式的墨西哥卡车比同类美国卡车产生更多污染，而且这些车辆不使用美国所要求的清洁燃料。抗议者还声称，在关于贸易和投资全球化的自由化规则下，企业更乐于将其高污染活动转移到环境法规不严格的国家，或由经营活动引起的环境或健康相关问题的责任风险较低的国家。另一方面，由全球化推动的经济增长可以帮助生成和分配用于保护环境的额外资源，改善的贸易和投资可以增强更环保的技术和最佳做法的交流，尤其是在发展中国家。

2.3.3 全球化背景下中国企业面临的国际商务环境

近几十年来，世界经济经历了众多变化，这些变化对全球的企业有着重大影响。上一节已经指出，首先是许多国家现在均已将市场作为促进经济繁荣的手段。随之形成的是寻求"最佳市场时机和最经济供应方"的跨国公司的增长。对全球企业具有重要影响的其他因素还包括计算机和信息技术的发展、交通和通讯的改善，以及近年来互联网应用的快速普及。这些科技发展给企业带来了机遇的同时也产生着威胁。公司不得不适应科技的发展从而保持竞争力，但这些发展同样使得企业能够获得和利用更多的市场机会。就中国企业而言，其国际化进程也大大加快。2019年7月22日，《财富》杂志发布了最新的世界500强排行榜。中国大公司数量首次与美国并驾齐驱，世界最大的500家企业中有129家来自中国，历史上首次超过美国（121家）。

如今，对许多公司来说，世界就是它们的市场。企业面临的竞争环境是全球性的。对于沃尔玛、麦当劳等大型跨国企业来说，尤为如此。然而，许多中小型企业的业务同样遍及全球，它们通常利用互联网向多个国家销售产品并在全球范围内搜寻最优价格进行采购。事实上，就算是本地企业也有可能会面临一些跨国公司的直接竞争。

一、全球化背景下的国际商务环境分析

国际商务环境泛指对企业的跨国经营产生影响的各种因素的综合，具体包括经济、政治、法律、社会文化、技术等间接环境因素以及市场结构、客户、供应商等直接环境因素。全球经营

环境与跨国公司在当地投资的效率、经营绩效有直接关系。美国教授法默(R. N. Farmer)和里奇曼(B. M. Richman)对有关跨国经营的重大影响因素进行了深入系统的分析,提出了一个描述跨国公司全球经营效率是如何形成的跨国经营模型,即法默—里奇曼模型。法默-里奇曼模型的基本原理是:(1)企业的效率是环境因素和经营机能的函数。环境是决定企业效率的外在条件,经营机能是决定企业效率的内部条件。因此,环境因素不同,经营机能不同,企业的效率也就不一样。(2)环境要素是经营机能的影响者。环境要素不仅对经营过程直接发生影响,而且通过对经营机能的作用来对经营发生间接影响。环境因素对经营机能的影响作用是复杂的,经营机能的每一要素都可能同时受到各种环境因素的影响。

许多企业的外部环境越来越全球化。例如,宝洁公司在尼日利亚销售洗衣液、肥皂和尿不湿,并计划将商业扩展到50多个非洲国家。宝洁公司不是个例。联合利华、杜邦、强生、通用汽车等美国公司同样正在将他们的物品和服务销售给全球各个国家。与一国企业相竞争的不仅是本国的企业,还有来自全球的企业。国际贸易的增长速度远比国家的输出要快得多,跨境投资的增长速度也同样比公司在国内市场的投资增长速度快很多。许多公司现在均把世界作为它们的市场,从世界各地最便宜的地方进行采购。对某些公司来说,仅仅只是引进投入和输入产品。然而,越来越多的公司开始在海外建立它们自己的工厂或分支机构。

世界经济变得越来越综合化,越来越具有相互依存性。各种社会、文化、科技、经济、环境、政治和道德因素正在加快全球化的进程。

二、中国企业的海外投资现状

经济学人智库(The Economist Intelligence Unit)发布的报告《中国海外投资指数2017》指出,新加坡取代美国成为对中国最具吸引力的投资目的地,得益于其卓越的商业环境,与中国密切的经贸往来和便利的地理位置(可辐射整个东南亚市场)。在2013年和2015年两次排名中美国都位居首位,其排名下降的主要原因是中美贸易摩擦升温,表现为美国向世贸组织提出了更多针对中国的反倾销措施,同时美国海外投资委员会(CFIUS)否决了多宗中方投资交易。从奥巴马政府后期开始,美国对华经济政策已明显趋紧,现在特朗普政府的这一势头更有增无减。尽管如此,从并购目标和市场机遇上看,美国仍极具吸引力。中国香港排名第三。

尽管排名靠前的仍多为发达经济体,但新兴市场呈现上升趋势。2015年以来,随着大宗商品价格企稳,众多发展中国家经济前景向好。"一带一路"倡议为中国企业投资沿线各国提供了额外的激励。排名显著上升的国家包括马来西亚(第四名)和哈萨克斯坦(第12名)。另有几个发达国家排名大幅下降,尤其是英国,排名下降28位至第40名,这与英国脱欧导致的经济增长前景恶化密切相关。

金砖国家的表现则两极分化。得益于大宗商品价格走高,俄罗斯的经济前景有所改善,其排名随之上升14位至第10位。南非的排名也上升了七位至第43位。但是,巴西的排名下滑了18位至第52位,主要因为国内政经领域的矛盾加剧了研发投入不足等结构性问题。随着中印政治关系趋于紧张,印度的排名也下降了8位至第36位,但在主要经济体中,印度的增长前景仍最为强劲,包括华为(电信企业)和小米(家电企业)在内的多家中国企业在当地发展都取得了成功。

在中国企业海外投资的汽车、消费品、能源等六大产业中,稳居前列的国家包括美国、日本、印度和伊朗。美国和日本为中国企业并购提供了技术和品牌,而印度和伊朗经济高速增长,市场潜力巨大,中国企业的竞争力显著。

由于担心部分ODI是为了规避资本管制,同时企业(尤其是国企)对回报率低的项目投资过大,因此我国政府从2016年年底开始收紧审批程序,一直延续至2017年。政府在抑制"非理性"ODI的同时,也对战略性或"一带一路"相关投资予以政策倾斜。2017年8月,国务院公布了相关指导意见以促进ODI的健康增长,将投资划为"鼓励""限制""禁止"三大类。房地产、酒店、影业公司、娱乐业和体育俱乐部等被列为限制类投资领域,需要得到中央政府的批准才可投资(而非仅仅需要备案)。

随着政策的收紧,中国的ODI大幅下降,同时投资构成也发生了变化。2017年在政府重点管控的领域,如房地产、体育、娱乐业等没有批准任何新的并购交易。因此,2017年服务业投资占比下降,相应的传统领域的投资占比则出现反弹:2016年大宗商品和能源领域的ODI在总量中的占比不足1/3,而2017年这一比例大大上升了。

战略性和科技类投资依然受到政府鼓励。中国政府对"一带一路"倡议涉及的投资也采取了鼓励态度,但大部分此类投资(主要是基建)都是以中国的贴息贷款为资金来源,并以对外承包工程的形式进行,因此并不包括在中国ODI的统计中。中国ODI在2017年出现大幅下滑,但不大可能成为未来的趋势。2016年,ODI仅占中国国内生产总值(GDP)的10.9%,远低于美国(28.9%)、日本(27.6%)和德国(57%)等发达国家的水平。这意味着未来中国ODI还有充分的增长空间,而且近年来推动中国ODI增长的因素(包括抢占全球市场份额、收购技术、品牌和资源的愿望)并未改变。ODI审批自2016年以来收紧,这可能对"一带一路"国家投资有遏制作用,但政府表示收紧审批是为了遏制"非理性"投资而不是针对"一带一路"投资,后者仍具有政治优先级。由此看来,对"一带一路"国家投资的下滑可能是由于中国企业的犹豫,因为沿线国家的经营风险较高。

三、中国企业海外投资的宏观环境分析(PEST模型)

随着改革开放进一步深化,置身于全球化大潮中的中国企业要想在国际分工的盛宴中分一杯羹就必须对所面临的国际商务环境做全面的了解。目前,中国正在积极拥抱开放型世界经济,而部分欧美发达国家实行单边主义的背景下,中国企业,特别是中小企业面临的整体商务环境可以说是机会与危险并存。一方面,贸易保护使得出口企业受到了较大的压力;另一方面,不断扩大的国内消费市场以及"一带一路"沿线国家市场又给它们带来了很多机会,通过提升产品质量和服务效率,不少中国企业的利润率不降反升。

下面我们主要通过PEST模型对中国企业面临的国际商务环境进行分析。

1. 政治环境

对于国内而言,中国企业面临的政治和社会环境较为稳定。然而,对于国外政治和社会环境而言,中国企业面临的政治环境则不容乐观。近年来,虽然政治体制差异在国际商务环境中已经有所淡化,但是由于中国特殊的社会主义政治体制对欧美许多国家构成隐性威胁,特别是中国经济的快速发展使国际上存在着"中国威胁论"。这一因素在我国企业的海外收购活动中有着显著的影响,我国企业海外收购时往往受到目标国政府严格审核,对中国资本的进入有层层限制,特别是我国国企开展的海外收购被国际认为是政府主导型的扩展和经济侵入,所以频频遭遇失败。近几年中,西方国家对中国海外收购的警惕有加紧趋势,日本在考虑修订已有的《外汇及外国贸易法》(Foreign Exchange and Foreign Trade Act)。现有的版本已经对外国投资敏感行业做出了限制。这些敏感企业包括飞机、核设备和武器;而对该法案现有版本的修订将增加20个行业,包括集成电路和半导体存储器件等。此外,还将涵盖软件开发人员和数据处理服务。

当前,以美国特朗普政府为代表的孤立主义政府大幅度提高了中国企业海外投资的门槛,限制了中国企业在海外的生产和销售等工作。2017年8月美国对中国展开301调查,2018年3月,美国企业又向美国政府提出申请,向11家中国光电子企业发起337调查等。2018年美国国会通过了《外国投资风险审查现代化法案》(简称FIRRMA),赋予美国外国投资委员会(CFIUS)更大权利。该法案要求CFIUS更加严格审查外资收购美国公司,并对外国投资美国企业提供国家安全评估报告。同时,美国也劝导其盟国以与美国外国投资委员会相同的方式审查外国投资。例如,《外商投资风险评估现代化法案》要求美国财政部部长建立一项正式流程,用于与美国的盟国或合作伙伴国政府交换对国家安全分析或美国外国投资委员会行动重要的信息。该流程的设计将立足于促进美国及其盟国与合作伙伴国进行协调,对可能对美国及其盟国与合作伙伴国的国家安全构成风险的投资和技术趋势采取一致的行动。

除此之外,由于中国与部分邻国之间存在不同程度的领土争议,中东、西亚等地区政治局势较为动荡,各方冲突不断,因此针对这些国家和地区的海外投资也面临较为不利的政治环境。不过,随着中国"一带一路"倡议的深入推进,以及国际维和力量的不断加强,未来中国企业走出去所面临的政治环境将有所改善。

目前中国企业国际商务的主要地区就是美欧、澳大利亚以及东南亚国家。欧美繁荣的社会经济和东亚20世纪80年代以来的增长奇迹都使得这些地区的政治环境相对稳定,在"一带一路"的倡议下,对外承包工程迅速增长,但中国向沿线国家的直接投资并没有显著上升。中方的确完成了一些颇受瞩目的并购交易,但主要集中在相对安全的国家。"一带一路"沿线国家大多数都属于"高机遇、高风险",马来西亚和新加坡之所以能脱颖而出成为"一带一路"沿线具有突出吸引力的投资目的地,是因为具备高机遇、低风险的投资环境。此外,尽管政府可以借助优惠贷款鼓励国企投资"一带一路"国家和地区,民营企业的反响却不甚热烈,而后者在中国近年的ODI中起主导作用。民营企业对"一带一路"投资风险认识更为透彻,并且由于不能享受国企专享的相关政府保障,它们对相关投资的态度更加谨慎。因此,未来进一步加强投资风险分析是十分必要的。

2. 社会文化环境

社会文化对国际商务活动也具有重要影响,企业在拓展国际业务时应将社会文化因素考虑在内,包括文化差异和文化融合、法律制度等。

文化差异使得一国的产品在另一国家也许并不受欢迎,而且与国外企业开展国际合作时如不了解目标国的企业文化,对合作对方产生了礼节上的冒犯则很有可能造成企业的损失。但是,另一方面,文化差异也对国际商务的开展提供了机遇,正是文化的差异形成产品的差异性,使产品具有海外市场竞争力,中国传统服饰就是很好的例子。而今世界文化的融合也有利于国际商务活动的开展。法律制度尤其是商法、经济法、对外贸易法规等对企业的国际业务具有直接影响。各国法律存在差异,要是对目标国的法律制度认识不够则很有可能触犯目标国法律而导致经济利益的损失。应当说,近些年来,中国企业在海外经营的过程中也积累了丰富的处理文化差异问题的经验。

3. 经济环境

企业的海外发展环境关键是经济环境,经济政策、市场规模、经济周期等都直接对国际商务活动产生影响。目前,中国企业走出去的步伐在加快。

当前世界经济发展多极化的趋势正在不断加深,全球经济增长只靠一国拉动的情况正在发生改变。尤其是,新兴市场国家和发展中国家群体性崛起,国际力量对比朝着趋于均衡的方向发展。毫无疑问,世界多极化更能体现国际社会对公平正义与合作共赢的追求,更契合维护世界和平与发展的深层需要,更有助于全球治理体系的改革完善。中国是世界多极化的坚定支持者和积极推动者,倡导各方共同建设持久和平、普遍安全、共同繁荣、开放包容、清洁美丽的世界。

4. 技术环境

技术环境是企业开展国际商务活动的重要条件,包括技术创新、技术应用和技术转移、研发费用等,这里我们主要讨论技术应用及技术转移。进入21世纪,随着中国经济的发展,工资水平提高,劳动力优势逐渐丧失,一些劳动密集型产业逐渐转移到越南等国家;另一方面,中国自主研发的技术水平也有所提高。国际产业结构再次发生转移,中国将更多承接资金密集型和技术密集型产业的发展,而劳动密集型产业则向东南亚转移。在此过程中,中国企业将与国际企业更多地开展技术资金合作。

当前,互联网技术的飞速发展是中国企业面临的最大技术环境。大数据、云计算和区块链等新兴技术的蓬勃发展给不少中国企业带来了机遇。以华为集团、中兴集团为代表的中国电子技术企业逐渐成为世界电子科技的引领者。不过,发达国家对于中国的技术封锁仍旧在继续,高端材料、发动机技术、芯片技术、电磁技术等还需要进一步的继续突破。

数据显示,2016年中国对欧盟直接投资激增76%,至351亿欧元(约合人民币2 569亿元)。相比之下,欧盟在华并购交易额则连续第二年下滑,降至77亿欧元(约合人民币563亿元)。中国对欧盟的投资主要集中于高新技术和先进设备制造领域。欧盟的一些国家担心中国的疯狂并购可能会导致核心技术的流失并进一步削弱自己工业基础。一些抵抗已经在进行,主要国家如德国就在试图推动一项决议来限制中国得到一些关键技术。2018年12月19日,德国联邦内阁批准了《〈对外经贸法〉执行条例》修订案,收紧非欧盟投资者特别是中资对德国战略企业的收购。新法规规定,只要非欧盟投资者对敏感德企的股份收购达10%,德国政府就可以以公共利益为由进行审查,甚至阻止交易。然而,依据修订之前的法规,被收购股份的比例要达到25%的门槛,德国政府才能启动审查。2018年夏天,中国国家电网试图收购德国电网巨头50Hertz的20%股份。按照既有法规,这一购买比例还不到25%的股比审核门槛,德国政府无法直接予以否决。最终,联邦政府通过授权国有开发银行德国复兴信贷银行(KFW)代表政府购下了该运营商的待售股份,艰难地实现了对中资的阻击。而同期,中国烟台台海集团欲收购德国重要制造商莱菲尔德(Leifeld)。德国政府在

2018年8月表示将会否决此次收购后,烟台台海集团自动撤回了收购计划。莱菲尔德公司的产品可用于航空航天业,也可用于核工业,属于德国的关键企业。这说明未来中国经济持续发展,技术引进、国际合作以及自主创新缺一不可。

另一方面,技术的发展主要依靠人才,中国华为集团之所以成为世界知名的电子技术企业之一,就是因为他们拥有一支稳定的人才队伍。中国目前正在实施的人才引进计划,恰好为各领域的突破打下坚实的基础。

近一段时间以来,美国方面挑起的经贸摩擦给中国经济乃至世界经济带来了太多不确定性,外部环境风险凸显,中国企业在国际化发展的道路上,需要有更多智慧,并谨慎应对。

阅读 2.1

中国放松外商投资管制

2016年12月7日,中国国家发展和改革委员会发布了《外商投资产业指导目录》最新修订稿,面向社会征求意见。与以往的目录相比,这份修订稿对外商投资的限制性措施减少了约1/3。分析认为,此举标志着中国放松了外商投资管制,向构建外商投资准入负面清单制度做出了更进一步的努力。

此次修订后的目录由"鼓励外商投资产业目录""限制外商投资产业目录"和"禁止外商投资产业目录"三部分组成。其中,限制外商投资的产业目录共35条,如"核电站的建设、经营"要求中方控股、"广播电视节目、电影的制作业务"对外商来说只限于合作。禁止外商投资的产业目录一共27条,包括"武器弹药制造""放射性矿产冶炼、加工,核燃料生产"等内容。

2017年8月16日,国务院发布《关于促进外资增长若干措施的通知》(以下简称《通知》),要求进一步减少外资准入限制,鼓励境外投资者持续扩大在华投资。《通知》主要从进一步减少外资准入限制、制定财税支持政策、完善国家级开发区综合投资环境、便利人才出入境、优化营商环境这五个方面来促进外资增长,共22条。尽快在全国推行外商投资负面清单制度。打造负面清单将提升中国市场的开放和透明度,也有助于推进行政管理体制改革。从制定负面清单到有效实施负面清单,涉及诸多政府治理理念和方式的变革,这需要一个比较长的过程,需要做的工作还有很多。

思考题

1. 国内外的商务环境上有哪些主要的不同?
2. 试用SCP范式分析我国的整车生产行业。
3. 你认为波特的五力模型所包含的五种因素适应当前的市场趋势吗?还有哪些因素可以补充?

参考文献

[1] 贺远琼:《商务分析》,华中科技大学出版社,2016年。
[2] 〔美〕唐纳德·鲍尔等:《国际商务》(第12版),邱月译,北京联合出版公司,2016年。

第三章 政府、企业与市场

虽然目前世界上多数国家都可以被归类为市场经济体,但许多政府仍然在商业活动中进行了或多或少的实质性干预,它们的目的千差万别,主要是以保护国内市场、消费者或者环境为主。以世界上最发达的经济体美国为例,按照美国历史学家莫顿·科勒的说法:"尽管这个国家(美国)具有最强烈的个人主义、资源主义、地方主义以及反对政府过于主动的传统,但它却发展出了一套最精致、最广泛的依法管制体系。"众所周知,当一个企业或者一个行业在初级发展阶段,政府予以政策的鼓励和保护是必要且合理的,世界上任何一个国家和政府都会实行不同程度的保护政策,那么,政府、企业与市场之间究竟是什么样一个关系?政府干预究竟是不是会扭曲市场机制并影响企业的发展?基于这样的思考,在这一章中,我们将研究在市场无法保护人们的利益的情形下,政府对于市场的干预活动。

3.1 市场失灵和政府干预

政府对市场干预的最初动因来自市场失灵。现代西方经济学论证了市场这只"看不见的手"可以实现资源配置的帕累托最优,然而这是在十分苛刻的条件下才成立的。现实中的市场总是不完全的,并不能够实现帕累托最优这一理想状态。市场失灵是指市场无法有效率地分配商品和劳务的情况。市场失灵的主要原因有四个。

(1)垄断的市场结构。当生产者或要素投入品的供给者占据大量的市场份额时,价格不再反映市场的供需情况。追求最大化利润的垄断厂商会采取降低产量提高价格的方式,使得垄断价格远超过边际成本的水平。垄断的市场结构一般而言只是结果,它不是政府规制的重点所在,与之对比,垄断行为才是真正政府关注的焦点,因为它是导致垄断的原因。政府会通过颁布反垄断法、反不正当竞争法等法规,尽可能地修正市场失灵的情况。

自然垄断是诸多垄断形态中较为特殊的一种。自然垄断一般而言是指由于存在着规模经济和范围经济效益,某些产品和服务由单个企业大规模生产经营比多个企业同时生产经营相同规模更有效率的现象,这是因为每个产品或者服务的平均成本降低了。具体的行业例子,如自来水、烟草、电力、通信和粮食等。针对自然垄断行业,政府未必会有动力去解决垄断问题,它们的首要工作是通过进入规制维持自然垄断企业的地位,避免行业出现无序竞争的状况。但是,在维护自然垄断企业地位的同时,政府一定会对自然垄断企业实施价格规制,要求自然垄断企业不能以垄断高价进行出售。

(2)外部性的存在。经济的外部性是指企业或个人在生产或者消费当中产生了额外的利益或危害,而行为者却未因此得到额外的相应报酬或者支付相应的赔偿。私人成本与社会成本之间,以及私人收益和社会收益之间的不一致,使得私人最优结果与社会最优结果之间最终产生偏差。对个体最优的决策,对社会却不是最优的,这就会要求有一个第三方来对额外的收益和额外的成本进行调整,按照一定的规则运作使个体和社会都能够符合自己的目标。

就外部性而言,科斯定理就给出了解决外部性的一种途径。科斯定理强调,当不存在交易费用时,无论产权安排给参与交易的哪一方,只要产权是清晰明确的,那么经济的外部性问题或者说非效率问题就可以通过参与交易的双方谈判而得到解决,最终能够实现资源配置的帕累托最优。但是,科斯定理得以实现是有前提条件的,即参与交易的双方的交易成本需要为零。交易成本一般包括五类即搜寻、接触、谈判、签约和监督成本,如果这些成本的总和不为零,那么科斯定理是无法得以实现的。此时,需要政府或其他社会机构利用强制的行政力量来分配产权,政府可以界定或授予产权给任何一方,并且充分降低交易成本。只要这一原则满足,那么交易双方就可能会达成协议,使得个体目标和社会目标统一起来。

(3) 公共物品与公有资源。私人物品一般而言具有排他性与竞争性,但公共物品与公有资源却没有这样的性质。市场的资源配置机制往往针对的是私人物品,公共物品无法得到有效的分配,如果使用市场机制加以分配的话,公共物品的性质导致"搭便车"现象,即任何身在其中的人都希望免费分享别人的劳动成果。在这种情况下,公共物品的供给只能由政府来提供。举一个公共物品的例子,比如我们每天上班上学要经过的马路、公路或者铁路,就是典型的公共物品:首先,它不具有消费竞争性,因为每一个人都可以使用这个道路;其次,它具有非排他性,一个人使用无法让其他人不用;再次,道路不可分割,要整体建造;最后,具有消费的强制性,道路不会由使用者进行选择,强制使用者选择道路,如京杭高速、沪宁高速已经建造完毕,无法根据使用者的要求再更改。我们可以看到,公共物品都不具有消费的竞争性,也就是说,每个人都可以使用;公共物品具有消费的非排他性,即每个人都不能因为自己的消费而排除他人对该物品的消费;公共物品具有效用的不可分割性,它向整个社会共同提供的,整个社会的成员共同享用公共物品的效用,而不能将其分割为若干部分;具有消费的强制性;消费者无法自主选择公共物品。

(4) 信息不对称。信息不对称指交易一方掌握另一方所不能观测或无法验证的信息或行动。信息不对称会导致交易双方签订不完备的合同,一方以无法为另外一方所观测和验证的信息制定了合同条款的内容,使得另外一方的利益受损。如果存在合同一方利用信息不对称损害另一方的行为,但是它又不受合同约束或惩罚那就称为投机行为。如果不对信息不对称的问题加以重视和管理的话,就会像下面这个例子那样产生逆向选择和道德风险的问题。

有这样一个二手车商场,二手车有三种质量:好、中、差;其价格分别为 10 000 元、5 000 元、3 000 元,消费者知道市场当中有三种质量的车,但是不知道具体哪种好或哪种差,他们会以市场的平均价格进行出价。消费者和二手车主都想要自己的利益最大化,因而进行二次博弈。第一次博弈,消费者以市场平均价 6 000 元购买二手车,中等和低质量的二手车主会向他兜售,但是高质量的二手车主将会无利可图从而退出市场。第二次博弈,消费者发现市场中只有中等和低质量的车,因此再次以平均价 4 000 元购买二手车,低质量的二手车主会向他兜售,但是中等质量的二手车主将会无利可图从而退出市场。最终,市场上只剩下低档的二手车!

从上述例子中可以看到,当政府不在其中起作用时,那么这个市场最终就无法实现市场机制。政府解决该信息不对称的方法其实很简单,只需要要求二手车市场的交易是公开透明的。该例子正是来源于诺贝尔经济学奖得主阿克洛夫的"柠檬市场理论"。当然,解决信息不对称造成市场失灵的方法有时并不一定需要政府干预,市场主体也可以通过创新交易机制、创新产品设计等方法消除由信息不对称产生的市场机制失效问题。人们不禁要问,既然市场主体可以通过创新交易机制、创新产品设计等方法消除信息不对称造成的问题,那么,是不是政府不需要处理信息不对称的问题呢?答案是否定的,因为那些本来属于政府应该承担责任的部分信息不对称还是需要政府来承担,因为政府的介入往往是高效的。

鉴于市场机制的种种失败,政府干预可以采取什么样的形式干预垄断市场呢?政府一般可以使用几种不同的政策规制:一种是它成为中央计划者,它可以通过供给商品和服务来完全取代市场;另一种则是它完全约束交易创新,它只能试图说服生产者、消费者或工人采取不同的行动;在两者之间,政府可以通过其他一些工具来改变市场运作的方式,如税收、补贴、政策鼓励和行政监管等,这些工具一般称为规制。总的来看,政府在解决市场失灵问题上的优势在于其行政权,可以高效地通过立法规制、税收及监督的方式在一定程度上纠正市场失灵。但市场失灵也不一定意味着需要政府干预,如果私人市场可以有效解决市场失灵问题,那么由私人市场来解决问题则是更高效的。

3.2 政府规制的基本理论

"规制"一词来源于英文 Regulation,是规制部门通过对某些特定产业或企业的生产决策、定价行为、员工培训、福利安排等行为进行的监督与管理。规制经济学是产业经济学、劳动经济学和贸易经济学的重要组成部分,是对各行各业中政府规制活动所进行的系统和完整的研究。与其他学科的发展相类似,规制经济学也随着时代变迁处在不断的发展和变化之中。目前,相对于国内而言,国外的规制经济学已发展得较为成熟,已经拥有了一套较为成熟的体系,并且形成了自己相对独立的单一学科门类。从广义上来讲,反垄断是经济规制的一部分,反垄断旨在加强市场竞争。从狭义上来讲,政府规制的主要对象主要就是自然垄断,目的是限制竞争。以下我们要讨论的规制内容,不仅包括了经济领域的规制,还包括了社会领域的规制。

3.2.1 规制的主要内容

依据规制性质的不同,规制可分为经济性规制与社会性规制。

经济性规制主要关注政府在经济市场当中的作用,特别是对于企业行为的规制,重点强调在具有自然垄断和信息不对称等特征的行业,如何通过政府规制保持市场的活力。经济性规制主要通过以下四种方式展开行动。

一是对市场中企业进入及退出市场的门槛,或者对产业内企业的数量进行规制,在贸易领域,这一规制具体可以通过反倾销税、进出口管制等措施,在产业领域则主要体现在颁发进出产业许可证等措施。

二是对所规制企业的产品或服务定价进行规制,也称为费率规制,主要包括价格限制、高价罚款等措施。

三是对企业产量进行规制,一般而言产量和价格有着直接的关系,量大价低,进而关系到生产者与消费者的各自利益,通过规制可限制或鼓励企业生产,主要的措施有最高产量限额等措施。

四是对产品质量进行规制,相对于前几种方式,对产品质量进行规制的成本较高,其中主要包括政府对企业的监督成本和检查成本,由于规制者难以亲自监督产品生产过程,企业和规制者之间存在着委托代理和信息不对称的问题,规制者对产品质量有时也很难确切把握,因此在实践中这类规制方式相对于其他方式而言较少采用。

社会性规制与经济性规制的主要区别在于社会性规制是以社会问题、安全问题和自然问题为主,而非以经济问题为主,社会性规制的主要根源就是正负外部性问题,规制的内容就是应对社会活动中发生的外部性有关政策。社会性规制是近年来在各国逐渐实行的,主要包括对负外部性增收惩罚性款项、明确产权等措施。

就中国的商贸流通业而言,宏观经济规制是主要的规制措施,按照规制的制定者级别来分类,可以分为中央规制政策和地方规制政策。中央规制政策一般是指中央政府制定的相关经济政策和法规,如2008年的四万亿元投资计划和十大产业振兴计划等;而地方规制政策则是指地方政府根据所在地区的特点制定的相关经济政策和法规,如某省的五年发展规划等。宏观经济规制按照实施对象来分类,一般可以分为产业规制政策和贸易规制政策。产业规制政策一般是指政府为了鼓励或者保护某种产业的发展所给予的相关经济政策,如产业指导目录和外商投资目录等;而贸易规制政策则是指政府为了鼓励或者保护本国的贸易行为所给予的相关经济政策,如关税和出口退税等。宏观经济规制按照实施手段来分类,一般可以分为财政政策和货币政策。财政政策一般是指一国政府采用行政手段干预市场的行为,比较典型的财政政策就是政府购买的扩大或者减少,扩大政府购买则意味着积极的财政政策,减少政府购买则意味着消极的财政政策。货币政策一般是指中央银行为达到调整经济的目的所使用的政策手段。

对于企业而言,政策规制就像是指导企业行为的指挥棒,对于大多数中国商贸流通行业的企业而言,它们通过生产产品获得利润,因此从企业动态发展视角可以较好地观察宏观经济政策规制,特别是产业政策规制与贸易政策规制对于企业行为的影响。具体来讲,每一家企业都会存在自己的发展周期,每个不同发展阶段都会有各种政策规制对其产生影响,下面通过一个中国各行业典型的发展阶段模型对中国行业和企业整个发展行为进行探析。将企业所处的动态发展阶段的全周期分为三个时期:(1) 企业受保护时期。改革开放后,很多行业的国内市场需求明显加大,但是这些行业由于技术水平、人员素质以及管理方式等多方面的问题无法满足国内需求,导致了大量进口产品迅速涌入国内市场,进口产品以其较高的产品质量和售后服务占领了大部分的市场份额,许多行业和企业在进口产品的冲击下,生产效率迅速下滑,甚至不少企业由于缺乏资金和经验,无法找到更先进的技术来改善产品而陷入了亏损和倒闭的边缘。(2) 企业成长时期。当面对造纸、钢铁、光伏、橡胶等诸多行业受到国外进口产品冲击时,中国政府迅速采取了贸易保护措施,通过技术型壁垒,数量控制和价格控制,加上反倾销反补贴以及直接补贴等形式,帮助国内行业和企业提升生产效率,形成了初期弱势——获得保护——效率提升这样一条发展路径。(3) 产能过剩时期。在这一时期,由于政府保护可以让国内许多行业或者企业继续沿用原有的低成本发展路径,因此它们没有动力去追求更高的生产效率,也就不会进一步进行创新。2008年金融危机后,为了刺激经济,中国中央和地方政府于2010年前后实施了大量的政府投资计划,这些计划与原有的保护政策一起,使得国内行业和企业过度依赖政府保护,形成了继续多种保护──→效率下降──→产能过剩这样一条发展路径。

由于在不同时期内不同企业的发展存在着巨大的差异,通常政府机构会制定不同的政策来规制企业的发展。图3.1以汽车行业为例,描述了汽车行业在不同时期的发展历程,1998年试行和2000年修订实行的《当前国家重点鼓励发展的产业、产品和技术目录》是《产业结构调整指导目录》的前身,汽车行业被整体列入目录之中。汽车制造在《国民经济和社会发展第九个五年计划》中被明确为振兴行业,其中汽车零部件、经济型汽车和重型汽车被明确为重点发展行业。2005年《产业结构调整指导目录》中汽车行业被整体列为鼓励类,但到2011年《产业结构调整指导目录》时,新能源汽车和高端零部件被列为鼓励类,污染较大的部分汽车产品开始被列为限制类和淘汰类。按HS2位编码中87号汽车行业的平均关税从1996年高达41.7%,1997年为35%,入世后从2001年的31.5%逐年下降至2011年的16.2%左右,此后直到2016年汽车行业的平均关税一直维持在16%左右。

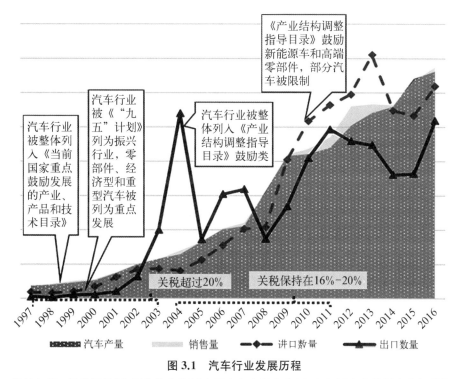

图3.1 汽车行业发展历程

资料来源:编者根据《中国统计年鉴》《中国汽车市场年鉴》和中经网产业数据库进行制作。

也有学者从行业动态发展周期来解释政府规制对企业的作用,对于中国商贸流通企业动态发展的不同时期,出于不同的政策目标和实施工具,政府制定的宏观经济政策也存在较大的差异(如表3.1所示),在企业整个发展过程当中,如此之多的政策将会对其造成影响,这些规制的原本目的都是为了保护国内市场,让企业得以发展,但是这些政策也会相互掣肘,使得最终的结果偏离原先的政府目标。因此,以下将通过国内铜版纸行业的例子来说明不同发展周期中,大量政策保护所起到的作用。

表 3.1 制造业企业所面临宏观经济政策的目标、冲突与协调

产业动态发展全周期	产业保护时期		产业成长时期		产品出口时期		对外投资时期	
	贸易政策	产业政策	贸易政策	产业政策	贸易政策	产业政策	贸易政策	产业政策
典型政策	对外反倾销	产业补贴	技术进口	产业支持目录	出口鼓励	技术创新	出口退税	对外投资目录
规制目标	保护本国产业	支持本国产业发展	引进技术	重点支持特定产业	出口增长	技术进步	出口增长	有序投资
冲突表征	下游产业成本增加、生产率下降		产能过剩与产业链低端锁定		制度性贸易摩擦、低附加值		挤出效应	

在企业受保护时期,东道国或进口国会针对出口国的出口产品进行严格检查和制裁,这样做的目的其实主要是为了保护国内市场份额。对于出口国的异质性企业而言,它的出口必然会受到这些制裁措施的影响,最明显的就是出口价格需要提高,以弥补自己的税收损失。对于东道国而言,在制裁他国的同时,也会对本国相关行业和企业进行保护,如图 3.1 中的汽车行业在初期受到多重保护政策保护。因此,在各种保护性的宏观政策规制的影响和作用下,国内被保护行业中的企业快速发展,行业外的企业则进入到行业内部,整个行业的产能开始扩大。

在企业成长时期,随着国内企业受到多重贸易规制和产业规制的保护,企业产能开始增加,企业对外需要扩张。此时,企业发展到了企业成长时期。与成长时期所不同,东道国政府会以企业发展重点支持目录等形式来对这些进口竞争产业进行支持,并鼓励外资流入。例如图 3.1 中汽车行业被列入了《当前国家重点发展的产业、产品和技术目录》《产业结构指导调整目录》、国家第九个五年计划之中。这样的现象不仅在汽车行业中可见,在其他行业中也非常常见,1998 年原中国轻工总会制定的"轻工业产品结构调整项目"第一批名单被获准列入国家经贸委技术改造计划之中,铜版纸则名列其中,该项目涉及造纸行业的总预算高达 59 亿元。2000 年在国家第十个五年计划的轻纺工业部分中,政府提出要"积极发展木浆、高档纸及纸板……"。同年,原国家经贸委公布了"国家重点技术改造'双高一优'项目导向计划",该计划中包括了高档文化用纸(涂布纸)等关键高档纸品,该计划的目标是调整产品结构、提升产品质量、将骨干企业的技术装备升级到 20 世纪 90 年代世界发达水平。2002 年版和 2004 年版《外商投资产业指导目录》中"高档纸及纸板生产"被列入鼓励名单之中。2005 年国家发展和改革委员会(下文简称国家发改委)公布的《产业结构调整指导目录》中"符合经济规模的林纸一体化木浆、纸和纸板生产"被列入到了鼓励类名单之中。2007 年在国家发改委制定的《造纸产业发展政策》中指出"优先发展涂布加工技术,并且重点开发低定量纸和纸板"。

在企业出口时期,企业因政策保护后产能开始不断扩大,国内市场已经无法满足企业的产能需要,占据更多的国外市场成为企业得以发展的必然选择,即企业动态发展到需要通过出口来消化产能的时期。在此背景下,东道国通常会推行注重出口规模的出口鼓励政策。出口退税就是一种较为典型的出口鼓励政策,截至 2006 年,国内大部分商品一直沿用 1998 年亚洲金融危机爆发后所制定的出口退税率。然而,自 2007 年开始,针对出口贸易的过快增长,中国政府于 2007—2013 年连续出台一系列有关出口退税的政策,并将政策目标由原

先的鼓励出口增长,转变为优化产品结构,降低"两高一资"产品的出口占比。随着政策目标的转变,出口退税被不少学者归类为一种产业政策,旨在帮助那些附加值较高、技术复杂度较高的行业和企业发展。除了鼓励发展质量较高的货物贸易之外,近年来出口退税还时常被政府用来促进服务贸易和互联网商务的发展。

在企业对外投资时期,随着东道国技术创新与产业升级,原先的进口竞争产业已经得到逐步成长。无论是从产品技术能力还是海外延伸布局考虑,这些已经成长起来的东道国异质性企业将开始走出去,以应对国外的反补贴和反倾销等贸易壁垒,获取长期动态发展。但是,在对外投资时期,东道国则需要制定更为精细的政策予以鼓励和保护,因为对外投资时期相较于其他时期是生产和投资的高级阶段,技术较为成熟,产品较有质量,需要更多的研发投入。以中国为例,目前政府部门并没有制定明确的对外投资目录,导致海外投资缺乏相应的规划而显得无序。对外直接投资会面临对方政府的一系列限制,因此做好一定的应对措施也是必须的。例如,在中国铜版纸快速出口占领美国市场之后,2007年3月美国商务部初裁认定中国铜版纸生产企业的倾销行为,虽然中国于2007年9月通过WTO的争端解决机制与美国进行磋商,但是美国商务部于同年10月发布的终裁决定仍旧维持初裁结果,并对中国出口铜版纸征收21.12%—99.65%的反倾销税。

3.2.2 公共选择与利益集团规制理论

20世纪60年代兴起的公共选择理论为人们理解公共政策的制定提供了区别于传统经济学的独特视角。在此之前,当公共政策遇到失败时,人们总是将原因归咎于信息的不完全或者制度设定的缺陷等,很少有人怀疑作为决策和执行者的政府是否像假设的"仁慈政府"那样去追求社会福利的最大化。公共选择理论并没有采用这样的假设,而是认为政治行为也是一种市场行为。公共选择理论将经济分析的方法推广到政治分析之中,将社会科学中可能是最重要的两个领域——政治学和经济学联系在了一起,逐渐形成了新政治经济学的综合理论框架。Drazen(2003)将新政治经济学定义为:新政治经济学是一门把经济学原理与分析方法应用于政治科学的领域,对决策的政治本质如何影响政策选择,从而最终影响经济结果的研究。根据这一观点,政策决策者是整个经济政治体系中一个内生行动者[①],他们在其他条件既定的情况下以自身的利益最大化作为目标,最终使得公共政策成为社会各种不同利益相互博弈而达成的资源协议制度(布坎南,1986)。

利益集团是现代社会中影响政策制定的重要政治因素,自然也就成为新政治经济学的研究重点。Grossman和Helpman(2001)较为全面和系统地分析了选民、利益集团和政治家之间相互影响相互博弈的问题。与其他学者相比,他们所提出的分析框架并不局限于哪一种具体的政治制度,而是强调了特殊利益集团在民主政治体系中所起到的平衡和冲突作用。在他们眼中,利益集团形成的动机或者说其最大的优势就在于信息优势。在分析方法上,二人则利用信息传递理论以及共同代理模型分析了西方利益集团最为重要的两种影响政治的手段——游说和政治献金。他们的分析框架已经被广泛应用于公共政策、贸易政策等研究领域,逐渐成为当今新政治经济学领域分析问题的标准框架,因此新政治经济学中的很多理

---

① 一般而言,虽然也有文献在研究贸易保护政策时提出产业管理部门是政策决策者,但是贸易政策的决策者往往指的就是中央政府。

论方法往往也被人们称为利益集团的规制理论。

利益集团规制理论具有当今社会科学以"问题为中心的"特点。它将政治学与经济学结合起来，从不同学科的视角，应用不同学科的研究方法，展开对一个具体问题的研究。它的基本分析框架已经被应用于各个经济学分支领域。作为利益集团规制理论的重要组成部分，国际商务中的规制理论已经成为目前人们所关注的问题之一。国际商务中的政治经济学致力于应用规制理论研究框架分析商贸领域中来自政府因素的影响，从狭义来看这种所谓的政府因素就是利益阶层或者说利益集团(余淼杰，2009)。对于中国这个商贸大国而言，一方面中国融入全球经贸网络的步伐不断加快，另一方面经济转型过程中的利益集团问题不断凸显，这就为国际商务的政治经济学在中国的应用和发展提供了肥沃的土壤。

3.2.3 规制机构的独立性

规制机构往往也可以被认为是政策的制定、实行和监管机构。在中国的国际商务交往以及商贸流通环节存在着很多的规制机构，其中包括发改委、商务部、海关关税税则委员会、海关总署、中国人民银行、财政部以及地方政府等。

发改委全称为国家发展和改革委员会，成立于2008年。在国务院的25个部委当中，发改委应该说是组成成员级别最高、行政范围最广、行政权力最大的部门。按照《国务院关于机构设置的通知》(国发〔2008〕11号)，发改委审批的项目和资金范围涵盖农林水利、能源、交通运输、信息产业、原材料、机械制造、轻工烟草、高新技术、城建、社会事业、金融、外商投资、境外投资等涉及国家经济的方方面面。仅2019年上半年，发改委就批复了基建类项目金额高达8500亿元人民币。从发改委的职责范围来看，无论政策规制制定、政策规制分析还是政策规制评价，发改委都参与其中。应该说，随着中国经济的不断发展，改革进入深水区，发改委的重要性越来越凸显出来。

中国在2001年加入世界贸易组织WTO之后，中国对外开放的大门越开越大，中国2019年上半年的进出口总额已经达到了14.67万亿元人民币，同比增加了3.9%。在对外开放的背景下，区分国内贸易和国外贸易已经没有特别的意义，因此根据第十届全国人民代表大会第一次会议所批准的国务院机构改革方案以及《国务院关于机构设置的通知》(国发〔2003〕8号)，成立商务部，该部门不仅合并了原对外贸易经济合作部，还把原国家经济贸易委员会内涉及贸易的部门统一进行管理。由此可见，商务部成为主管国际经济合作与国内外贸易的最主要部门。与早期的对外贸易经济合作部以及原国家经济贸易委员会相比，商务部的职能更加全面和细化，与原先外经贸部相比，商务部的职能更加强调政策规制的作用，例如，商务部网站上对商务部职能的划分第一条就是拟订国内外贸易和国际经济合作的发展战略、方针、政策，起草和制定国内外贸易、外商投资、对外援助、对外投资和对外经济合作的相关法律法规草案以及完成部门规章，提出中国经济贸易法规之间及其与国际经贸条约、协定之间的区别、联系和衔接意见等。

从上述职能的介绍中可以看出，商务部是主管国内商贸流通职能最主要的部门，虽然在原则上它还是接受党中央和国务院等更高级别的领导，但是由于其掌握着包括限制进出口贸易的许可证等在内的许多审批权、开展类似反倾销调查的调查权以及就违反相关贸易规则的处罚权，它和发改委都是政策规制类实权部门。根据中国贸易救济信息网的统计，2001—2019年，全球发起的贸易救济案件有：反倾销3930起，占比82.22%；反补贴417起，占比 8.72%;保障措施 346 起,占比 7.24%;特别保障措施 87 起,占比 1.82%。

海关关税税则委员会是国务院下属的议事协调机构,其工作主要是审核并发布财政部关税司制定的一系列包括关税在内的贸易规制。具体而言,关税税则委员会负责《中华人民共和国进出口税则》和《中华人民共和国进境物品进口税税率表》的税收大小、税目、税则号排序和税率的调整和解释,最后报国务院批准后执行;决定使用暂定税率的货物、税率和时间范围;决定关税(包括反倾销和反补贴)配额税率;批准有关国家以及各个不同地区适用税则优惠税率的方案;如遇重大关税政策和对外关税谈判方案,需要审议上报国务院再行决定;可以提出拟订和修订《中华人民共和国进出口关税条例》的方针以及原则,并对其修订草案进行相应的审议。尽管该委员会的办公室开设在财政部内,并且具体日常工作由财政部关税司予以负责和实行,但是从其人员组成及归属上看其仍旧是国务院直接下属机构,关税税则委员会的主任是财政部部长,副主任会由财政部、国务院、海关总署和商务部各副部长兼任。

海关总署一开始是属于外经贸部下属单位,目前已经是国务院直属机构,级别为正部级,负责管理全国海关工作。海关总署现已有 21 个内设部门、1 个派驻机构、10 个在京直属企事业单位、44 个直属事业单位,管理 1 个社会团体(海关学会)、2 个事业单位(上海海关学院、中国海关管理干部学院),并在欧盟、俄罗斯、美国和中国香港等派驻海关机构。海关总署的主要任务是出入境监管、征税、打私、统计,对外承担实施税收征管、通关监管、保税监管、进出口统计和整理、海关稽查、知识产权海关保护、出入境卫生检疫、口岸管理等主要职责。由此可见,在政策规制的制定基本框架中,海关总署主要负责政策输出与执行功能,它的存在将国家所制定的并且由发改委或者商务部所审核的贸易规制转变为具体实践中的操作规则,这正是海关总署的职责所在。

中国人民银行和其管理的国家外汇管理局是管理人民币汇率和国际收支的国家机构。汇率的高低直接影响进出口规模,一般汇率下降有利于出口。因此,尽管央行和外汇管理局并不直接参与贸易规制的制定和实施过程之中,但是它们肩负着稳定和调整汇率的责任,它们在外汇市场的买卖行为会直接影响汇率,从而间接影响进出口企业的行为。过去拉动中国经济高速增长主要依靠三驾马车——投资、出口和消费,出口企业在其中凭借较低的劳动力成本和较低的人民币汇率迅速占领国际市场。但是,当人民币不断升值,加上劳动力成本的上升,很多出口企业目前丧失了原有的竞争力。这就需要中国政府予以更多的帮助和投入。

财政部下辖的关税司承担着国务院关税税则委员会的日常工作,它主要负责的内容包括起草关税和船舶吨税法律、涉及加工贸易、边境贸易、海关特殊监管区、自由贸易园(港)区等的关税和进口环节税收政策;研究提出进出口关税税目、税率调整建议;拟订中国与其他国家、地区和国际组织签订的外交、经贸、文化、教育、体育等条约中涉及关税和进口环节税收的条款并参加谈判并提出建议;拟订关税谈判方案,承担有关关税谈判工作;研究提出征收特别关税的建议等工作。关税税则委员会则根据关税司上交的内容做出相应的决定。除了关税司之外,财政部其他部门有时也会加入各种税收、预算、补贴等制定和管理工作之中,这些都会间接地影响国内企业的贸易行为。例如,财政部税政司主要负责的"营改增"计划近年来取得了显著进展,国内企业特别是其中作为重点实施行业的现代服务业减税效果就非常显著。这样的财政措施确确实实减轻了企业的负担,释放了更多的改革红利,使得高质量的服务供给迅速增加,这就间接刺激了国外需求,推动了中国服务贸易的发展。

中央和地方之间是既垂直从属又相互影响的关系,这种关系使得地方政府在参与一些关系到整个地方经济发展的政策时,也会变成提出政府规制的机构,而地方政府不仅有动机而且有能力影响政策规制。就贸易政策而言,无论是自由贸易政策还是贸易保护政策,地方政府也会像面对其他政策一样,从贸易政策给自身带来的利害关系出发,予以影响和干预。影响和干预的重点一般是从两个方面展开,即中央和地方、地方和地方。近期各个地方政府围绕第二批自由贸易试验区名额的争夺,就是地方政府作为利益集团向中央政府提出政治需求的典型。

自由贸易区是指由国家指定的交易贸易区,比世贸组织相关规定更加优惠的贸易安排,在主权国家或地区的关境内外,划出特定的区域,准许外国商品豁免关税自由进出。由于采取特殊的监管政策和优惠税收,因此自由贸易区的建立对一国内部的转口贸易、离岸贸易都会带来极大的促进作用,对所在地区的财政、就业、经济转型也有十分积极的影响。中国(上海)自由贸易该试验区于2013年8月22日经国务院正式批准设立。根据上海新闻的报道,截至2018年12月底,上海自贸试验区5年来取得了令人惊艳的成果,累计新注册企业5.7万家,新设外资企业8 696户,累计合同外资1 102.4亿美元,累计实到外资221.33亿美元,累计办结境外投资项目超过2 200个,开立自由贸易账户7.2万个,并且加快了审批流程,例如将审批转变为备案加上告知承诺,建立外商投资负面清单,加快建设一网通办改革等。另外,还推出了针对服务业和制造业的54条开放措施。鉴于上海自贸易试验区取得的傲人成绩,2019年8月国务院批复同意设立中国(上海)自由贸易试验区临港新片区,新片区总体面积达到119.5平方千米,在新片区中上海政府还要进行全方位、深层次和根本性的制度创新型改革,以期将上海自贸区的效果进一步放大。除此之外,由于上海自贸区的引领作用,国务院2019年还批准了6个新自由贸易区,分别位于山东、江苏、广西、河北、云南、黑龙江。

山东自由贸易试验区主要涉及贸易新业态模式,提升航运服务能力,海洋特色产业的打造以及中日韩三国的贸易合作等内容。广西自由贸易试验区涉及与东盟合作的策略,致力于打造西部陆海门户。河北自由贸易试验区提出了国际大宗商品贸易、国际商务物流重要转运中的概念,并且会大力支持医药类产业开放。江苏自由贸易试验区将会提高外资利用合作的质量,加大金融支撑作用。云南自由贸易试验区提出了加大科技领域国际合作的问题。从这些自由贸易区的主要目标中可以看到,它们涉及发改委、商务部、财政部、海关总署等多个部委,都会对政策的制定、审批、实施和监管产生影响,这就不可避免地在一定程度上导致了各个部门的本位色彩以及各个利部门相互协调行动的问题。如果想要使得各个地区协同发展,并且让各个部门都能够给予自己职责范围内的帮助的话,除了利用更高级别的领导机构进行协调之外,还需要各个部门发挥主观能动性,相互协作和配合。

从意见和建议的角度来说,想要让这些实权政策规制机构能够协调统一,那么需要在以下三个方面加以改善:第一,权力的分散本身就赋予了各个行政机构自然的分工角色;集中统一领导将会有效改变这种情况。第二,国内政府官员治理机制一直存在着一种"晋升锦标赛"的模式,以任务和成果为导向的这种政绩考核体系一方面调动了官员的工作积极性,另一方面则造成了行政竞争的零和博弈(周黎安,2007;乔坤元,2013);加强各部门的协作迫在眉睫。第三,各个行政机构难免有自己的特殊经济利益。例如,对国有企业和公司的低息贷款保障、与国有资产投资成一定比例的分红、特殊商品的经营权许可证分配等,这些能够带来各种收益的权力是简政放权过程中最难触动的利益。此外,不同机构间的信息来源以及信息分析需要分享,各个部委之间的信息不透明和不对称容易导致不良的政策效果。

3.3 互联网经济中的垄断与政府规制

3.3.1 互联网经济的特点

在 2018 中国互联网百强企业高峰论坛上,中国互联网协会以及工业和信息化中心联合发布了《2018 年中国互联网企业 100 强发展报告》,该报告中披露了 2017 年国内互联网行业的发展状况。2017 年,按规模排名,前 100 位的国内互联网企业业务总收入达到了 1.72 万亿元,同比增长了 50.6%,整个互联网行业的收入堪比国内一个中等省份全年的 GDP,由此可见,互联网经济已经成为中国快速发展的支柱型产业之一。图 3.2 刻画了国内互联网普及率以及开通互联网宽带业务的行政村比重。从图中数据可以看到,2010—2016 年国内互联网普及率和宽带业务开通比重不断攀升。其中,截至 2016 年底,国内互联网普及率已经超过了 50%,96% 的行政村开通了宽带业务,2017 年国内网民规模接近 8 亿人。

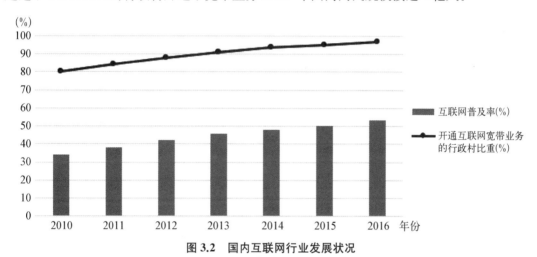

图 3.2 国内互联网行业发展状况

资料来源:国泰安数据库。

中国互联网经济除了在总量上快速增长之外,还呈现出了行业集中度升高、研发投入加大、国内政策密集出台、互联网与实体经济加速融合等特点。其中,尽管国内互联网企业总数越来越多,但是行业集中度却居高不下。截至 2017 年年底,互联网行业排名前 2 位是腾讯和阿里巴巴,他们的营业利润约为 1 600 亿元,占到 2017 年互联网行业总利润约 60%,前 5 位的互联网企业的营业利润占整个行业总利润的 71% 以上。按照普遍的行业集中度标准,互联网企业的行业集中度达到了较高级别,特别是在搜索引擎以及网约车平台领域中,几乎出现了百度和滴滴分别一家独大的情况。

在《2018 年中国互联网企业 100 强发展报告》中,互联网前 100 强企业的研发投入超过了千亿元水平,年同比增长超过了 40%,互联网行业的研发强度达到了 9.6%,远高于国内平均研发强度水平,整个研发队伍接近 20 万人,成为研发人才最多的行业之一。互联网行业的专利拥有数量有约 2.2 万项,其中发明专利数量逾 1.3 万项,其中区块链、大数据、人工智能等新技术专利获得了国际认可。例如，腾讯觅影在 AI 医学影像上取得的突破，可以检测小于 3 毫米的微小结节，使得疾病筛查率大幅度提高；京东物流建成了全球首个无人配送物流仓库，大大压缩了物流成本；360 将人工智能应用与网络安全领域，使得 360 杀毒软件的效率得到更有效的使用。

国家对于互联网行业的发展也高度重视，为此国家层面于 2016 年以后相继出台了《国家信息化发展战略纲要》《中国制造 2025》《"互联网＋"行动计划》《深化制造业与互联网融合发展》等一系列重要国家方略和文件。

互联网与实体经济加速融合，在互联网 100 强企业中为实体经济服务的企业数量达到了 20 家，这些企业有的为实体企业提供互联网技术服务，有的为实体企业提供网络营销，有的则为实体企业提供相关数据。在《中国制造 2025》中互联网与制造业充分结合，实现人、机和物的全面结合，这将构建起全要素、全产业链和全价值链的新型制造业体系，将成为中国制造业做大做强的最新方向。据统计，互联网企业已为约 3 000 万家实体企业提供了相关服务，业务收入规模超过 1 800 亿元。

3.3.2 互联网经济中的垄断

在市场经济条件下，竞争和垄断永远是一个值得讨论的主题。从经济学的角度来看，任何产业在发展壮大的过程之中，都会出现一定程度的竞争和垄断问题。毫无疑问，作为目前市值最大的行业之一，互联网行业也不能例外。国内互联网的垄断问题其实在互联网企业起步阶段就已经初露端倪。在门户网站领域，国内互联网的门户网站主要是网易、新浪和搜狐。在搜索引擎领域，主要的搜索引擎企业是腾讯、百度和 360。在电子商务领域，主要的电商是阿里巴巴、京东、拼多多。在自媒体领域，主要的互联网企业则是抖音等。应该说，每一个互联网领域都被多个大型的互联网企业所垄断。除此之外，互联网企业之间的兼并和整合，使得互联网行业中的垄断格局越来越清晰。

从垄断的动因来看，垄断无非是要获得更大的利润。对于商贸流通行业而言，在标准经济学框架下，自由流通是符合社会福利最大化的假设，而为了实现垄断而采用的保护手段虽然会对一部分生产商带来帮助，但是却会使得国内消费者利益受损。不过，尽管垄断有损于社会福利，但是商贸流通环节的垄断仍旧随处可见。许多经济学家从经济、政治、文化以及历史的角度予以解释，其中有三种理论获得了多数学者的支持：第一种是幼稚行业论；第二种是市场失灵论；第三种是战略垄断论。

幼稚行业论又可称为幼稚工业论，最早由德国经济学家弗里德里希·李斯特发展和完善，是最早的政策保护垄断的理论基础。该理论认为，一个国家的新兴产业在发展初期经不起国外产业的竞争，应当通过保护政策对其扶持以提高其竞争能力，等这些产业强大之后再将发展模式转变为自由贸易。该理论不仅先后影响了 19 世纪和 20 世纪的美国、德国和日本等工业化国家，至今还得到了许多政府的信奉。案例 3.1 中描述了有关幼稚行业论两种不同的声音，支持者认为第二次世界大战结束之后，德国和日本正是以幼稚行业论作为理论基础，对国内产业进行保护后再逐步开放的，最后两个国家仅仅用了不到 20 年的时间就重新回到了发达国家行列。与之形成鲜明对比的是拉丁美洲国家的例子，反对幼稚行业论的人认为拉丁美洲在 20 世纪六七十年代的关税远高于发达国家，但是直至今日它们的多数产业依旧停留在原先的水平，甚至有所倒退。

案例 3.1

幼稚关税对阿根廷番茄酱行业进出口的影响

图 3.3 描述了阿根廷 1996—2006 年番茄酱行业的进口关税和出口额。从图 3.3 中可以看到,从 1996 年年底至 2002 年年初,阿根廷始终坚持使用较高的进口关税来保护自己国家的番茄酱行业,这是因为阿根廷一直是一个农业资源非常丰富的国家,但是由于垄断、技术、政治等原因,农业加工行业一直靠大量进口来维持。20 世纪后期的三十年多年,阿根廷政府希望通过较高的关税来扶持本国的农业加工行业,其中番茄酱行业就是一个典型的代表,高关税使得国内的许多企业没有受到外国产品的任何竞争,这反倒使得国内企业效率非常低下,而产品价格却非常高,消费者福利下降。图 3.3 中番茄酱行业自 1996—2002 年的关税高达 20%,即便是 2002 年以后,平均关税仍旧有 17% 左右,表面上看这保护了阿根廷的国内企业,但事实上却损害了大多数消费者的利益。从图 3.3 中的出口量可以看到,阿根廷番茄酱的出口额仅有不到 300 万美元,且在高关税的时期快速下降至不足 200 美元,作为一个农业资源丰富的大国而言,阿根廷的农业加工行业仍旧十分脆弱,这也充分证明了幼稚关税论在拉丁美洲国家的表现不尽如人意。

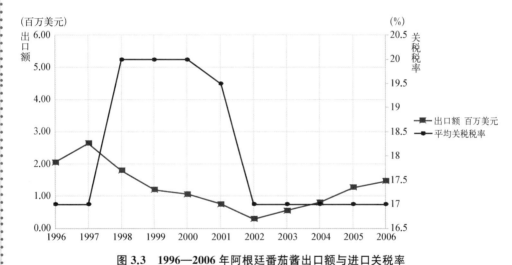

图 3.3　1996—2006 年阿根廷番茄酱出口额与进口关税率

资料来源:作者根据 WTO 关税数据库和 UNcomtrade 数据库进行制作。

市场失灵论认为,垄断现象可以适当解决一个国家所存在的市场扭曲现象,从而提高该国的社会福利(Bhagwati,1971)。市场失灵是微观经济学和规制经济中经常出现的名词,它表示纯粹依靠市场体制进行调节无法达到帕累托最优的状态。造成市场失灵的原因有很多,如产品的外部性、流动性陷阱的存在、经济主体的信息不对称等,此时就需要发挥政府对市场的调节作用。对于产品的外部性,政府会通过明确产权的方式进行调节,对于流动性陷阱等问题,政府会通过财政政策进行调节,而对于信息不对称问题,政府则会通过公开透明原则减少信息不对称程度。例如在贸易领域,关税有时也可以被看作是政府的一种工具,虽然它会导致国内部分产业受到垄断,但是它有时可以缓解产品外部性带来的损失,有时也可以作为一种信号让生产者和消费者更为清晰地了解政府意图,这就使得政府可以利用关税来解决市场失灵的问题。当然,通过关税来解决市场失灵问题往往是次优的,因为造成市场失灵的根源并不是由关税引发的,解决经济发展过程的不平衡性和各种扭曲才是真正解决市场失灵的关键。

战略垄断论认为,政府应该给予企业补贴,支持企业抢占他国市场,将他国市场上的经济租金转移进国内(Brander and Spencer, 1984)。战略垄断论的对象往往指的是使用政府政策的国家。克鲁格曼的规模经济理论中提到企业期望扩大自身的生产规模来降低产品的平均成本,那么当本国的市场已经趋于饱和的情况下,占据他国市场就成为必然的选择。然而,在对他国出口或者对外直接投资的过程当中,他国的政治、经济、环境、文化、法律等诸多环节肯定与本国存在差异,这就会体现为在出口或者对外直接投资时的初期产生成本,这个成本可以被看作是一个固定成本,如果能够克服该成本顺利进行商业行为的话,该成本就会随着时间的推移而逐步下降。为了让本国企业克服前期成本,政府可能会直接予以企业补贴或者政策上的优惠,让本国企业能够顺利地占据他国市场。不过,当政府政策服从于战略目的时,往往容易引发本国和对象国之间的贸易摩擦,这是因为按照WTO的规定,政府不能给予企业不公平的竞争优势。目前,中美贸易之间的贸易摩擦的一个焦点就是美国认为中国政府利用出口退税、出口补贴等手段给予企业不公平的竞争优势。

3.3.3 互联网经济中的政府反垄断规制

反垄断是市场经济体制中的一个永恒话题。这是因为垄断利润对企业而言有巨大的吸引力,而互联网企业由于资金投入量相对其他行业而言更多,互联网企业将会冒着被处以巨额罚款的风险,攫取垄断利润。一个市场如果想要继续发展,则需要反垄断政策的推出。随着中国市场化改革不断深入,加上业界和学术界一直呼吁和谏言,国内的《反垄断法》加快实施的步伐。拥有《反垄断法》这一愿望,直到2008年8月1日终于实现。国内《反垄断法》的颁布是中国经济体制改革和中国法制建设的重要里程碑。《反垄断法》实施十多年以来,已经在诸多行业取得了成绩,在互联网行业中最广为人知的反垄断案件是2012—2013年360公司和腾讯之间的诉讼,2012年4月360公司以滥用市场支配地位起诉腾讯公司,2013年3月广东省高院一审驳回了360公司的诉讼请求,360公司上诉,2013年11月最高人民法院驳回上诉,维持原判。

欧美国家对于互联网的反垄断监管力度非常强,特别是近年来对于谷歌、亚马逊、微软等互联网巨头的反垄断惩罚数额不断加大。2018年7月,欧盟委员会针对谷歌在安卓系统的垄断,决定向谷歌公司征收高达110亿美元的罚款。安卓系统虽然表现上看起来是一个开放的平台,但是安卓设备必须使用谷歌应用商店和封闭的API,这就要求设备厂商必须预装所有整套的谷歌服务,并且将谷歌引擎作为首页。这样的隐性要求事实上就构成了垄断,而事实上早在2014年亚马逊就因为电子书业务遭受过反垄断调查,2016年苹果公司因为政策规避也遭受过反垄断调查。

与欧美国家而言,国内互联网的反垄断形势日趋严峻。2018年8月浙江乐清一位女乘客被滴滴司机杀害后,滴滴是否涉及垄断引起国内外各界人士的关注。滴滴于2015年2月和2016年8月先后收购了快的打车和优步中国,这使得滴滴在网约车平台的市场占有率超过了90%,而这两项明显有违垄断法的两项收购并没有受到国内反垄断机构的任何调查。滴滴只是国内互联网反垄断问题的一个缩影。国内互联网企业的合并、收购以及兼并等业务几乎没有受到过国内反垄断部门的监管。不仅如此,国内《反垄断法》从推出到现在也有十多年的时间,《反垄断法》中的一些条款也存在执行力度不够、罚款力度过低的特点。《反垄断法》中规定未依法申报的企业罚款的上限只有50万元,不配合执法行为的企业罚款上限只有100万元。这样的执行力度对于互联网企业动辄上亿元的交易行为而言,毫无震慑效果。因此,国内互联网经济的反垄断还任重而道远。

3.4 商业伦理、社会责任与政府规制

随着中国经济的发展,中国企业的数量也在迅速增加。根据2014年《福布斯》公布的全球亿万富豪榜的统计,中国亿万富豪的总数已经仅次于美国,位居世界第二。尽管作为第二大经济体的中国拥有无数企业以及大量的财富,但是国内企业的商业伦理和社会责任意识并不强。正如比尔·盖茨所言:"中国富豪开始承担起更多的责任,特别是当一场灾难发生时,他们都很慷慨,但是在那些系统性事宜方面,例如环境卫生、教育医疗问题上所做的还不够。"中国政府已经关注到这一现象,因此政府对大型上市公司均要求它们在每一个年度末公布他们的社会责任报告。本节将详细介绍商业伦理、企业社会责任和政府规制之间的关系。

3.4.1 企业的商业伦理

商业伦理根植于一个国家或者地区的道德文化之中,道德文化的不同会使得该国家或者地区中的民众和企业拥有不同的商业伦理。虽然从经济的角度而言,企业是追求利润最大化的主体,但是从伦理学和哲学的角度来看,企业同样是一个对价值、利益和善恶有自己判断的主体,它们的判断标准就是一种商业伦理的体现。在中国,由于儒家、道家和佛家思想流传较为广泛,中国企业的商业伦理总体而言在追求利润的同时是积极向善的。举一个佛家经典被应用于商业中的例子,佛家提出万事万物均有舍有得,舍就是得,得就是舍,就像《心经》中所提到的色即是空,空即是色一样,而在商业运行中,舍就是投入的成本,这也包括对社会进行的慈善活动,而得就是产出和成果,以及被全社会所认同,只有懂得投入,善于投入才能有所产出。

有关公司的商业伦理的研究,从逻辑关系的角度可以将既有文献分为两大类:公司商业伦理的动机研究;公司特征与履行商业伦理的相关性研究。弗里德曼认为公司在商业运行中的伦理,唯一的标准就是让公司的利益最大化。很多学者不同意这样的观点,他们将利益驱动型的商业伦理看作是向投资者传递一种信号,企业会给股东和投资者带来丰厚的回报,从而迎合大众。例如,Jones & Murrel(2001)认为许多公司将自己的慈善捐赠、生态环境投入、开展社会服务等行为作为一种向市场传递公司质量的信号,使市场能够充分认识到那些履行社会责任的公司具有较高价值,从而提升公司的收益。

基于中国的政治经济现实,许多中国学者对中国企业的商业伦理展开了相应的研究。

陈湘舸和陈艳婷(2008)就指出社会出现部分企业的负面事件时,有关商业伦理的探讨就会备受重视,政府会针对违背伦理道德的行为推出有关规定,约束企业履行,与此同时社会媒体以及其他各界人士也会从各方面监督企业的行为。他们也强调了较好履行商业伦理的公司对拥有社会福利偏好的消费者、投资者和员工的吸引力。在他们看来,市场中有相当一部分消费者、投资者和员工出于文化、宗教、社会地位等方面的考虑更加认可心系社会福利的公司,这就从另一个方面激励了企业履行自身的商业伦理。李维安和姜涛(2007)的研究表明,股东、投资者以及消费者等利益相关者的"权、责、利"是中国公司在确定自身应采取什么样的伦理标准时所需要考虑的重要因素,企业的伦理既要符合法律和道德的标准,也要能够为企业带来更大的利润,避免提高成本。当然,也有一些学者提出了有些公司以追求福利而非自身利益为目标的观点,承担更多的社会责任正是这些公司追求福利这个商业伦理标准的表现。

公司财务和治理特征与所履行的商业伦理之间的相关性研究则主要考察的是公司绩效、公司规模、投资机会等特征因素与企业商业伦理和社会责任之间的关系。多数文献结论支持了承担一个良好向善的商业伦理不仅有利于社会文明的进步,同时也会有利于公司绩效的观点。不过,作为公司治理特征的重要组成部分,企业家身份却并没有像其他因素那样引起很多学者的关注。然而,在中国这个发展中国家,企业家的不同身份往往意味着不同的社会资源、人脉关系和社会关注度。已经有学者注意到该问题,并且进行了有益的尝试。他们发现企业家的社会地位、学历和年龄与所在企业的商业伦理行为之间有很强的相关性,如果企业家拥有一定的社会地位,受到人们和社会的高度评价的话,那么他所在的企业会有较强的商业伦理和道德,而如果该企业家经常受到负面评价,那么其所在企业同样也会受到较多的负面评价。

概括起来,商业和伦理原本就存在相互矛盾的地方,因为商业往往是要在交换过程中获得利润,而伦理则是用道德的准绳约束企业的行为。但是,商业伦理就是在矛盾中找到平衡点。其中,自利与他利之间的关系,企业发展与社会福利提高之间的关系等都是商业伦理中需要考虑的。应该说,平衡好商业伦理中的矛盾需要政府、社会、企业和个人的共同努力,要兼顾各方的利益,相互结合,充分考虑,才能维护好商业伦理秩序。

3.4.2 企业社会责任与政府规制

企业社会责任意识来源于该企业的商业伦理,也是商业伦理的具体外在表现。企业社会责任从广义上来说指的是企业在企业运营过程中对其利害关系人应尽的责任和义务,从狭义上来说,企业社会责任就是企业对整个社会应该承担的责任和义务。其中,利害关系人既可以是被企业决策所直接影响的利益主体,如企业员工、所面对的顾客、产品供应商、母公司或子公司、合伙人、企业投资者和股东等;也可以是被企业决策非直接影响而间接影响的利益主体,如相类似产品的其他企业、所在行业中的其他利益主体等。应该说,如果企业的社会责任无法匹配企业的商业伦理,企业将无法可持续发展,这是因为它将收到外部社会的约束。企业除了需要综合考虑自身的财政和运营情况之外,也要考察其对社会和自然环境究竟会造成什么的影响,在生产产品和创造利润,以及对企业股东需要承担相应的法律责任之外,也要进一步承担相应的社会责任,不论企业的规模大小。

中国企业的社会责任承担问题一直以来也受到社会各界的关注,2017年由《WTO经济导刊》协同欧洲企业社会责任协会以及日本企业市民协议会,在中国北京召开了第十三届中国企业社会责任国际论坛,暨2017年"金蜜蜂企业社会责任·中国榜"的发布典礼。该论坛吸引了国内外社会各界人士一同探讨了中国企业的社会责任问题。该论坛首次将中国企业的社会责任问题与中国扶贫问题相结合,提出了中国企业的发展必须与中国的实际情况相结合,帮助中国政府落实扶贫政策、解决贫困问题。该论坛强调了政府和企业在中国企业的社会责任问题中所扮演的角色,与会嘉宾认为政府引导企业执行是中国企业履行社会责任的主要模式。其实,早在2009年,上海证券交易所和深圳证券交易所就已经发布了《社会责任报告指引和指南》,希望中国上市公司披露一个财务年度的社会责任报告。根据润灵环球社会责任评级的数据,在2009年仅有371家中国上市企业披露了自己的社会责任报告,但是到2018年底已经有851家中国上市企业披露了自己的社会责任报告。

上市公司基本都是每一个细分行业的龙头公司,它们的社会责任履行情况基本可以反映出中国企业的社会责任履行情况。在政府的鼓励下,越来越多的中国上市企业开始自愿披露社会责任报告。从报告的评级得分上,2009—2018年上市公司社会责任报告的披露质量也在初步提高,从2009年的平均29.5分上涨到了42.5分。排名最高的三家中国上市企业是中国平安、复星医药和中国神华。这三家企业的社会责任报告包含了大量的数据、案例、信息和文字,使用国内外各种指标从主观和客观两个角度来展示企业的社会责任履行情况,披露的信息也成为投资者和股民判断上市企业价值的重要标准。

2015年6月,国家质检总局和国家标准委员会共同公布了社会责任的国家标准,该标准包括了三个内容:《社会责任指南》《社会责任报告编写指南》《社会责任绩效分类指引》。这些标准为中国企业社会责任的履行提供了明确的指引。基于郝琴(2015)对中国企业社会责任的分析,将企业社会责任的实践标准具体分为七类:(1)组织治理;(2)人权;(3)劳工实践;(4)环境;(5)公平运行实践;(6)消费者问题;(7)社区参与和发展。除了政府和上市企业外,以润灵环球为代表的第三方评价机构也成为社会责任披露和研究的重要主体。

3.5 商业周期、企业行为与政府规制

3.5.1 商业周期

和任何一种周期一样,商业持续一段时间的上涨或者下跌被称为周期。最为著名的商业周期理论由诺贝尔经济学奖获得者普雷斯科特和基德兰德于20世纪80年代提出,他们将该理论命名为真实的商业周期理论(Real Business Cycle Theory)。Prescott和Kydland(1982)在标准经济模型的基础上加入了真实的技术冲击和政府购买,他们发现市场机制下的经济系统所出现的繁荣或者衰退主要源于技术进步的冲击,商业周期是宏观经济对冲击的最优反应,政府所实施的干预,无论是财政政策还是货币政策均不是有效的。这个观点与原有的凯恩斯主义中主张政府主动调节经济的观点是相悖的,因此围绕这两种不同的观点引发了一系列的争论。

商业周期,有时也会和经济周期一起使用,有的经济学家将它分为两个阶段,即扩张阶段和紧缩阶段;有的经济学家则将它分为四个阶段,即繁荣、衰退、萧条和复苏。商业扩张阶段的特征为,消费者需求和私人投资增加,企业利润和劳动力就业上升,利率保持在一个较低水平;商业紧缩阶段的特征则为,消费者需求和私人投资下滑,企业利润和劳动力就业下降,利率保持在一个较高水平。按照商业周期的长短也可以将商业周期分为基钦周期、朱格拉周期、康德拉季耶夫周期以及库兹涅茨周期。基钦周期由英国统计学家基钦提出,他根据美国和英国1890—1922年的统计数据研究了厂商的生产情况,提出一个完整周期的时间约为40个月。朱格拉周期由法国经济学家朱格拉在《论德国、英国和美国的商业危机以及发生周期》中提出,他研究了一个国家人口数据后发现,商业周期就像疾病一样有上下波动情况,他提出一个完整周期的时间为9—10年。俄国经济学家康德拉季耶夫则认为资本主义国家的经济活动存在着45—60年的长期规律活动,他是依据科学技术的发展过程提出的周期理论,他认为科学技术从原理的提出到技术的应用需要走过较长的时间,因此整个经济将会经历一个45—60年的较长周期。美国诺贝尔经济学奖得主库兹涅茨根据建筑业的繁荣和衰退,将经济周期的时间定为15—25年,因此往往也被称为建筑周期。

3.5.2 不同商业周期阶段中的企业

面对不同的商业周期阶段,企业会采取不同的行为。商业紧缩阶段的特点主要是消费需求下降、利润下滑、产品销售停滞不前。面对这样的情况,企业一方面应该节约成本,通过裁员、减少投资、拍卖资产等方式降低经营成本;另一方面对内部而言应该让所有员工都了解目前企业所处的外部环境,让他们提高效率,削减开支,更有效率地完成工作,一起渡过难关。商业扩张阶段的特点主要是消费者需求和私人投资增加,企业利润和劳动力就业上升,利率保持在一个较低水平。在这个阶段,企业应该扩大投资,招收员工来提升自己利润,为了能够激发员工的潜能,可以采用股权激励的方式将员工的利益与企业联系在一起,这样可以使得员工发挥主人翁的态度,更有效地工作。

在中国,企业除了对其自身的经营管理可以进行改善之外,企业与政府之间的关系也是影响其发展的重要因素。案例3.2就详细描述了在整个钢铁行业面临衰退的背景下,国内钢铁企业如何联合起来向政府进行反映,最终获得政府保护的整个过程。

钢铁行业一直以来都是中国政府关注的重点,它的发展和稳定关系到财税、就业等方方面面的问题。截至2017年年底,中国粗钢的年产量已经达到了8.32亿吨,约占全球总产量的一半,并连续二十多年占据世界第一产钢大国的位置。但是,整个钢铁行业的发展过程其实并不是一帆风顺的。事实上,从一开始的产能不足,需要大量进口,从而导致外国钢材通过倾销占领国内市场;到近期的产能过剩,需要大量出口,从而导致外国政府征收高额反倾销税;钢铁行业一直在起伏中不断前行。2003年中国政府为了保护国内钢铁市场对五大类钢铁产品实施进口保障措施,并对冷轧板卷征收反倾销税。在产业规制方面,中国政府于2005年7月出台的《钢铁产业发展政策》旨在加快钢铁产业结构调整和质量升级。2009年为了应对金融危机,政府又推出了《钢铁产业调整和振兴规划》,它旨在消除金融危机带来的负面影响。但是,过度的保护使得2011年前后国内钢铁产能出现了过剩现象,在2011年版《产业结构调整指导目录》中涉及钢铁产品的限制类和淘汰类项目开始变得多了起来。

> **案例 3.2**
>
> **钢铁企业共同渡过衰退**
>
> 从20世纪90年代末直到21世纪初,中国经济快速发展,经济增速不断刷新历史新高。由于基建等行业的大量需求,国内钢铁的需求量不断攀升。尽管当时中国已经是世界第一产钢大国,但是面对大量的国内需求,仍旧出现了供不应求的现象。这样的状况就给了美国、欧洲和日本等钢铁企业可乘之机。另外,美国于2002年3月启动了针对其他国家的钢铁保障措施,引发了全球钢铁行业的贸易纠纷。为了应对美国的钢铁贸易保护,欧洲诸国也推出了类似的钢铁贸易保护措施,原本流向美欧的钢铁产品一下子瞄准了国内钢铁市场。中国当时不仅钢铁需求量旺盛,而且由于刚刚加入WTO,中国关税开始明显下降,这便使得进口钢铁产品的数量迅速增加。这些产品通过较低的价格以及较好的质量迅速占领了一部分国内市场。急剧增加的低价进口钢材打压了国内企业的钢材价格,影响了国内钢铁企业的利润,使得不少国内钢铁企业陷入了亏损状态,失业人数增加。
>
> 在这样的严峻挑战下,2002年3月原对外贸易经济合作部首先收到了上海宝钢集团公司、鞍山钢铁集团公司以及武汉钢铁股份有限公司等国内钢铁企业要求对进口的冷轧板卷钢铁产品实施的反倾销调查申请。在仅一个多月之后,中国钢铁工业协会又联合上海宝钢集团公司、鞍山钢铁集团公司、武汉钢铁(集团)公司、首钢总公司和邯郸钢铁集团有限公司等国内最大的几家钢铁公司,再一次向原外经贸部提交了一份题为《关于对钢铁产品进行保障措施调查的申请》,它们一致要求中国政府采取贸易救济和保障措施,以保护国内钢铁行业的稳定发展。这两起申请,一前一后,除了要求给予保护的方式略有不同外,在申请时间、保护对象以及涉案钢铁产品型号上都有重合之处。鉴于国内行业的形式,以及国内企业的连续申请,原外经贸部对此十分重视,经过详细调查后先在2002年11月便宣布对涉案钢材产品进行保障措施,随后又在2003年5月初裁决定对于不同原产地的冷轧板卷征收5%—70%不等的反倾销税。
>
> 但是,事情很快发生转折,2003年9月中国商务部发布公告称:"暂不对被调查产品(冷轧板卷)实施反倾销措施。"紧接着,随着美国与欧盟均在2003年12月宣布取消保障措施,2003年12月26日中国也宣布中止了原本要实施3年的进口保障措施。2004年6月商务部再次召集利益各方就冷轧板卷反倾销问题进行听证会,复审该案状况。最终,2004年9月商务部宣布中止对冷轧板卷的反倾销措施。

3.5.3 政府在商业周期中的作用

在经济周期性波动中企业起起伏伏的表现非常常见。从理论上来看,生产者的供给能力超过了有效需求便发生产能过剩,当生产者的供给能力低于有效需求就发生产能不足。一般而言,适度的商业周期波动有助于淘汰质量较低的产品,实现优胜劣汰的资源分配。但是,较为严重的波动,特别是那些由于人为干预导致的产能过剩则容易引发劣币驱逐良币的逆淘汰现象,危害到整个经济的稳定和发展。面对商业周期,政府应该如何进行应对,目前有两种不同的观点。

2008年爆发了世界范围内的金融危机,世界经济遭受到了前所未有的冲击,钢铁、石油、煤炭等大宗商品的需求剧烈下滑,外加贸易保护主义的声音在很多国家中不断抬头,这给原本国内需求就不足的中国企业带来了巨大压力,许多企业一直徘徊在亏损倒闭的边缘。为了稳定经济,中国中央政府推出了四万亿元产业振兴计划,并明确提出了经济增速"保8"的目标,在这种形势下中国各个地方政府相继推出了各自的配套财政刺激计划,使得最终刺激计划的资金规模达到了惊人的20万亿元。中央和地方政府的双重保护政策短时期内确实使得不少企业恢复了生产,稳定了就业,据测算2009—2010年双重保护政策每年拉动GDP增长约1.42%,增加就业约3.44%。

虽然政府出手干预商业周期短期内会起到较为明显的效果,但是也有学者认为长期来看这样的政策破坏了市场机制的分配作用,大量资源流入到中央企业和国有企业手中,这严重挤占了民营企业和私人的投资、消费。从投资结构上来看,无论是中央还是地方的保护政策主要对象都为基础设施、房地产、化工制造等传统行业,这些行业可以迅速拉动经济增速、保障就业,但它们的集中度也较高,这不利于产业结构的调整和创新动能的释放。从保护政策的最终效果来看,缺乏自主造血功能的僵尸企业大量出现,尽管它们的产品早已是供大于求,但是为了获得赖以生存的政府补贴而继续盲目生产,这就导致了目前较为严重的产能过剩现象。从2010年国务院下发《关于进一步加强淘汰落后产能工作的通知》到2016年12月中央经济工作会议再次强调"去产能"的重要性,产能过剩问题已经成为中国全面深化改革中一个亟待解决的问题。因此,政府在商业周期中应该如何发挥作用仍需根据具体情况作具体分析。

思考题

1. 请列举你所了解的符合商业周期理论的中国行业。
2. 目前互联网行业的市场份额被腾讯、百度、阿里巴巴以及360公司等多家企业所占领,你认为这样的情况是否有利于互联网行业的发展?
3. 在自然垄断领域,政府的经济规制政策的主要目的是限制竞争,但限制竞争往往会抑制企业创新。谈谈你对这一问题的看法。

参考文献

[1] Drazen, A. *Political Economy in Macroeconomics*[M]. Princeton: Princeton University Press, 2003.

[2]〔美〕布坎南:《经济政策的宪法——诺贝尔经济学奖金获得者演讲集(中)》,王宏昌、林少宫编译,中国社会科学出版社,1986年。

[3] Grossman, G. M. and Helpman, E. *Special Interest Politics*[M]. Cambridge: The MIT Press, 2001.

［4］余淼杰：《国际贸易的政治经济学分析：理论模型与计量实证》，北京大学出版社，2009年。

［5］周黎安："中国地方官员的晋升锦标赛模式研究"，《经济研究》，2007年第7期。

［6］乔坤元："我国官员晋升锦标赛机制：理论与证据"，《经济科学》，2013年第1期。

［7］〔德〕弗里德里希·李斯特：《政治经济学的国民经济体系》，陈万煦译，商务印书馆，1961年。

［8］Bhagwati, J.N. The Generalized Theory of Distortions and Welfare[A]. in Trade, Banlance of Payments, and Growth: Papers in International Economics in Honor of Charls P. Kindleberger[C]. Bhagwati, J.N., Jones, R.W., Mundell, R.A. and Vanek, J. eds. Amsterdam: North Holland Publishing Company, 1971.

［9］Brander and Spencer, B.J. Tariff Protection and Imperfect Competition[A]. in Monopolistic Competition and International Trade[C]. Kierzkowski, eds. Oxford: Oxford University, 1984.

［10］〔美〕托马斯·弗里德曼：《世界是平的：凌志汽车和橄榄树的视角》，赵绍棣、黄其祥译，东方出版社，2006年。

［11］Jones, R., Murrel, A.J. Signaling Positive Corporate Social Performance: An Event Study of Family Friendly-Firms[J]. *Business and Society*, 2001, 40(1): 59-78.

［12］陈湘舸、陈艳婷："企业社会责任与企业效率关系辨正"，《理论探索》，2008年第2期。

［13］李维安、姜涛："公司治理与企业过度投资行为研究"，《财贸经济》，2007年第12期。

［14］郝琴：《社会责任国家标准解读》，中国经济出版社，2015年。

［15］Kydland, F. and Prescott, E. Time to Build and Aggregate Fluctuations[J]. Econometrica, 1982, 50: 1345-1370.

［16］〔美〕约瑟夫·熊彼特：《经济发展理论》，何畏、易家详译，商务印书馆，1990年。

第二篇 企业商务决策分析

第四章 新兴商务市场与企业发展

经济全球化、分工细化以及技术变革共同催生了渐趋复杂的新兴商务市场。企业为了自身生存与发展,有必要深刻认识商务市场运行规律及其新兴变化。本章将从企业的视角,介绍新兴商务市场的运行规律,并探讨企业进行相关决策时需要面对的问题。

4.1 认识新兴商务市场

4.1.1 什么是商务市场

商务市场(business markets)不同于消费市场(consumer markets)。它是企业与企业之间,以原材料、自然资源、生产设备、半成品、资本、技术、服务等为标的物的,以生产性商务活动为目的的交换行为的总和。前者发生在企业与企业之间,而后者是在企业与消费者之间进行的;前者主要是企业购买原材料、自然资源及其他产品的组件以进行转售或用于制造其他产品的市场,而后者则是消费者以满足需要为目的的购买活动发生的市场。

如果借用奥地利学派的概念,消费市场是交换一阶商品(或消费品)的场所,商务市场则是交换高阶商品(或资本品)的场所。卡尔·门格尔把可以直接减轻某种不满足感的物品,比如水或食物,称为一阶商品,它们也可称为消费品。辅助生产一阶商品的物品,如水桶和锄头,被称作高阶商品、生产品或者资本品。请注意,商品本身并不存在这些区分,它们只存在于人的心理和计划之中。比如,同样一台笔记本电脑,如果被C同学买来用作玩游戏、看电影和学习的个人电脑,那它就是一件消费品;如果被B公司采购来用作企业财务部门配备的办公设备,那它就是一件资本品。

可见,关于商务市场与消费市场、资本品与消费品的区分,并不是依据所交换商品的物质属性,而是根据其在商务交往中所展现的目的及关系。简而言之,商务市场是与生产活动相关的,消费市场是与消费活动相关的;商务市场是B2B的,消费市场是B2C的。本章内容只涉及与商务市场相关的运行规律和企业决策。与消费市场相关的内容,留待后续章节展开探讨。

4.1.2 为什么关注商务市场

西方经济学中企业对自己产品的认识只涉及产量 Q 和价格 P。尤其在被抽象为企业和家庭两部门的经济模型当中,企业分别在产品市场和要素市场上,就不同的标的物与家庭进行交易。那里没有所谓的资本品,也没有所谓的商务市场。生产论、成本论、市场论展现给我们的企业决策只涉及利润最大化原则下(也就是 MC=MR 的原则下)最优产量 Q_0。

的寻找问题。一旦寻得 Q_0，企业进而可以确定价格 P_0 和要素投入量 K_0 和 L_0。那么，企业就面临经济学四大问题：(1) 如何生产（资本 K 与劳动 L 的最优投入组合问题）；(2) 为谁生产（所有愿意而且能够支付的价格 $p \geq P_0$ 的购买者）；(3) 何时生产（涉及短期是否停止营业）；(4) 生产什么（涉及长期是否进入或退出行业的决策）。这里并没有涉及商务市场与消费市场、资本品与消费品的区分。

商务经济学中我们所关注的问题更细致，所涉及的企业商务决策问题更具体。商务市场上，企业在关注价格和产量之外，还需要注意商品的购买者及其用途，需要充分认识围绕商品生产与交换活动所发生的企业与企业之间、企业与消费者之间的经济关系。其中，涉及企业与企业之间关系的具体问题，至少包括以下六个方面：

(1) 企业定位方面应当大而全，还是专而精？
(2) 企业在策略方面应当与其他企业寻求合作，还是积极竞争？
(3) 企业目标应当是利润最大化，还是成长最大化？
(4) 企业扩张应当选择产业链扩张，还是跨产业链扩张？
(5) 企业成长的动力应当是内源式的、借力型的，还是并购型的？
(6) 非价格竞争方面，企业应当如何看待技术创新与模式创新？

这些问题无不涉及商务市场行为，即企业与企业之间发生的，以原材料、自然资源、生产设备、半成品、资本、技术、服务等为标的物的，与企业生产性商务活动相关的交换行为的总和。因而，我们有必要对商务市场的运行规律及其变化进行重点分析。

4.1.3 商务市场的新兴变化

回溯经济社会的起源，我们不难发现，市场经济的领地是逐渐拓展的。同时，随着劳动分工的细化、生产技术的升级、经济全球化的推进，市场范畴的内涵与外延都不断丰富。时至今日，这一过程仍未宣告完成。

一开始，消费市场确实如抽象的西方经济学所解释的那般简单。当时所有的生产行为几乎都在独立的部门内完成，包括斯密论及的制作大头针的例子也是小作坊内部的分工。生产者之间多属竞争关系，少有交换行为。随后，市场规模的扩大让专业化生产得以实现，消费品的生产方式变得更加迂回，也更加富有效率。比如，人们不再把树叶穿在身上，而是先养蚕、纺纱、织布、做衣服，进而再扩展到纺纱机、织布机的设备制造，等等。更高阶的商品不断出现，产业链上的工序增加，一条产业链条上所能够容纳的上下游企业增多。同时，劳动市场、资本市场陆续出现，技术转让、业务外包也成为常态，新兴商务市场不断涌现。如今，互联网与电子商务崛起，人工智能、区块链、云计算、大数据（合称 ABCD）逐步应用到商务活动当中，5G 商用推动了物联网的进一步升级，这些技术变化与经济全球化、金融化叠加在一起，共同拓展着商务市场的范围，影响着商务市场的发展规律和形态。

未来企业产品生产的逻辑可能会是：创意——表达——展示——订单——生产——客户。当你有一个想法时，你可以先表达出来，接着在平台上进行展示，然后吸引喜欢的人去下单，拿到订单后可以找工厂生产。此时，即便产量太低也没有关系，电子商务促进了企业柔性化生产的实现，未来的生产一定会精细化和定制化，然后再送到消费者手里。所以，产业链的流向会发生调整。传统情景是先生产，再消费，即从生产者到经销商，最后到消费者。未来则会是先消费，再生产，即消费者——→设计者——→生产者。因此，传统经销商这个群体将逐渐消失，而能够根据消费者想法转化成产品的设计师将大量出现。电子商务的进化将从商家对商家，到商家对个人，再到个人对商家，最终是个人对工厂。未来一定是个性化时代，甚至跨国生产和定制也将成为可能。

从互联网演化的角度看，互联网的进化经历了PC互联网——移动互联网——物联网这样一个过程。PC互联网解决了信息对称，移动互联网解决了效率对接，未来的物联网需要解决万物互联：数据自由共享、价值按需分配。以"互联网＋"为基础，不同行业之间互相渗透、兼并、联合，从而构成了商业新的上层建筑。不同业态将互相制衡，最终达到一种平衡的状态，从而形成新的"跨界互联"的商业生态系统。通过高效协作和行业细分来优化配置社会的各种资源，包括各种大大小小的、边边角角的零部件，不浪费一个螺丝，将整个社会带入价值创造和吸收的大循环。

商务市场的新兴变化至少涉及以下三个方面：

（1）商务市场的空间结构更趋复杂，企业边界的选择变得更加灵活。随着经济全球化和商务市场深化，生产计划更加迂回，由资本品以及资本品的水平和垂直结构所构筑的商务市场网络更趋复杂。企业在划定自身边界时所面临的备选组合更趋多样化；换言之，企业内部所容纳的结点、链条和网络，企业对接到商务市场时所面临的交易对象，都可以更加灵活地选择。互联网和大数据的崛起让我们可以将更加灵活的企业边界选择交托给智能化的供应链管理。

（2）商务决策的时间维度渐趋重要，企业利润最大化不再是唯一原则。随着全球金融化和资本市场拓展，时间维度进入企业决策视角，传统的企业资本积累和业务成长之路已经显得太过缓慢，企业借助资本市场而快速成长越来越受到青睐。企业边界的调整也变得越来越常态化，企业扩张成为重要决策议题。

（3）技术创新与模式创新成为企业生存与发展的必修功课。一方面，现有的生产效率如此之高，以至于既有产能可以让市场容量快速趋于饱和；另一方面，消费市场的需求变化如此之快，以至于企业构筑的既有优势可以在很短的时间内遭遇挑战。企业要想在这样一个快速迭代的商务市场中生存，需要不断培育自身"识变、应变、策变"的能力，以认识和顺应新兴商务市场的变化，乃至策划和推动新的变革，以引领行业发展。

商务市场的新兴变化让企业面临的六大问题更趋复杂。在新的变化之下，企业在解决每一类问题时面临诸多具体的选择：是否参与市场交换？是做供应方还是需求方？应当选择与哪些企业进行交易？本章接下来将对这些内容进行一一解读。

4.2 企业在商务市场上的定位

4.2.1 企业的边界：大而全与专而精

众所周知，苹果品牌的产品的生产者远不止苹果公司（Apple Inc.）一家企业，整个苹果品牌的供应链上的企业达200多家。同样是世界500强的中粮集团，却提出全产业链发展的模式，通过参与"田间到餐桌"所涵盖的每一环节，以对产品质量进行全程控制，实现食品安全可追溯，打造"安全、放心、健康"食品产业链。那么，企业在商务市场上到底该如何定位？企业的边界又应当囊括哪些节点、链条和网络部分呢？

要回答这一问题，需要回溯到科斯关于企业性质及企业边界的理论研究。科斯以全新的视角看待企业，认为市场与企业之间是一种相互替代关系，两者都是配置资源的经济组织方式。与古典经济学将企业简单视作市场经济主体不同，科斯认为交易行为在企业内部和外部都存在，企业之所以能够替代市场，是因为企业能够节约市场中的交易成本。企业的规模大小和企业边界的划定便取决于怎样能够更好地节约交易成本。

苹果公司的供应链管理就能够很好地支持这一成本优势原则。苹果公司以其强有力的精益化供应链管理造就了企业的核心竞争力，以至于苹果手机可以复制，苹果供应链却难以复制。作为一个产品制造型企业，苹果公司的核心职能可以归纳为三点：第一，有一个好产品（企业要具有很强的研发能力，能开发出具有良好市场竞争力的产品，并做好产品管理）；第二，能卖个好价钱（企业要具有良好的市场营销能力，并对市场趋势有精准的分析研判和前瞻）；第三，以合适的成本和速度造出来，交付给客户（企业要能以良好的原材料采购和零配件供应进行生产，并通过健康有序的销售渠道送达用户）。第三点就涉及供应链管理问题，也就是苹果公司在商务市场上的定位选择问题。苹果公司作为焦点企业，依托立体多维、网状链接的供应链，撬动整个商业生态圈，管理从采购、生产、仓储到物流配送的全过程。一方面，它支持研发，通过供应链管理而达成的透明、精准、快速的市场信息，支持快速开发出符合市场未来需要的好产品；另一方面，它支持营销，确保以优异的成本、质量和交期供货。因此，供应链可以与研发、营销实现很好的耦合，一起构筑企业的三大核心职能。以笔记本电脑为例，供应链从一份可达数千项的物料清单（Bill of Material，BOM）开始。CPU、主板、内存、硬盘、网卡、光驱、电池、键盘等料件，哪些自主生产，哪些外包出去？这些都是苹果公司首先要考虑的。外包业务涉及的供应商多达数百家，而这些供应商又可能分布在全球的任何一个角落。联络谈判、物流交割、货款结算等事务十分繁杂，质量和成本控制、交货时效的保障等问题又至关重要，企业如何能够确保所有的环节都有条不紊？借助互联网和大数据技术，苹果公司的供应链管理让这些纷繁复杂的过程变得有序、高效和简单，更具成本优势和竞争力。供应链管理能为企业带来的价值可以体现在经营管理的方方面面，其中最突出的有两点：一是做好计划与控制；二是企业可以将供应链链条上除了自身最为重视的研发和营销外，其余涉及采购、生产、销售等工作，交付给其他公司，也就是非核心业务外包。可见，苹果公司在商务市场上的定位是倾向于专而精的，借助供应链管理，以优势领域的核心竞争力撬动整个商业生态圈。

然而，专而精的苹果模式并不是唯一选择，中粮集团就提出了"大而全"的全产业链战略。所谓全产业链，一般被认为是企业向产业链的上下游延伸，将原料供应、加工生产、仓储运输和产品销售等各环节均纳入同一企业组织内部的经济行为，最终形成覆盖种植养殖、加工生产、仓储物流、分销零售、品牌推广等各个环节的完整产业链条（李韬，2013）。在农产品领域采取"全产业链"经营模式最具代表性的企业是国际四大粮商：ADM、嘉吉、邦吉和路易达孚。它们控制着国际粮食市场80%的市场份额，被视为全产业链战略的楷模（姜晔、黎倩、金泰成，2013）。2009年，中粮集团将全产业链的开发与建设确定为企业在新时期的竞争战略。经过10年的战略实施，中粮集团基本上已经构建起了从田园到餐桌的一整套纵横交织的农业产业网络，其利润率稳步上升，与国际知名粮商的差距逐渐缩小，并且在形成良好社会形象的同时，显示了其应对国际金融危机的能力。中粮全产业链战略的良好表现，得益于多重因素的共同作用。其中,最核心的因素可能在于,新的模式下产业链获得了更强的价值创造能力。原本产业创造的总体附加价值,在产业链各个环节和环节内的细分领域的分布是分散的。总体价值的分散分布随着产业内部的产品流动形成一条从原料到中间品,再到最终产品的价值增值链。然而,在中粮集团的全产业链模式下,价值链所描述的情况有了新的变化。整条产业链被纳入企业内部,价值链上的市场主体全部转变为企业内部利益相关者。企业的管理和组织方式替代了市场的交易方式(见图4.1)。

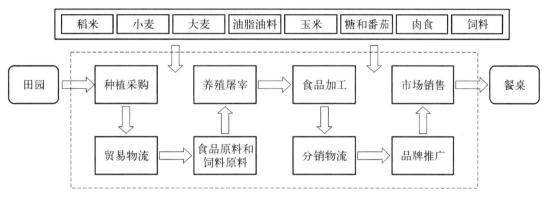

图 4.1　中粮集团全产业链图示

苹果公司和中粮集团分别是专而精与大而全的成功代表。前者以其核心业务撬动整个商业生态圈,企业边界只涵盖价值网的部分结点,精益化的供应链管理更多涉及企业与企业之间的商务市场行为;后者将整条产业链纳入企业旗下,企业边界涵盖整张价值网,卓越的管控能力只涉及企业内部利益相关者的管理行为。前者的供应链管理以供应商之间的竞争机制确保了成本优势,并能够兼容研发与营销创新;后者则以其卓越的企业内部管控能力消除了市场的不确定因素,促进价值创造的良性运转。两家企业都成功,恰恰说明两种企业定位模式都具有强大的生命力,需要企业根据区域政策环境、产业竞争环境、市场需求环境,并结合自身禀赋进行抉择。边界决策应当以"企业当下的成本优势获取"及"未来的竞争力构筑"为目标(见图4.2)。

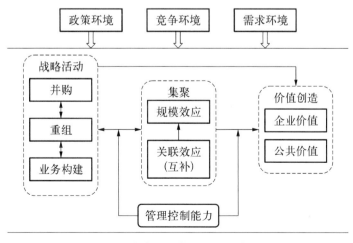

图 4.2　全产业链战略价值创造路径

4.2.2 企业的竞争力：比较优势与竞争优势

前面探讨的企业边界问题，是要选择与哪些企业进行交易；而这里将探讨的企业竞争力问题，则是要选择如何与相关企业进行交易，即交易的方式与原则问题。在经济社会当中，只要企业的边界没有囊括整个价值网络，那就存在企业与企业之间的商务市场行为。通俗地说，企业要与其他企业打交道。在新兴商务市场上，企业之间的关系不外乎竞争与合作两种，企业参与竞争与合作的动机也无外乎寻求当下及未来的获利能力，也就是要寻求并筑牢企业的核心竞争力。

由于商务市场的新兴变化，企业竞争与合作关系是在全球产业链构筑的价值网络当中进行的。虽然经济全球化和金融化，不断推进商务市场的无疆界进程，但是到目前为止，"地球也还不是平的"，区域的地理和资源禀赋、要素丰裕程度、政策与制度环境、城市精神气质与文化氛围，以及产业发展的历史路径尚有着较为显著的差别，这些差别对于企业在当下及可预见的未来发展中，还有着至关重要的影响。因此，为探究企业的竞争力，以及企业以此为目标的新兴商务市场行为，有必要介绍一对概念：比较优势与竞争优势。

比较优势（comparative advantage）的概念来自大卫·李嘉图（David Ricardo）。他在斯密绝对优势理论的基础上，提出比较优势的概念，以区域的历史禀赋为条件，论证国际贸易对交易双方而言可能带来的双赢结果。这一理论曾经一度成为促进自由贸易的理论武器，直到德国历史学派提出挑战。后续学者也对比较优势理论进行了更进一步的研究，指出了比较优势原则下的国际分工有可能以路径依赖限制后发国家的经济发展。但是，比较优势概念所关注的不同区域历史禀赋，依然是企业决策不可忽视的重要前提。竞争优势（competitive advantage）的概念来自迈克尔·波特（Michael E. Porter）。他跳出传统贸易理论认为优势源于历史禀赋的窠臼，提出未来的产业创新与升级能力是获取及维系优势的重要因素。他以经典钻石模型论及五种竞争力量和三种通用战略。竞争优势理论一样遭受来自理论界的批评与挑战。但是，竞争优势所提请我们关注的历史禀赋与未来竞争力之间的战略选择问题，无疑是企业决策应当深入思考的核心问题。更有趣的是，如果将这一对概念放在一起看，企业决策便是在一定的地理空间内，在一定的历史禀赋的基础上，选择将自身所能够调动的资源应用在何种战略方向上的问题。具体而言，拥有比较优势并不等于拥有竞争优势；发挥比较优势却是实现竞争优势的最佳途径。

企业竞争力的实现，需要对其比较优势与竞争优势进行精准研判，并合理布局。在具体战略执行上，其实质是要寻求并巩固企业在产业链、技术链和价值链上的优势地位，所以企业的竞争力又与其在产业链、技术链和价值链上的位置有着根本的关系。

一般而言，产业链包含从原材料到成品的所有环节，每个环节表现为存在上下游关系的不同产品形式或服务，由生产同质产品或服务的独立企业群构成。每个环节可能只有一种产品或服务，也可能是多种产品或服务。如果只有一种产品，则该环节即是一个细分领域；如果有多种产品，则该环节包含多个细分领域。总之，产业链由存在上下游关系（处于不同环节）或平行关系（处于同一环节）的多个细分领域构成。

技术链有两种定义：一是，各种技术本身存在承接关系，即一种技术的获得和使用必须以另一种技术的获得和使用为前提，因此相关技术之间形成了一种链接关系；二是，产品之间存在上下游的链接关系，因此物化于上下游产品中的各种技术，进而依据产品的链接关系形成了一种技术链。我们主要关注第二种定义的技术链。

价值链指的是产业创造的总体附加价值在产业链各个环节和环节内的细分领域的分布状况,总体价值的分散与分布随着产业内部的产品流动形成一条从原料到中间品再到最终产品的价值增值链。从现实观察,大多数产业链的价值纵向分布状况是非均衡的,大致可以分为三种典型类型:(1)价值集中于上游,典型例子是资源密集型产业,当资源的稀缺性极为显著时,拥有稀缺资源的上游企业如矿山、油田往往获得最多的价值分配;(2)价值集中于中游,典型例子是电子信息产业,由于中间品芯片的技术密集性和创新性,中间品生产商如英特尔的回报最为丰厚,而上游的原料供应商和下游的成品制造商,在价值分配上则相对处于不利地位;(3)价值集中于下游,其典型例子是机械设备产业,由于成品高度集成和精密设计的要求,成品制造商掌握核心技术和较高价值,零配件和原料品的附加价值相对较低(见图4.3)。

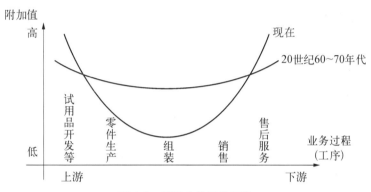

图4.3 微笑曲线及其变化

竞争力则主要取决于企业产业链、技术链和价值链上的综合地位。这里需要指出的是,产业链、技术链和价值链虽取链条的"链"字,但其结构形态绝不尽然是单线条的,而更多是网状结构的,"链"字更多指代不同结点之间的连接关系。另外,从更深层的意义是看,即便商务市场的现实关系是单链条式的,它依然存在着更多的可能性,因而存在着一张隐形的网络。这也是创新的题中之义,它能够带来链条结构的重组,一如人体血管和地表径流一样,总有着各种各样的可能性。本书第七章关于"商业模式分析"的探讨,会加深我们对于这一判断的认识。

综合可见,企业竞争力的获取,需要在比较优势的基础上构筑竞争优势,需要在历史禀赋和未来竞争力之间进行妥善的战略布局,并最终在产业链、技术链、价值链所编织的商务市场网络中获取并维持优势地位。前面分析的苹果公司和中粮集团固然是富有竞争力的,前者占据产业链的两端,后者则涵盖整条产业链。

案例4.1

ARM公司

成立于1990年的ARM公司(Advanced RISC Machines),总部位于英国剑桥,是一家专注于微处理器设计,并出售或转让其知识产权的企业。企业虽小,却位于产业链、技术链和价值链的顶端,从而攫取的知识利润可能大于价值网上的其他任何一家企业。作为一家不足30岁的年轻公司,ARM以其强大的技术优势,已经建立起以知识产权为核心的独特商业模式。ARM是微处理器标准的制定者,其设计的处理器是许多数码产品的核心。据统计,ARM在智能手机架构芯片、功能手机架构芯片、硬盘和固态驱动器市场中占有超过90%的全球市场份额;在数码相机、打印机、数字电视机顶盒、网关路由器、智能卡等领域也都占据相当重要的市场份额。ARM公司拥有一个创新的商业模式,向合作伙伴(如高通、博通、德州仪器等)授权微处理器设计方案(IP),合作伙伴在ARM的方案基础上,集成自己的技术并推出各式芯片,ARM获得授权费和版税。请注意,ARM既不设计芯片,也不生产芯片,它仅设计芯片的构架(或方案),因而属于最顶端的设计。

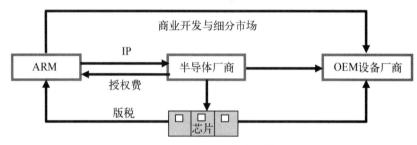

图 4.4　ARM 公司的商业模式

可见,ARM公司雄踞在产业链的最前端,成为数条重要的相关产业链的最上游企业。一方面,产业链前端的位置确保其高附加值;另一方面,跨越数条产业链的地位也赋予其相对稳定的优势,能够规避单一产业链的技术和模式冲击带来的风险。这与消费市场上企业的柔性生产策略相类似,它能够具有相对的灵活性,以规避一定的风险。

4.3　企业在商务市场上的扩张

4.3.1　企业的目标:利润最大化与成长最大化

据美国《财富》杂志报道,美国大约62%的企业寿命不超过5年。其中,中小企业平均寿命不到7年,一般的跨国公司的平均寿命为10—12年,世界500强企业的平均寿命为40—42年,1 000强的企业平均寿命为30年,只有2%的企业存活可超过50年。企业能够存活下来,已经不容易,能够做大做强并长盛不衰的更是寥寥无几。研究发现,世界上1 000家破产倒闭的大企业中,有850家(即85%)是因企业家的决策失误所造成的。影响企业家决策的因素很多,其中决策目标是一个首要的因素。

企业决策的唯一原则便是利润最大化,它以公式的形式表述为 MR=MC。这是我们耳熟能详的。今天我们将重新审视这一目标。因为,身边有太多的案例告诉我们,很多企业决策并不是按照 MR=MC 的原则进行的。远的如国美电器的强势崛起;近的如饿了么的急速扩张,以及网约车、共享单车品牌的商战角逐。无一不是将利润最大化原则抛诸脑后,转而拥抱成长最大化的快速扩张战略。

1987年元旦,第一家国美电器(GOME)正式挂牌,那只是一家不足100平方米的小门店。当时,在凭票供应的买方市场上,绝大多数商家采用"抬高售价、大量批发、以图厚利"的经营方式,国美却反其道而行之,以"坚持零售、薄利多销"的策略积极拓展市场。从那时开始,企业的经营策略已经背离了利润最大化的原则。1990年开始,国美电器先后甩掉其与消费者和生产商之间的中间商,占据了整个销售链条,并以直销的方式开始连锁经营扩张。2005年7月,国美在南京的门店开张,标志着其国内一级市场网络布局全面完成。随后,依托资本市场,国美又开启并购扩张之路。

饿了么在2008年刚成立时,仅仅是在上海交大附近做外卖服务,合作商家也只有30几家。截至2017年6月,饿了么已覆盖全国2 000个城市,加盟餐厅130万家,用户量达2.6亿。2018年,饿了么以600亿元的价格被阿里全资收购。创业短短10年,饿了么一直处于急速扩张之中。在商务市场上,谈及饿了么,只有企业估值不断膨胀,似乎谁也不关心盈利问题。网约车市场与此类似。

2012年,滴滴打车与快的打车分别于北京和杭州成立并推行上线。随后,多家手机打车软件相继上线,并针对出租车进行补贴,以吸引用户,改变出行习惯。2014年年初,滴滴和快的展开烧钱大战。截至同年6月,中国打车App累计账户规模达1.3亿,其中快的打车53.57%,滴滴打车45.56%,其他打车软件0.87%。2015—2016年,滴滴先后收购快的和优步,仿佛市场格局已定。然而,2018年原本硝烟散尽的网约车市场大战又因为美团的强势进入而重新变得如火如荼。试图抢占市场的美团如法炮制滴滴大额补贴市场的招数,一副不怕烧钱招架的样子。试问,这些企业的决策,为什么完全不考虑利润最大化?如果用西方经济学市场论的工具来分析,恐怕产品价格已经远远低于亏损点,甚至低于停止营业点。

通过上述的案例,我们发现企业的决策目标不同,对企业成长的影响是不一样的。如果决策的目标是企业成长速度最大化,企业就可能会在短期内到市场上融资,大量并购其他企业,如果企业决策的目标是利润最大化,它就可能按照产品的边际成本等于边际收益(MR=MC)做决策。

一般而言,追求利润最大化的企业比追求市场占有率或成长速度最大化的企业有更强的持续成长能力。因为理论上看,以市场占有率最大化为目标的企业,决策上容易引发价格战;追求成长速度最大化的企业,在决策上容易盲目扩张。这些决策都会损害企业的长期获利能力,从而提高企业破产或被其他企业兼并收购的风险。然而,追求利润最大化的企业,这种风险要小得多。但是,商务市场的实践还表明,一个不着眼未来,仅仅追求眼前利润最大化的企业,在市场上是没有持续成长能力的。因为,企业每年的成本、收益和利润往往并不相互独立,而是相互影响的。企业追求当年短期利润最大化的行为可能增加未来的成本,减少未来的利润;相反,企业牺牲当年短期利润的行为也可能增强未来的获利能力。因此,企业的持续成长要求企业以长期利润最大化为决策目标。

4.3.2 扩张的动机:规模经济与范围经济

前面我们探讨了企业决策的目标:利润最大化与成长最大化。事实上,这两个目标并不是冲突的,成长最大化要为企业的长期利润最大化服务。接下来的一个问题是:企业的扩张何以能够实现企业长期利润的最大化？

首先，我们需要引入规模经济的概念。规模经济的概念可以追溯到英国经济学家阿尔弗雷德·马歇尔（Alfred Marshall）。他在《经济学原理》一书中指出，大工厂规模生产的优势主要表现在专门机械的使用与改良、采购与销售、专门技术和企业经营管理等工作的进一步划分上。他认为大规模生产的主要利益，是技术的经济、机械的经济和原料的经济，但与前两项相比，最后一项正在迅速失去重要性。换言之，经济规模主要是生产规模，核心内容是技术、设备的经济规模。基于企业层面，马歇尔把规模经济归结为两类，即内在经济和外在经济。他还认为："我们可把任何一种货物的生产规模之扩大而发生的经济分为两类：第一类是有赖于这工业的一般发达的经济；第二是有赖于从事这个工业的个别企业的资源、组织和经营效率的经济。我们可称前者为外在经济，后者为内在经济。"马歇尔在后续的研究中还涉及企业的空间集聚问题，他发现"一些专业化生产的工业总是集中在某一局部空间上"，并称之为"地方性工业"。

综上，在马歇尔的概念里，内在经济涉及企业技术要素的价值倍增问题；而外在经济涉及商务市场的交易价值问题。商务市场的新兴变化赋予了这两个问题以新的内涵，并且延展了规模经济的范畴。下面，我们分别来讨论一下这两个问题。

第一个，是技术要素的价值倍增问题。在马歇尔的时代，工业革命刚刚发端，技术革新的优越性正逐渐显示出其威力。企业对于技术创新的应用能够极大地改进生产效率。对于已经掌握新技术的新兴企业而言，其规模扩张可以将技术优势的效能进一步扩大。所以，在这个意义上而言，规模经济远不止"产量增速快于要素增速"这一简单的内涵。在新的时代，技术创新的频率更快，基础性技术革新的影响也更大。互联网与电子商务崛起，人工智能、区块链、云计算、大数据逐步应用到商务活动当中，5G商用推动了物联网的进一步升级，每一项技术的叠加都足以成为企业颠覆行业的竞争优势。一旦企业占得先机，快速的规模扩张无疑是最优的选择。前面从国美电器到饿了么和滴滴打车的扩张，都是看中了新的技术手段与模式创新叠加对传统行业的颠覆，未来的估值（也就是企业盈利能力的贴现）是如此之高，以至于企业宁愿赌上全部身家，并积极寻求资本市场的帮助，以急速扩张。

第二个，是商务市场的交易价值问题。马歇尔所说的企业空间集聚带来的规模经济问题，绝不仅仅是区域经济学的范畴，它对于企业而言具有同等的重要性。交通和通信技术的发展，互联网的普及让地球变得更小，像过去的村庄一样，更有经济学家宣告了距离的消失（the death of distance）和疆界的瓦解。企业之间更加密切的交往，可以不再过度依赖于空间的或地理的邻近性。因此，就这个意义而言，企业更加密切地参与全球商务市场交易，可以获得相应的规模经济。

其次，我们还需要引入范围经济的概念。范围经济概念的提出要晚近得多，首见于20世纪80年代初。它是指企业由于联合生产而带来的成本节约现象，在相同的投入下，由一个企业生产多种关联产品，比多个企业分别生产其中一种产品的总产出水平要高，或者说单位产品的长期平均成本要低。

范围经济首先来源于分享的投入或者分享的准公共投入，即一种投入用于生产一种产品的同时对其他产品的生产也有帮助。它表现为管理成本的节约。从短期看，纵向一体化选择的企业可以取得财务上的范围经济，还可以实现低成本扩张，以较低价格获得某些关键的生产要素，或增强企业在证券市场上的融资能力等。从长期看，纵向一体化选择的企业可以获得生产范围经济,如提高人员和设备的利用率,通过分摊间接费用和批量采购原材料等降低生产成本,可以获得销售范围经济,通过各个业务部门共享仓库、广告和商誉等,降低流通费用,还可以获得投资范围经济、管理范围经济等。

除此之外,范围经济还能够反映出协同的实质,即通过不同业务之间的协调管理,企业以更低的成本、更快的速度发挥已有的资源优势,并建立起新的竞争优势。因此,企业多元化经营的策略,可以构筑一定的经济优势,即可以进入很多细分市场,有效化解企业的经营风险。对此,奥列佛·哈特(Oliver Hart)有开创性的研究。哈特的主要贡献在于将资产专用性与产权配置效率内在地联系起来,从而揭示了一体化规模经济的形成机理。哈特从资产专用性出发,提出了关系专用性资产的概念,并提出了关于专用性资产的产权配置原则,这些原则被称为哈特定理:当不同企业的不同业务所涉及的专用性资产之间存在着高度互补关系时,企业的兼并(即一体化过程)就成为产权配置效率的客观要求。企业兼并导致单个企业组织的规模扩张,带来了一种特殊的规模经济形态,即一体化规模经济(或称范围经济)。范围经济既实现了产权配置效率,也体现于交易费用的节省,因而是一种新的规模经济形态,也可视为对企业规模扩张的一种新的理论解释。

综合来看,规模经济是企业扩张的一个关键动机。它可以解释新兴企业为什么急速扩张以抢占市场份额,也能够解释为什么企业不断调整和拓展与其他企业的商务市场交易。前者如网约车大战,后者如苹果公司供应商的动态更新。范围经济是企业扩张的另一个关键动机。它可以解释企业在价值网上的扩张过程,即将更多的节点、链条和网络部分纳入企业之中,进行多元化或相关多元化发展的过程。中粮集团的全产业链战略即是基于范围经济的企业扩张行为。

4.3.3 扩张的动力:内增、外借与并购

企业的扩张表现为规模的扩大或边界的拓展,动机在于规模经济与范围经济所导致的企业生产成本节约、技术价值倍增、交易价值获取。成功的企业扩张需要选择合适的增长路径和扩张动力,这是接下来我们要探讨的内容。

产业周期不断演进,使得企业通过提高规模效应优胜劣汰,整合行业。同时,技术创新和融资环境的发展会不断降低进入门槛,使得创业者可以直接挑战传统大企业。愈演愈烈的市场竞争从单个产品扩散到平台,进而到整个生态系统,在催生诸如电商等新兴行业的同时,也使传统行业重新焕发生机。身处不断升级的全球化大潮,中国企业也从代工和合资的过程中学习成长,在产业链中占据更有利的位置,甚至迈开了海外并购的步伐,与跨国企业同台竞争。由于历史包袱或者生存压力,很多企业在内部研发的投入、方向和产出方面往往追求短期效应,视野不够长远。能够做到像华为一样,长期坚持自主研发,积极布局未来的企业寥寥可数。随着国家对知识产权的保护逐渐增强,制度环境不断优化,契约或与合作者联盟的战略选择变得更加可行。特别是在平台战略日趋重要的今天,单个企业很难通过内增或并购来控制所有的软件应用或者物流设施。采取"自建团队+外包"的混合模式,在成本、效率、服务价值方面找到平衡,往往是更有效的路径。

增长路径的选择是企业发展到一定阶段后难以回避的战略问题,是横亘在每一个期望做大做强的企业经营者面前的一道挑战性难题。决定如何获取企业扩张所需的资源,乍一看非常直接,但是很少有公司意识到,在即使很有限的选项中,做出明智的选择是何

其困难,何其重要。因此,公司常常未经过多考虑,仅靠过往相似的经验以及偏好,习惯性地做出选择。

企业实现增长不外乎有三种路径:自源式、借力式和并购式增长。这三种增长路径随处可见,只是由于市场中的中小企业占绝对多数,因此自源式发展更为常见。而且,企业在选择增长路径时,往往呈现出较强的路径依赖特征,即企业以前积累有某方面的增长经验,下一步最可能遵循旧习、重复选择,很多企业也因此习惯于自源式增长。例如,表现最明显的是大多数高新技术企业最偏好自主研发的自源式增长,较少考虑与人合作或对外并购。

自源主要指企业通过自主研发,实现内部技术创新,以达到更新技术、培育新兴产业,从而开拓新市场、实现企业增长的目标。自源式发展较多存在于创业初期或专业化企业,而且大多数企业在选择增长路径时,会习惯性地选择自源式增长。自源式增长的优点是管理容易、过程可控性强、投入资金相对较小,且可以强化自身技能及员工忠诚度;缺点是投入周期较长、时间成本大、研发存在失败风险、结果难控,尤其在培育新兴产业、研发新兴技术时,技术成果实现产业化,市场风险较大。此外,从企业层面看,一个企业能力有限,不可能靠自身力量创造出所有的技术和产品,企业在掌握核心资源和优势的情况下,通过外包协作往往是最有效的选择。但是,从国家层面看,先进、高端技术尤其关系国家安全的技术很难通过其他方式得到,因此企业作为国家间竞争的载体,必须走自主研发之路。故而,企业也可以借助国家的政策支持和优惠条件,开展自主研发活动。

借力主要指通过与市场其他企业建立契约或联盟关系,实现优势互补、联合经营,借力式发展较多存在于企业急需进入一个陌生的行业,优势资源又较明显的情况。外资进入中国市场时,使用最多的是这种增长路径,且效果都较不错。借力式增长的优点是扬人之长、补己之短,快速提供产品占领市场;缺点是利益分配纠纷、行为约束、过于依赖合作伙伴、控制权旁落而成为人家附庸,而且难以学到合作方的核心技术、自我成长缓慢,甚至易落入合作陷阱。因此,借力的关键在于利用外部资源的同时,保护自己资源(知识产权等)和获取成长能力,在借力时需要自身有突出和独特的优势;应谨防合作陷阱,扼杀自主研发的努力,挫伤自主创新的激情。在分工越精细、技术更新越快速的时代,若能经历市场残酷的竞争而逐步壮大,借力似乎成为必然。目前我国科技成果转化率较低,不善借助外力恰是主要原因之一。

并购主要指兼并收购活动,并购一般被认为是能最快实现企业规模扩张、进入新领域的增长方式。并购式发展较多存在于期望快速壮大、转型、进入新市场的企业。诺贝尔经济学奖得主施蒂格勒曾说过:"所有美国的大企业都是通过某种程度、某种方式的并购成长起来的,几乎没有一家大企业是靠内部扩张成长起来的。"并购的优点是方式灵活、选择面较广、见效快和可控性强,也可克服企业自身惰性实现市场份额快速增长,进而战胜对手、巩固竞争优势和市场地位;缺点是并购过程烦琐复杂、影响因素相对较多、整合难度大。在全球经济低迷时期,由于多数企业被低估而面临生存压力,故而以并购作为增长路径显得尤为常见。

企业选择增长路径时,并非非此即彼的排他性选择,过度依赖某种路径都会产生负面效应,正如劳伦斯·凯普伦(Laurence Capron)指出:过度依赖收购,会引致企业流失重要的内部资源,打击内部团队的士气,影响内部团结;过分强调内部增长,可能使企业的发展变得迟缓;过多地依赖联盟,会使企业容易受到合作伙伴行为的影响,也容易出现利益冲突。在企业成长过程中,路径选择既不应当囿于历史发展习惯,形成路径依赖,从而致使企业坐失良机;也不应当过分的武断和乐观,以至于未经认真分析所处的情境和相关因素就草率行动,致使企业陷入危机。企业在进行与扩张动力和路径选择相关的决策时,应当懂得妥当地在内增、外借和并购这三种策略中间做好平衡。避免单一地依赖某一种策略,而要成长为对三种模式都能够掌控自如的多面手,逐渐积累企业的决断力,以准确判断何时、采取何种路径是安全可行的,才最有可能带来成功。

4.4 企业在商务市场上的发展

4.4.1 技术创新:研发与外购

企业在商务市场上的成长具有两个方面的内涵:一是量的扩张,二是质的发展。前者涉及企业边界的扩张,后者涉及企业技术与模式的创新。本节将重点关注企业在技术市场上的交易选择,以及模式创新对新兴技术的倍增作用。

技术引进、自主创新,是实现企业技术进步的两个重要途径。企业技术决策依据主要有两个方面:一是根据市场和利润情况,进行技术选择;二是根据企业自身的技术能力,进行技术决策。企业技术能力,是企业技术决策的决定性因素,将企业的技术能力与技术进步路径相匹配,是企业技术创新成功的关键。企业技术决策是一个动态的过程,这一过程受到企业实力以及其他多种因素的影响。企业拥有技术能力的不同,会影响技术决策,企业应在充分分析自身技术能力和应用技术类型的前提下,选择与企业技术能力相匹配的技术进步路径。

关于企业在技术市场上的策略,是选择技术引进,还是选择自主创新。有必要对探索式创新与利用式创新进行区分。熊彼特指出,企业适应外界环境的过程,就是探索新的可能性与利用好现有确定性。基于熊彼特的创新思想,有学者提出,探索式创新是一种激进的创新行为,主要是寻求新的机会和可能性;而利用式创新,则是一种渐进的创新行为,主要是改进已有技术、设备或管理等。探索式创新与利用式创新,两者之间存在明显差异(见表4.1)。

表4.1 探索式创新与利用式创新的对比分析

项 目	探索式创新	利用式创新
定义	寻求新的机会和可能性	利用和改进已有的技术、设备或管理
具体内容	设计出新的产品、获得新的销售途径、开辟新的市场、挖掘新的消费需求等	改进已有的产品、拓展现有的知识和技能、扩充和丰富现有的产品线、改善现有销售渠道的使用效率、完善现有客户服务等
创新幅度和范围	激进式创新、幅度较大	渐进式创新、幅度较小
目标靶向	新兴的市场和技术	稳定的市场和技术
路径轨迹	路径突破、发散的、不连续的	路径依赖、线性的、连续的
结构系统	有机的结构、松散的耦合系统	机械的结构、紧密的耦合系统

续表

项　目	探索式创新	利用式创新
组织能力表现	动态能力	静态能力
技术风险和周期时间	技术难度较大,创新的结果不确定,技术风险高;周期较长	技术难度较低,创新的前景比较明朗,技术风险低;周期较短
收益回报	着眼于未来,增强企业长期的竞争力,获得未来的收益,投资收益具有滞后性和不稳定性	关注于当前,提高企业短期的生产效率,获得当前的收益,投资收益比较稳定
资源要素的投入	资源投入较多,成本较高,需要人力资本和无形资产的配合,沉落成本较高	资源投入较少,成本较低,需要固定资产的支持,沉落成本较低

可以看出,探索式创新与利用式创新是从不同方面改善企业业绩,在资源有限的情况下,矛盾冲突会更加明显。如果企业处理不好两者之间的矛盾关系,会导致企业陷入加速探索式创新或者加速利用式创新的陷阱中。企业为了更好地适应当前环境,会滋长结构惰性,并降低企业对未来环境变化和新机会的适应能力(其中,结构惰性是指由于路径依赖,企业很难从一个路径转换到另一个路径。企业通过学习和适应环境,其行为模式向高效率方向发展,但是其柔性会同时下降,所以惰性增强)。组织行为自我强化的特性,使企业即使面对环境巨变依然专注于维持现状,并扩大既有能力,其结果是原本的核心能力变为了核心僵化。

过于关注利用式创新,则会导致组织短视,从而丧失未来的竞争能力。仅仅进行利用式创新的组织一般都会变得过时。但是,尝试新机会则可能减缓企业改进和修正现有能力的速度。熊彼特认为,基于动态角度,企业竞争优势是不可持续的,外部环境变化会对原有竞争优势造成冲击,企业原有竞争优势的来源将会被新的来源所取代。没有一家企业可以建立持久竞争优势,因为企业今天的优势很可能快速转变为明天的劣势。因此,企业需要适时进行探索式创新。

如果企业过于推行探索式创新,其对组织的损害同样巨大。事实上,企业创新的一个不利之处在于,有时难以创造一个有效的消费市场。许多无法在市场获得成功的公司,主要原因可部分追溯到它们倾向于不断地进行探索式创新,而没有配置足够资源去做好利用式创新。组织行为存在着一定的惯性,组织的自我强化会使探索行为引发更多的探索行为,而利用活动导致更多的利用活动。对于企业的生存和繁荣而言,如何适当地维持和平衡探索式创新和利用式创新,是企业的一项关键的任务。

综上所述,在理论上,自主研发和技术引进之间存在协同效应和平衡效应,同时进行自主研发和技术引进能为企业创造卓越绩效,两者需要平衡发展,不能顾此失彼。

在选择引进技术,还是自主研发的问题上,最根本的是寻找企业的最优技术进步决策,即企业在引进技术和自主研发上的最优投入问题,以及分析哪些因素能够使厂商的这一最优决策产生变化。企业需要决定是否进行技术引进,并决定其最优的自主研发投入水平。自主研发使得厂商可以参与市场中的专利竞争,一旦厂商最先完成对某项潜在技术的研发,那么它就在市场中获得领导者地位。由于技术研发存在风险,因而厂商从事自主研发的净收益以期望值的形式体现,而厂商成功实现技术研发的概率取决于厂商的初始研发能力(如知识储备和研究经验等)和厂商在研发活动上的投入水平。由于自主研发不一定会成功,因而引进技术对厂商而言具有了帮助厂商获取稳定市场份额的作用。如果厂商自主研发失败,那么引进技术使得厂商至少还拥有与其对手竞争的后备技术选择,仍然能够获取一定的市场利润。

由于厂商可以采取事后利润分成的形式来引进技术,因而从最优决策的预算约束角度而言,引进技术和自主研发投入之间是否存在替代关系,取决于分析的角度以及厂商所面临的特殊条件。从静态角度而言,厂商的确需要决定是否引进技术,因为如果自主研发成功的把握较高,那么引进技术对于厂商而言就可能是多余的。但是,一旦厂商认为引进技术能够帮助其在最优研发活动失败时仍能占据一定的市场份额,并带来正的利润增量,那么它就会选择引入技术。而且,厂商可以通过签订一个事后利润分成合约,相当于合资,而使这一决策不会影响当期厂商在研发上的最优投入;如果不存在自主研发的固定成本,且研发初始投入状态下,厂商研发的边际收益超过相应的研发投入的边际成本,厂商就会从事自主研发,而不论厂商是否引进了技术。此时,对厂商技术进步问题的分析就直接转化为技术引进背景下厂商的最优研发投入及其影响因素。

在厂商可以通过引进技术实现技术进步的情况下,在技术研发竞争中失败,并不意味着厂商要失去所有的市场份额,厂商可以通过技术引进来提升自身生产的技术条件,并在市场竞争中争取一定的份额。

从动态的角度看,厂商某一期的市场净利润,在做了适当分配和留存之后便成为其在下一期进行自主研发的主要资金来源,因此引进技术所带来的与技术所有者利润分成,便可能对厂商的自主研发产生影响。这取决于厂商留存利润的多少,如果利润分成使得厂商的留存利润不足以支持企业进行自主研发,那么这意味着引进技术造成了自主研发的硬的预算约束:因引进技术而引致的利润分成越多(对技术所有者的支付),那么厂商自主研发所能取得的最优水平就越小。此时,引进技术对自助研发形成了替代,而这种替代是跨期的。

由于上述学习效应的存在(即企业可以通过引进技术而实现技术进步),企业技术进步,存在三种不同的模式:(1)始终选择引进技术;(2)初始阶段只是选择引进技术,之后逐渐开始从事自主研发;(3)始终从事自主研发。在这几种模式中,学习效应的作用在于,如果其使得厂商通过引进技术能够获得消化吸收新知识、新技术,并进而使厂商的自主研发能力的提升速度超过技术折旧的速度,那么厂商的自主研发能力就能逐步提高,并进而可能改变厂商技术进步的模式。

4.4.2 模式创新:企业价值的倍增器

企业要想长期保持竞争优势,必须依靠不断创新。技术创新与商业模式创新,是企业创新发展的两个制胜法宝,两者协同更可以有事半功倍的效果。其中,商业模式创新可谓是企业价值的倍增器,好的商业模式足以成倍地放大企业广义生产要素的产能和价值。

商业模式创新是新时代经济发展的新动能。最新修改的《专利审查指南》(第二部分第一章第4.2节)指出:"涉及商业模式的权利要求,如果既包含商业规则和方法的内容,又包含技术特征,则不应当……排除其获得专利权的可能性。"修改前的《专利审查指南》规定,商业实施等方面的管理方法及制度作为智力活动的规则和方法,属于不授予专利权的客体。随着互联网技术的发展,涉及金融、保险、证券、租赁、拍卖、投资、营销、广告、经营管理等领域的商业模式创新不断涌现,这些新商业模式市场运行效果好、用户体验佳,提升了资源配置和要素流动的效率,节约了社会成本,增进了社会福利,因此,应当对此类商业模式创新中的技术方案给予积极鼓励和恰当保护,不能仅仅因为技术方案包含商业规则和方法,就不授予专利权。这意味着2017年4月1日之后商业模式也可以申请专利(虽然仍然需要包括技术特征)。

对于企业来说,技术创新是将科学技术研究转化为生产力,从而向消费市场提供更有竞争力的产品;而商业模式创新,更多的是考虑技术蕴含的经济价值及经济可行性,强调以客户需求为中心,整合创新高层次的资源、制度和模式等,为客户和自身创造价值。从技术创新角度来看,尽管利润来自技术创新,但技术创新本身并不能自动保证商业成功或经济成功,需要商业模式创新去统筹价值主张与目标市场,整合资源与战略,安排生产系统与价值链,用以实现技术创新价值,并产生可持续性盈利收入。

好的商业模式可以成倍地放大企业广义生产要素的产能和价值,但商业模式创新本身也并不足以保证企业能创造更大的价值,也不足以保证企业获取竞争优势。从生产角度看,影响企业生产能力的因变量,无外乎四个层面的因素:要素层面、技术层面、组织层面和文化层面。就要素层面而言,企业拥有的要素数量和质量,即企业的人力资本和资金资本水平,与企业的地理位置和商务市场结构一起,构成企业的基本禀赋;就技术层面而言,企业的生产工艺和技术水平,可以有效提升企业的全要素生产率,有效的技术创新更是能够让企业既有生产要素的产能跃上一个新的台阶;就组织层面而言,企业卓越的商业模式安排,可以充分发挥企业优势,使其广义生产要素获得更大的价值创造能力和价值获取能力;在文化层面,企业良好的制度文化与精神氛围能够充分激发内部利益相关者的能动性,催生更多、更有效的技术创新和商业模式创新,以不断推进企业的成长与发展。如果构筑一个涵盖这四个层面的企业生产函数,四类因素之间至少是相乘的关系,每一个层面的要素都能够对其底层要素的价值创造能力具有倍增作用。

企业价值创造能力＝要素禀赋×技术水平×商业模式×企业文化

因此,企业在进行技术创新的同时要充分重视商业模式创新。要根据商务市场环境的变化和技术创新的演进,不断调整商业模式。具体而言,企业的商业模式创新需要对企业进行解构,破除企业边界所构筑的思维定式,重新审查商务市场价值网络上的节点、链条和网状关系,并以哲学"悬置"和"我思"的方法对抗习惯和成见,根据技术和环境变迁所塑造的新的经济环境,充分观照所有利益相关者的诉求,了解全部主体的动机与行为,不断重构企业的商业模式。商业模式重构的具体操作方法,我们将在本书第七章加以介绍。

思考题

1. 在商务市场上,围绕商品生产与交换活动所发生的企业与企业之间的经济关系,至少包括哪六个方面的问题?

2. 技术变化与经济全球化、金融化叠加在一起,共同拓展着商务市场的范围,影响着商务市场的规律和形态。商务市场的新兴变化主要表现在哪三个方面?

3. 请以苹果公司和中粮集团为例,比较专而精与大而全两种企业边界设定模式的优劣与实用场景。

4. 请以 ARM 公司为例，说明企业竞争力与其在技术链、产业链、价值链上的位势和权力之间的关系。

5. 在马歇尔的概念里，内在经济涉及企业技术要素的价值倍增问题，外在经济涉及商务市场的交易价值问题。商务市场的新兴变化赋予了这两个问题以新的内涵，并且延展了规模经济的范畴。请分别对这两个问题进行阐述。

6. 企业实现增长不外乎有三种路径：自源式、借力式和并购式增长。请阐述这三种路径的概念及其优劣，以及企业在路径选择时的最优策略。

7. 请简要说明企业技术进步决策过程中，自主研发和技术引进之间存在的协同效应和平衡效应，以及企业的最优策略选择。

8. 请阐述为什么商业模式是企业价值的倍增器。

参考文献

[1]〔美〕吉恩·卡拉汉：《真实的人的经济学——对奥地利学派的一个介绍》，梁豪、牛海译，上海译文出版社，2013年。

[2] 高鸿业：《西方经济学(第七版)》，中国人民大学出版社，2018年。

[3]〔美〕刘易斯·芒福德：《城市发展史：起源、演变与前景》，陈恒编，宋俊岭、宋一然译，上海三联书店，2018年。

[4] Coase R. H. The Nature of the Firm[J]. *Economica*, 1937, 4(16): 386-405.

[5] 李韬："不要盲从'全产业链'战略"，《企业管理》，2013年第8期。

[6] 姜晔、黎倩、金泰成："国际4大粮商发展经验探讨及对中国的启示"，《世界农业》，2013年第2期。

[7]〔美〕大卫·波维特：《价值网：打破供应链 挖掘隐利润》，仲伟俊译，人民邮电出版社，2001年。

[8]〔英〕大卫·李嘉图：《政治经济学及赋税原理》，郭大力、王亚南译，译林出版社，2014年。

[9]〔美〕迈克尔·波特：《竞争优势》，陈丽芳译，中信出版社，2014年。

[10] 纪云涛：《基于"三链一力"的产业选择和升级研究》，复旦大学博士学位论文，2006年。

[11] 陶金、罗守贵："基于不同区域层级的文化产业集聚研究"，《地理研究》，2019年第9期。

[12] 徐细雄、刘星："创始人权威、控制权配置与家族企业治理转型——基于国美电器'控制权之争'的案例研究"，《中国工业经济》，2012年第2期。

[13] 张姗、卢素艳："互联网企业并购整合的风险与防范——以滴滴打车和快的打车合并为例"，《企业管理》，2017年第4期。

[14]〔英〕马歇尔：《经济学原理》，陈良璧译，商务印书馆，1965年。

[15]〔美〕洛威尔·布赖恩、黛安娜·法雷尔：《无疆界市场》，汪仲译，上海人民出版

社,1999年。

[16] Hart O., Moore J. Property Rights and the Nature of the Firm[J]. *Journal of Political Economy*, 1990, 98(6): 1119-1158.

[17] 〔法〕凯普伦、〔加〕米切尔:《企业成长的动力:内增、外借还是并购》,李茶、刘星等译,机械工业出版社,2014年。

[18] 〔美〕约瑟夫·熊彼特:《经济发展理论》,何畏、易家详译,商务印书馆,1990年。

[19] 代明、殷仪金、戴谢尔:"创新理论:1912—2012——纪念熊彼特《经济发展理论》首版100周年",《经济学动态》,2012年第4期。

[20] 徐欣:"企业自主研发与技术引进的协同—平衡效应——基于中国上市公司的实证分析",《经济管理》,2013年第7期。

[21] 贾振勇、魏炜:《商业模式的专利保护:原理与实践》,机械工业出版社,2018年。

[22] 魏炜、朱武祥、林桂平:《商业模式的经济解释》,机械工业出版社,2012年。

第五章
新商业业态下的需求管理和客户分析

当前,商业业态正在发生着深刻变革,呈现出复杂多变的情况,新的商业业态不断涌现,尤其是基于互联网的新兴业态发展迅猛。在这种大背景下,一家企业想要获得成功,除了需要清楚顾客可能对价格或竞争者的价格变化做出怎样的反应以外,还需要预测产品的需求并迅速适应顾客需求的变化。企业对市场越了解,越能够合理规划产出,满足消费者需求,也越能选择最优价格、产品设计和营销活动等。因此,本章我们重点对企业的需求进行分析,包括市场估计以及需求预测。同时,我们也将在消费者行为分析的基础上,介绍客户关系管理以及网络营销管理的内容。

5.1 需求和企业

5.1.1 需求分析及其新发展

一、传统的需求分析理论

在传统的经济学理论中,需求被定义为人们在某一特定的时期内在各种可能的价格下愿意并且能够购买某个具体商品的数量。这里,需求指的是企业所面临的市场需求,是所有个体对企业产品的需求曲线(横向的)的叠加。尽管企业需求是市场总需求的一部分,但它却不同于市场需求。给定市场总需求曲线,企业需求曲线的位置和形状会因市场结构的不同而不同。

当我们研究需求的时候,同时也会关注需求价格弹性的概念。弹性原为物理学概念,马歇尔将其引入到经济学领域。需求价格弹性用来衡量某商品需求量对影响需求的价格因素变化所作出的反应程度。如果某种物品有很多十分类似的替代品,那么它就可能有一个富有弹性的需求,同时它的边际效用会随着消费量的增加而缓慢递减。原因是这种物品消费量的增加会伴随着其替代品消费量的减少。由于这种产品和其他的替代品的总消费量只有微小的增长,那么其边际效用也只会很缓慢地下降。

例如,一种特定品牌的牛奶,其需求可能有相当高的价格弹性,因为存在其他牌子的替代品。如果伊利牛奶降价(假设其他牌子的价格保持不变),那么伊利牛奶的消费量会大幅度增加。伊利牛奶的边际效用会缓慢下降,因为人们对其他牌子的消费量减少了。牛奶的总消费量可能仅会有微小的增加,因此牛奶的边际效用只会轻度地下降。

需求曲线也会发生平移。例如,黄油价格的上涨是如何影响人造黄油的边际效用(即需求量)的? 黄油的价格涨得越高会造成其消费量越少。由于人们黄油用的少了,人们对人造黄油的消费量就高了,从而使得人造黄油的边际效用增加,人造黄油的MU曲线(需求曲线)

会向右平移。

在完全竞争市场环境中,虽然市场总需求曲线呈向下倾斜,但是单个企业所面对的需求曲线仍是水平的。单个企业可以按照这个市场价格销售其任意想要销售的数量,但是这个数量对于整个市场的影响来说是微不足道的——单个企业是某一价格的接受者。单个企业无法通过增加产量来迫使价格下降,因为相对于整个市场来说,它所增加的产出在数量上是极微不足道的。如果一个农民将其送往市场的小麦数量加倍,这个增加的数量由于太微不足道,因此是不可能影响全世界小麦价格的。

然而,在实践中,大多数企业不是价格接受者,他们在选择价格时有一些自己的判断。这种企业面对的是一条向下倾斜的需求曲线。当提高价格时,销售量就会少一些;当把价格降低时,销售量就会多一些。然而,企业想知道的不只是销售量的变化情况;他们更想知道的是需求量的变化程度。换句话说,他们想知道的是"他们产品的需求价格弹性"。

一般来讲,需求价格弹性越低,对企业越有利,因为这样会使企业在价格上具有更大的话语权和控制力。事实上,如果企业产品的需求价格弹性小于1,那么尽管提升产品的价格会造成产品的销售量下降,但是却能使企业的销售收入增加。很明显,努力降低企业产品的需求价格弹性是符合企业利益的。企业一般会通过将自己的产品与竞争对手的产品进行差异化的方式来达到这个目的。如果企业能生产一种让消费者觉得没有类似的代替品的产品,那么相对来说,需求就缺乏弹性。这能否成功,部分取决于一种产品的设计和生产,部分取决于有效的市场营销和广告宣传。

需求价格弹性是企业了解需求的重要信息,但是却不容易进行估计。企业通常希望保持价格稳定,通过改变价格来分析需求的变化并计算需求价格弹性是不可取的。同时,一旦改变价格,竞争对手可能会认为你在试图发动价格战。另一种选择是通过模拟实验的方式,把假设的价格告诉消费者,询问他们会买多少。但这可能会导致糟糕的数据,因为这种情况是不现实的。

二、需求新发展

信息化时代和网络经济环境下,消费者需求呈现出一些新的特点:(1)从规模上看,信息消费群体不断增大;(2)从信息内容来看,信息消费变得日益丰富;(3)从信息载体上来看,主流信息载体呈现多元化的趋势;(4)不同收入水平的居民信息消费倾向差距显著。互联网时代,可以发现它延续后工业时代的趋势,与工业时代的经济模式、文化心理渐行渐远。其根本差别在于个性化需求取代共性需求,多样化取代标准化,供给方规模经济让位于需求方规模经济。产生这一现象的技术原因在于信息产品是非物质性生产,可变成本很低,这就为生产者

2017年中国互联网用户与市场重要数据

用户	市场
网民 7.72亿	第三方互联网支付 143.26万亿元
即时通讯 7.20亿	电子商务 29.16万亿元
搜索服务 6.40亿	网络零售 7.18万亿元
网络视频 5.79亿	网络广告 3 828.7亿元
网络音乐 5.48亿	
网络购物 5.33亿	网络游戏 2 354.9亿元

图5.1 2017年互联网用户与市场

资料来源:《中国互联网发展报告2018》。

提供个性化产品创造了条件,导致在信息时代的主要竞争手段就是以差异化的个性化产品来最大限度地获取利益。

> **阅读 5.1**
>
> ### 中国的消费率
>
> 根据官方统计数据,中国的消费率(等于居民和政府部门的消费占支出法 GDP 的比重)仅略高于 50%。在全球金融危机后的 2008—2011 年,消费率还持续低于 50%。2017 年,中国按照支出法计算的最终消费率为 53.6%。相比之下,在全球范围内,消费率平均为 80%,美国则高达 88%,欧盟也超过了 80%,即使是日本、韩国等东亚文化圈国家在高速增长的时候,消费率也远远超过 60%,新兴经济体的消费率也几乎没有低于 60% 的。如此来看,中国的消费率不仅远远低于发达国家,还明显低于大多数发展中国家。
>
> 按照这种对比,中国的消费似乎是严重不足的,进而导致了中国经济结构失调。但是,在一些学者看来,由于居住消费的低估等原因,中国真实的消费率存在低估的现象,大约被低估了约 10 个百分点。另外,消费对经济增长的贡献率以及第三产业增长对 GDP 增长的贡献率都超过了 60%。
>
> 进入新时代,中国坚持以新发展理念为指导,牢牢把握高质量发展这一根本要求,以供给侧结构性改革为主线,不断创新完善宏观调控,取得了宝贵经验,形成了政府和市场结合、短期和中长期结合、总量和结构结合、国内和国际统筹、改革和发展协调的完备的宏观调控体系。中国的经济结构在优化,发展方式在转变,质量效益在提升,稳中向好态势更趋明显。事实证明,中国经济平稳健康可持续发展具备充足支撑条件,尽管存在外部环境风险因素,但稳中向好、长期向好是中国经济看得见的大趋势。

5.1.2 企业的目标

人们批评企业传统的利润最大化理论是不现实的。这种理论的假设条件是:价格和产量的决策是由企业家决定的。这种认为企业家想要把利润最大化的观念是合理的:绝大多数传统理论的评论家也认可这点。但是,在股份有限公司中,企业的所有权与企业中的控制权一般是分离的,从而产生了委托人—代理人问题。管理人员,作为企业家(委托人)的代理人是决策者,他们很有可能还会受到利润最大化之外的其他目标的驱使,例如,通过销售量最大化或主张大量支出来提高他们自己的效用。同一家企业中不同的管理人员也很有可能有着不同的追求目标。

实际上,管理人员仍然需要确保有足够的利润让股东们觉得开心,但这并不意味着利润需要最大化。所以,企业研究的另一种理论认为,企业是利润"满足者",仅以最小的利润水平为目标。这种理论分为两派:一派认为,在获得足够的利润的前提下,企业会试图将某个其他目标最大化;另一派认为,企业追求着相互之间存在潜在冲突的一系列目标,其中足够的利润只是这些目标中的一个。

一、传统的企业目标

1. 销售收入最大化

为什么企业的管理人员希望将企业的销售收入最大化呢?答案是管理人员(特别是销售经理)的成功是根据企业的销售水平来判断的。销售额是企业健康状况的一个明显的指标。管理人员的薪水、职权和名声可能都直接取决于销售收入。企业的销售代表在他们创造的销售额上可能有提成。因此,相对于利润最大化,销售收入最大化在企业中(特别是企业中有一个强势的销售部门时)可能是一个更重要的目标。

与利润最大化相比,总销售收入(TR)最大化时的产量更高、价格更低。如图 5.2 所示。在产量为 Q_1、价格为 P_1 时,即 $MC=MR$ 时,利润最大;然而,当产量为更高的 Q_2、价格为更低的 P_2 时,即 $MR=0$ 时,销售收入才会最大化。原因是因为如果 MR 等于零,再也不能通过生产更多的产品来增加总收入(TR)了,因此 MR 一定处于最大值。实际上,在 Q_2 的基础上再增加生产,MR 会变成负数,因而 TR 会下降。

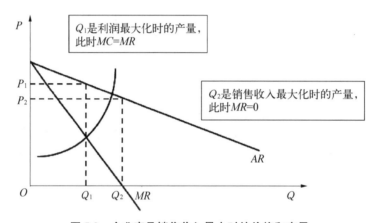

图 5.2　企业产品销售收入最大时的价格和产量

企业以销售收入最大化为目标会比以利润最大化为目标需要更多的广告营销。在理想的情况下,追求利润最大化的企业会在广告营销的边际收益与广告营销的边际成本相等(假设广告营销的回报收益是递减的)时停止广告营销。追求销售收入最大化的企业则会在这个点继续,因为更多的广告营销,虽然会导致成本比利润高,但企业的总收入仍然会增加。企业会继续广告营销直至剩余利润被耗尽。

2. 增长最大化

与追求短期收入的最大化相比,管理人员可能更倾向于从长期出发,以企业规模的增长最大化为目标。企业经理可能因"作为一个快速增长'有活力'的企业的一部分",而直接从中获益;由于扩展中的企业趋于增加新的岗位,升职前景会更好;大型企业给的薪水更高;大型企业中的管理人员可能职权更大。对经理的地位、声望和权力方面的激励会使经理去最大化企业增长,但经理的增长政策会受到有限理性和对工作安全性考虑的约束。

由于销售收入(或营业额)是衡量一家企业规模的最简单的方式,因此衡量增长最好的办法很可能就是从销售收入的增长上进行分析。还有一种方法,就是通过衡量一家企业的资本价值来判断,但是这种方法依赖于股市的涨和跌,因此较不可靠。

一家企业要实现最大化增长,它就需要清楚地知道它为自己设定的这个目标所对应的时间段。例如,要实现未来两或三年的最大增长,企业可以将工厂的生产力提高到最大,投入尽可能多的机械和人工,并且通过大量的广告营销活动和降价来支撑。然而,这些策略从长期来看可能是不可持续的。企业可能根本无法对这些活动进行融资。所以,从长期来看,企业需要调整自己的节奏,或许可以将用于当前生产和销售的资源调整至用于新产品(具有潜力并且可以长期增长的需求)的开发。

追求增长最大化企业的价格和产量会是怎样的?对此没有一个简单的公式可以进行预估。从短期来讲,这样的企业可能会选择利润最大化的价格和产量,因为这样可以为投资提供最大的资金。另一方面,它可能愿意牺牲一些短期利润来进行广告营销活动,从远期的角度促进销售量的增长。因此,价格和产量取决于它认为最能实现增长的策略。从长期来看,预估会更困难。企业采取的政策会在很大程度上取决于管理人员对市场机会做的评估。不同的管理人员对一个情况的判断可能是不同的。整体来看,企业成长速度则取决于它克服那些阻碍成长因素的速度和效率,如管理约束、需求约束和供给约束。但是,有一点是可以预估的。追求增长最大化的企业,特别是其中现有市场已经饱和的企业,会倾向于将产品进行多样化。

二、企业的多重目标

行为理论行为主义者们把企业看成是有不同甚至是相互矛盾目标的个人或团体的联合。这个联合包括经理、工人、股东、消费者、供应者、贷方、征税者和其他一些在企业中有相关利益的人。要使这个联合能够生存下去,每一个利益相关者的需求都要得到满足。此时,企业的目标是一组目标的集合,即多目标状态。由于每个人都是有限理性的,每个人的目标可能都不同,那么企业就需要多个目标来满足每个人,目标之间的冲突无法保证每一个人的目标都是企业的满意策略。满意策略通常与目标的设定有关。在实践中,当企业没有实现相应的目标等级时,通常会进入"调查"程序,寻找失败的原因和更正的方法。如果问题无法纠正,管理人员很可能会降低目标的等级;如果目标很容易实现,那么管理人员会对目标等级进行上调。因此,管理人员追求的目标在很大程度上取决于之前目标的实现是否成功。

需求和成本的预期、竞争对手的优势以及竞争对手未来行为的预期都会影响目标设定。例如,如果人们预期经济将进入衰退期,那么销售和收入目标会被下调。如果目标之间产生冲突,则管理人员之间会通过讨论解决冲突。然而,讨论的结果取决于相关管理人员的职权和能力。可以说,企业联合的构成和存在就是各个相关利益个体讨价还价或者妥协的结果。因此,同一组目标之间的冲突在不同的企业中,解决的办法可能不一样。

当然,企业也不会使某一方面的利益最大化。它会在多个约束下,尽量满足这些约束条件。这些约束包括产量、销售量、市场份额、存货水平和利润等。因为多个目标的存在,冲突是难免的。要解决这些冲突,企业需要有一定弹性或冗余,在企业中也被称为组织冗余。

组织冗余是指可以利用的资源和必需的资源之间的差异,在满足最小支出的条件下,使得该企业能够持续经营。在实际经营中,由于企业改变目标通常涉及调查程序和讨论程序,因此比较耗时。许多管理人员为了避免冲突,一般在目标设定上会十分保守。这就导致了组织冗余现象。换句话说,这种弹性是超过机会成本的支出的。如果设定目标的水平没有达到,这时我们可以用这种弹性来改善业绩,而不会给其他目标带来负面影响。

如果企业实际经营的结果比预期要好,企业便会允许冗余的进一步形成。当企业做得比预期差时,这种冗余就能得到利用。比如,如果企业的实际产量比计划产量大,那么其就可以建立成品库存,并在随后产量下降时利用这些库存。同时,企业不会去提高销售目标。如果企业这样做,并且出现了实际产量低于目标产量的情况,企业可能就无法满足销售部门的所有供货要求了。

因此,将目标保持在相对较低的水平并允许冗余的发展可以使得所有目标都能得以实现,并且目标之间产生的冲突最小。但是,如果企业处于一个竞争环境中,企业要存活就会被迫减少冗余。20世纪70年代,许多日本企业通过准时生产方式成功减小库存。这种方式是将库存保持在最小水平并且确保生产投入能够按需送达。很明显,这要求生产得到严格控制且供应商要可靠。如今仍有许多企业通过这种方式降低库存成本。

三、所有权与控制权的分离与委托人—代理人关系

法人制度、股份制和有限责任是现代企业制度的三大特征。随着股份公司的出现,所有权和控制权(或经营权)逐渐发生了分离。很多企业都是由职业经理管理的,但是他们却没有分享或者只分享了公司利益很小的一部分。于是,可能会出现职业经理人不能完全代表股东利益的问题。这就是委托—代理问题,即由于知识的缺乏(信息不对称),人们(委托人)无法确定他们的代理人所提供的服务是否以他们的最大利益为目的,代理人可能会利用委托人的这种不利条件作为其自身的有利条件。

在股份有限公司中,股东是公司的所有人,并且董事由股东选举。然后,董事再转而聘用专业管理人员并通常在价格、广告、成本等方面给予他们一定的自主决策权。因此,这种企业的所有权和控制权是分开的。所有人(股东)可能希望把利润最大化从而增加他们的红利,但是拥有决策权的管理人员的目标又有哪些呢?我们可以认为,管理人员希望的是把他们自己的利益最大化。然而,这样的追求就很有可能会涉及与利润最大化相冲突的方面。更高的工资、更大的权力或威望、更好的销售业绩、更优越的工作环境还是更受下属喜爱呢?同一家企业里的不同管理人员所追求的目标也很有可能不同。

当然,管理人员必须确保企业创造足够的利润使股东满意,但这与利润的最大化完全不是一回事。因此,与利益最大化理念相对应的另一套企业理念更倾向于认为,大企业是利润的"满足者",即管理人员努力实现利润的最低目标,但对于超过这个目标之上的利润并不怎么感兴趣。

从某种程度上来说,因为所有权和控制权是分离的,企业的决策就需要职业经理人。问题是,靠什么来激励经理人呢?如果经理人的目标与企业利润最大化目标(股东目标)产生分歧,经理人的行为及其制定的决策就不会与最有利于股东利益的行为一致。如果确实存在利益分歧,金融机构或其他股东既没时间也无意去监督经理,那么我们就不能再用利润最大化假设来解释企业行为了。而且,只考虑决策制定,而把股东利益抛在一边,就算是可行的,也不一定会带来任何竞争优势。下面我们将介绍一些重要的理论,包括利益相关者理论,及它们在企业行为方面的应用。

企业的所有人能否确信他们的管理人员会寻求实现企业所有人的目标(即利润最大化)最为恰当的企业策略?这就是一个委托人和代理人难题的例子。当今复杂的经济体系的一

个特点就是，人们（委托人）需要雇用他人（代理人）来实现他们的意愿。如果你想去度假，那么去找一家旅行社选择旅游套餐比完全让你自己去操作要简单得多。同样，如果你想出售一栋房子，去找一家房地产中介会更为方便。

代理人相对于他们的委托人来说，其主要优势在于专业知识和信息。这就是为什么通常我们会雇用代理人的原因。例如，企业家雇用管理人员是因为他们对市场的专业认知或他们对经营实践的理解。然而，这种信息不对称的状况（即一方代理人比另一方委托方知道的要多）意味着委托人很难判定代理人的当前行为是以谁为受益人。管理人员是否在追寻他们自己的目标而不是为了实现企业家的目标呢？各行各业均如此。房地产代理人可能会努力说服你有必要把价格降低一点，然而其真正的原因有可能是为了节省代理人的时间、精力和费用。

委托人可通过以下方式来解决这种缺乏信息、处于相对弱势的不利现象：

- 监督代理人的绩效。股东可以通过参加年度股东全体大会来监督高级管理人员的绩效。如果管理人员的表现不能让人满意，股东可以向他们提出质问，并最终将他们辞退替换。
- 建立激励机制，从而确保代理人的行为以委托人的最大利益为目的。例如，企业可以通过利润共享等奖励方案将管理人员的酬劳与企业绩效紧密联系起来。这样虽然可以有效地鼓励管理人员（代理人）以企业家（委托人）的利益进行作为，并且激励越多（如更多的利润分成）效率就会越高，但是从企业家的角度来说，这样做的代价并不低。

任何一家企业均存在着一种复杂的委托—代理关系链，如工人与管理人员、初级管理人员与高级管理人员、高级管理人员与董事，以及董事与股东等。各种人群均掌握着一定的专业知识，他们可能会利用这些专业知识继续追寻其各自不同的目标。事实证明，近年来，有效的监督和评估程序的发展以及绩效奖惩方案的出现已经成为企业经营活动的两大中心主题。

需要注意的是，无论实践中企业的目标是什么，企业都必须要将市场需求放在第一位。在市场竞争日趋激烈的今天，客户拥有了更大的选择余地，客户的需求也呈现出个性化、多样性的特征，传统的单纯以技术为驱动的发展模式逐渐被以用户需求为驱动的模式所取代，此时客户需求的管理就显得更加重要。

5.1.3 新零售环境中企业的新挑战

如果企业不能存续，那么追求利润、销售额、薪水、职权等都毫无用处。试图将任何目标最大化都是具有风险的。例如，一家企业通过大量投放广告或大幅降价试图来将其所占市场份额最大化，这可能会引起其竞争对手的强力回应。这种对抗的结果可能会使该企业破产。因此，心系生存，企业就须谨慎行事，既不能保守，也不能过于激进，在两者之间实现平衡，确保顾客有足够的满意度，并且通过高效的管理和新技术的引进确保成本保持在较低的水平。

在当前新零售环境下，企业应该如何更好获得用户需求呢？

2017年8月，尼尔森公司发布的《中国新零售白皮书》中指出，新零售典型消费场景是这样的：消费者通过新闻、报告、书籍、手机资讯等触点获得购物线索，而后上网搜索相关信息，朋友沟通、搜索比价网站、书籍查找之后决定所购之物，最后可能手机上网完成购物。由此认为，线上与线下关系互补胜于竞争，渐渐相互融合。消费者在店内购物时，越来越多会先使用网络查询价格、寻找最划算的方案——这样的行为被称为"展厅现象"或"先逛店后网购"。但是，数据显示消费者也会反向操作：先上网搜寻，再至实体店面购物。

在营销战略上,尼尔森公司的研究也发现,线下的巨头经济效应明显,连锁商超往往具有规模效应,发展具有更大的优势,而小企业前期往往陷入"叫天天不应,叫地地不灵"的挣扎阶段,线上也同样存在马太效应。但是,相较于线下渠道,线上的品牌分布更为离散,使得小众品牌和新品牌有更大的发挥空间,更能够与财力雄厚的大企业在公平的环境下竞争。因此,零售商可以考虑在线上渠道上瞄准特定的小众消费者,凸显小众品牌以解锁商机。根据尼尔森公司最新的网络购物者趋势报告,大部分的消费者是通过网络第一次接触小众产品(51%)。

新零售模式减少了供需双方的信息不对称性,降低了经济组织的各种成本,能够有效提升效率。在新零售门店的经营中,很多情况下门店推荐消费者通过移动支付,这背后其实是有积累数据的意图所在。通过收集门店周边社区居民的消费数据,从而进行大数据预测和以销定产,未来每个新零售门店将有可能实现"千点千面"的运营方式,满足不同地区消费者的差异化需求。对于消费者来说,新零售打通了线上渠道和线下渠道,购物场景多元化,从而极大降低了消费者的搜寻成本和时间成本。新零售将改变商业的运营效率和消费者生活方式。

不容忽视的事实是,近年来我国网购市场规模虽然仍在逐年扩大,但增速明显放缓。2016年中国网络购物用户规模达到5亿人,同比增长仅8.6%,网购用户渗透率超过70%,2016年线上零售仅占社会消费品零售总额的15%,线下仍占据八成以上零售市场。随着我国经济的发展,未来我国零售市场规模有望进一步提升,远超目前40万亿元的体量,这将是新零售的巨大机会。一边是巨大的线下市场,一边是不容忽视的线上市场,如何实现线上线下的融合与相互促进是很多零售巨头面临的一个重要战略问题。在中国贸促会研究院发布的《2018年中国消费市场发展报告》中提到,随着互联网、物联网、人工智能应用更加广泛,2018年线上线下无界融合将是大势所趋。盒马鲜生的出现可以说是新零售、线上线下融合的典型代表。在传统商业项目中,物美也开始表现出积极拥抱互联网的姿态,开始对传统的超市门店进行改造。京东的7fresh和美团的掌鱼生鲜,这些则属于线上的零售巨头所开启的线下试验。这种线上线下融合的优势是显著的,见图5.3。

图5.3 线上线下融合的优势

资料来源:《2018新零售数据报告》。

未来,消费需求形成的大数据,通过高效的供应链传导到上游,协同创新、个性定制开始流行,消费对生产会起到巨大的引导作用。因此,对于企业而言,更好地了解市场、认识需求,比以往具有更加重要的战略意义。

5.2 理解客户行为和客户关系管理

5.2.1 消费者行为理论

狭义的消费者,是指购买、使用各种消费品或服务的个人与住户。广义的消费者是指购买、使用各种产品与服务的个人或组织。在现实生活中,同一消费品或服务的购买决策者、购买者、使用者可能是同一个人,也可能是不同的人。比如,大多数成年人的个人用品,很可能是由使用者自己决策和购买的,而大多数儿童用品的使用者、购买者与决策者则很有可能是分离的。消费决策过程中,不同类型的购买参与者扮演不同的角色。如果把产品的购买决策、实际购买和使用视为一个统一的过程,那么处于这一过程任一阶段的人,都可称为消费者。有时,诸如零售商、销售代理和采购部门员工等中介也被称为战略消费者,其需求对于企业而言具有战略意义。

一、消费者行为

消费者行为是指消费者为获取、使用、处置消费物品或服务所采取的各种行动,包括先于且决定这些行动的决策过程。消费者行为是与产品或服务的交换密切联系在一起的。在现代市场经济条件下,企业研究消费者行为应着眼于研究如何与消费者建立和发展长期的交换关系。为此,不仅要了解消费者是如何获取产品与服务的,而且要了解消费者是如何消费产品的,以及产品在用完之后是如何被处置的。因为消费者的消费体验、消费者处置旧产品的方式和感受均会影响消费者的下一轮购买,也就是说,会对企业和消费者之间的长期交换关系产生直接作用。

传统上,对消费者行为的研究,重点一直放在产品、服务的获取上,关于产品的消费与处置方面的研究则相对地被忽视。随着对消费者行为研究的深化,人们越来越深刻地意识到,消费者行为是一个整体,是一个过程,获取或者购买只是这一过程的一个阶段。因此,研究消费者行为,既应调查、了解消费者在获取产品、服务之前的评价与选择活动,也应重视在产品获取后对产品的使用、处置等活动。只有这样,对消费者行为的理解才会趋于完整。

二、消费者行为模式

消费者行为模式是关于影响消费者购买行为主要因素的理论。这类因素有五种:(1)刺激变数,即象征性的环境刺激,包括商业环境和社会环境对消费者所产生的影响;(2)外界变数,即对消费者产生影响的外在因素,当消费者明白这些因素后,就会产生对资料的敏感与寻求资料的心理倾向;(3)知觉构成体,即消费者获取的消费信息资料,它们能够引发购买动机;(4)学习构成体,即与消费者认识状态有关的各因素,它们能处理获得的资料,实现对选择体的理解与态度,影响购买决策,一经决定之后,这些信息资料又成为反馈资料;(5)输出变数,即对某一品牌的商品感到满意,从而加强注意与购买倾向。

三、消费者行为理论

消费者行为理论也称效用理论,它研究消费者如何在各种商品和劳务之间分配他们的收入,以达到满足程度的最大化。这一理论要解释为什么需求曲线向右下方倾斜。考察消费者行为可以采用两种分析工具或分析方法:一种是以基数效用论为基础的边际效用分析;另一种是以序数效用论为基础的无差异曲线分析。

我们可以将消费者行为的性质、消费者需求与消费者从产品中得到的满足程度具体地关联起来。按照效用学派的理论,消费者在连续消费某一商品的过程中持续消费一单位商品获得的效用增量是递减的,这就是边际效用递减理论。当单位货币的效用不变时,消费者愿意为额外一单位商品所支付的价格必然是递减的,且恰好等于消费该单位商品获得的边际效用与单位货币的效用之比。然而,从边际效用的概念中引申出一个问题。我们怎样来衡量效用?毕竟我们不可能钻进一个人的脑袋去弄清楚他从一种产品的消费中得到了多少满足。

解决这个问题的一种方式是用金钱来衡量边际效用,即一个人对再多买一个单位的某种产品所准备好支付的金额。因此,如果你准备好了花 10 元多买一包薯片,那么我们可以说,你从消费这额外的这一包薯片中获得的边际效用是 10 元。只要你准备好了花更多的钱或支付与实际相同的金额,那么你就会再买一包薯片。如果你没有准备好支付相应的价格,那么你就不会再买。

另一个与消费者行为密切相关的概念是消费者剩余。需求曲线表明了消费者对于一定数量的某种产品所准备好支付的价格。然而,我们却不必要支付我们所准备好支付的价格的全额。例如,一个 DVD 光盘的标价是 20 元,而当你走进商店时,你愿意支付的价格是 15 元。显然,你不会给销售员 20 元,你会支付 15 元购买 DVD 光盘并且你的口袋里有 5 元的盈余!你愿意支付的价格(20 元)与你实际支付的价格(15 元)之间的差额被称为消费者剩余(5 元)。

当一种产品的价格下降时,多买一点是值得的。你会多买一点是因为现在的价格比你准备支付的金额要低,即价格低于你的边际效用。然而,因为你买的多,你来自消费每个额外的单位物品的边际效用会越来越小。那么,你会多买多少呢?当边际效用降低至这种物品的新的低价时,即 $MU=P$ 时,你将会停止再多买。超过了这个点以后,再多买就不划算了。这个点是最优消费点,因为理性的消费者会追求他们的消费者剩余最大化。当假定单位货币的效应为 1 时,个体追求最大消费者剩余并且持续消费直到 $P=MU$,那么个体的需求曲线则与其相应的边际效用曲线重合。随着消费者持续消费某一商品数量的增多,边际效应递减,消费者因此愿意为持续消费增加的每一单位商品支付的货币就会减少,由此,我们就可以推导出向右下方倾斜的需求曲线,这对于绝大多数商品而言都是成立的。

以上介绍的是传统的消费者行为理论。这里,消费者是一个追求自身效用最大化、具有完全信息的理性人。消费者理性地进行消费选择,从而形成了每一种商品的需求。在现实中,消费者的完全理性行为是难以形成的,会受到很多外部因素以及自身情绪的影响。我们将在下一节进行介绍。

5.2.2 解释"非理性"消费者选择行为

到目前为止,我们假定消费者都是理性的——他们试图通过在不同产品之间做选择来获得最佳的货币价值,从而最大限度地增加消费者的剩余。然而,现实中的情况很可能是不同的。例如,你有没有仅仅因为很多人买领带而买过领带?答案可能为"是的"!行为经济学质疑了传统经济学中的"理性人"假设,重新审视人们实际的行为方式。行为经济学认识到人们受制于情绪和冲动,这会导致他们的决策中出现错误和偏见。只有更好地了解人们的实际行为,公司才有可能制定出更加有效的市场营销策略。

选择是如何形成的?人们所做的选择会受他们所处环境的影响。例如,一件商品打出促销的字样相比没有促销字样时,即使价格是相同的,人们也会购买更多的促销字样商品。这一原则导致了"轻推"理论的发展。这是许多营销技巧的基础。

(1) 选择太多。有选择通常被认为是一件好事。但是,有太多的选择是一件好事吗?选择应该允许我们通过做出"更好"的决定来最大化我们的效用。然而,情况并非总是如此。实验表明,在某些情况下,当消费者只有少数选择时,消费者更倾向于选择购买。太多的选择会让消费者感觉困惑迷茫,很难做出决策,从而降低消费者效用。

(2) 有限理性。人们的理性能力受到自身处境的限制或限制。一个人在追求消费者剩余最大化的过程中,可能会面临复杂的选择和不完全信息。虽然他有可能获得更多更好的信息,但他可能不愿意为这些信息付出时间和精力,也有可能是这些信息比较昂贵。在这种情况下,消费者的理性就变成了有限理性。这时,他们可能会仅仅只是做出最好的猜测,或者利用过去类似选择的经验进行选择,而最终的结果有可能是好的,也有可能是坏的。理解人们在有限理性情境中所作的不同假设及其不同反应,对企业而言是非常重要的。

(3) 相对性。如果一个人选择买一辆车,传统经济学认为他的需求将来源于以下几个因素:收入、对驾驶和特殊汽车的偏好、正在考虑的汽车和替代品的价格以及相关的驾驶成本。然而,他可能也会受到他的朋友驾驶的汽车的强烈影响;如果他的朋友选择奥迪,也许他会想要一辆更贵的车——可能是奔驰。如果他的朋友选择捷豹,那么也许他会选择保时捷。他想要一辆比他的朋友更好(速度更快或者更昂贵)的车。这个消费者不仅关心他自己的选择,也关心他的朋友的相对选择。所以,相对性很重要。

一、羊群效应

人们受别人消费的影响,并且也做出相应的选择,这会导致群体行为的发生。例如,一种时尚的流行,每个人都追逐同一种风格;人们可能会在一次销售中抢购一件商品,因为看到其他人也在抢购。但是,这样的行为有一个危险:其他人也可能会购买它,因为其他人也在购买它,这就形成了互相强化的动力。最终,销售可能会飙升,价格可能会远远高于反映人们最终将获得的效用的水平。

二、沉没成本

在购买产品时,理性的消费者会权衡他们购买产品的额外收益和成本(即从产品上花费的钱中获得的效用)。这意味着,选择与过去已经发生的成本是无关的。这些成本被称为沉没成本。然而,当我们观察人们的实际行为时,他们似乎确实受到沉没成本的影响。以一个在车上花了很多钱的人为例,假设他的选择被事实证明是错误的,并且未来仍然需要继续投入大量的钱才能让车辆上路。理性的人都会质疑花在维修和保养上的大笔钱是否值得,以及出售和购买新车是否更好。但是,许多人决定不出售它,因为他们一开始支付了很多钱(沉没成本),而且宁愿继续为它花钱。如果消费者行为理性,他们会忽略这些沉没成本,因为沉没成本无法收回。

三、冲动行事

在许多情况下,在考虑购买诸如巧克力之类的东西时,对欲望情感的体验仅仅是对理性行为的一种帮助。你想象你将得到的快乐,当你吃巧克力的时候,它会被证实的确如此。类似地,为产品付钱时你会感到不快,这有助于你保持谨慎,并考虑购买产品的机会成本:为此你会牺牲什么?有时这种情感会出现偏差。消费者会被产品的包装以及想象中的快乐而误导。广告恰恰就是抓住了这一点。广告强调的是消费者潜在想象中的快乐,而不是实际消费中真实的快乐。研究显示,广告通过一些相当简单的策略就可以促使消费者改变行为。植入式广告的影响力很大,它会鼓励消费者主动购买本来不会购买的东西。当你去超市结账时,巧克力条、薯片和其他不健康的产品在显眼的地方展示,许多购物者会随意拿起一个,而不会去权衡边际成本和收益。也许这也可以用来鼓励一些健康东西的消费。比如,在收银台附近陈列水果!一些超级市场开始做出这种改变,但这种改变并不普遍。

四、信用卡消费

人们可能会低估购买成本。经济学家乔治·洛文斯坦(George Loewenstein)对消费者大脑活动的研究表明,正如传统经济学所指出的那样,人们不必将目前的商品与未来的替代品进行权衡,而是实际上平衡了拥有一种产品所带来的即时快感与为它付钱而感受到的即时痛苦之间的平衡。这对信用卡消费具有深远的影响。信用卡的抽象性质以及延迟付款到某个更晚日期的事实意味着许多人低估了他们所购买商品的成本。难怪许多商店都喜欢信用卡消费。它不仅鼓励人们现在买东西而不是继续等待,还可能鼓励他们去买那些不管是现在还是以后都不会买的东西。

与经济政策的相关性:政府在制定政策时通常会试图改变消费者和产品生产者的行为。他们可能希望鼓励人们选择更努力地工作,更多地储蓄,回收垃圾,更少地使用车,更健康地饮食,等等。要想使政策成功,政策措施必须包含适当的激励措施:无论是增税、补助或补贴、新的法律或法规、广告活动或直接帮助。但是,激励措施是否适当取决于人们将如何回应。要搞清楚这一点,政策制定者需要了解人们的行为方式。这就是行为经济学的切入点。人们可能会作为理性最大化者做出反应,但他们可能不会。因此,了解环境如何影响行为和适当调整政策激励非常重要。

5.2.3 客户关系管理

一、客户关系

客户关系是指企业为达到其经营目标,主动与客户建立起的某种联系。这种联系可能是单纯的交易关系,也可能是通讯联系,也可能是为客户提供一种特殊的接触机会,还可能是为双方利益而形成某种买卖合同或联盟关系。

客户关系具有多样性、差异性、持续性、竞争性、双赢性的特征。它不仅仅可以为交易提供方便,节约交易成本,也可以为企业深入理解客户的需求和交流双方信息提供许多机会。市场营销中的客户关系是所有商务经济活动的命脉。维持良好的客户关系是营销人员的重要目标。

与传统的注重产品特征、短期交易的交易营销不同,关系营销是指营销决策和活动的主要目标在于实现长期、满意与顾客的关系。关系营销不断深化买家对企业的信任,随着客户忠诚度的提升,公司对客户需求和愿望的了解也不断加深。成功的营销人员积极响应客户需求,并努力不断地为其创造价值增值。最终,这种相互作用营造了牢固的关系,从而企业可以与客户进一步合作,并维持相互信任。

互联网已经扩大和改善了许多公司的关系营销选择,它使有针对性的沟通更快捷、更经济、更简易。新的数字技术赋予公司与消费者联系,并与他们进行实时对话的能力。这不仅提高了公司创新的速度,而且为消费者带来了他们被倾听的感觉。一些公司专注于培养这种关系。

二、客户关系的重点类型

1. 买卖关系

一些企业与其客户之间的关系处于买卖关系水平,客户将企业作为一个普通的卖主,销售被认为仅仅是一次公平交易,交易目的简单。企业与客户之间只有低层次的人员接触,企业在客户企业中知名度低,双方较少进行交易以外的沟通,客户信息极为有限。客户只是购买企业按其自身标准所生产的产品,维护关系的成本与关系创造的价值均极低。无论是企业损失客户还是客户丧失这一供货渠道,对双方业务并无太大影响。

2. 供应关系

企业与客户的关系可以发展成为优先选择关系。处于此种关系水平的企业,销售团队与客户企业中的许多关键人物都有良好的关系,企业可以获得许多优先的甚至独占的机会,与客户之间信息的共享得到扩大,在同等条件下乃至竞争对手有一定优势的情况下,客户对企业仍有偏爱。在此关系水平上,企业需要投入较多的资源维护客户关系,主要包括给予重点客户销售优惠政策、优先考虑其交付需求、建立团队、加强双方人员交流等。此阶段关系价值的创造主要局限于双方接触障碍的消除、交易成本的下降等方面,企业对客户信息的利用主要表现在战术层面,企业通过对客户让渡部分价值来达到交易长期化的目的,可以说是一种通过价值向客户倾斜来换取长期获取价值的模式,是一种"不平等"关系,客户由于优惠、关系友好而不愿意离开供应商,但其离开供应商并不影响其竞争能力,关系的核心是价值在供应商与客户之间的分配比例和分配方式。

3. 合作伙伴

当双方的关系存在于企业的最高管理者之间,企业与客户交易长期化,双方就产品与服务达成认知上的高度一致时,双方进入合作伙伴阶段。在这个阶段,企业深刻地了解客户的需求并进行客户导向的投资,双方人员共同探讨行动计划,企业对竞争对手形成了很高的进入壁垒。客户将这一关系视为垂直整合的关系,客户企业里的成员承认两个企业间的特殊关系,他们认识到企业的产品和服务对他们的意义,有着很强的忠诚度。在此关系水平上,价值由双方共同创造,共同分享,企业对客户成功地区别于其竞争对手、赢得竞争优势发挥重要作用。双方对关系的背弃均要付出巨大代价。企业对客户信息的利用表现在战略层面,关系的核心由价值的分配转变为新价值的创造。

4. 战略联盟

战略联盟是指双方有着正式或非正式的联盟关系,双方的目标和愿景高度一致,双方可能有相互的股权关系或成立合资企业。两个企业通过共同安排争取更大的市场份额与利润,竞争对手进入这一领域存在极大的难度。现代企业的竞争不再是企业与企业之间的竞争,而是一个供应链体系与另一个供应链体系之间的竞争,供应商与客户之间的关系是"内部关系外部化"的体现。

客户关系并无好坏优劣之分,并不是所有企业都需要与客户建立战略联盟。只有那些供应商与客户之间彼此具有重要意义且双方的谈判能力都不足以完全操控对方,互相需要,又具有较高转移成本的企业之间,建立合作伙伴以上的关系才是恰当的。对大部分企业与客户之间的关系来说,优先供应商级的关系就足够了。

三、客户关系管理

客户关系管理是消费者与组织之间建立、维护和优化长期互惠、有价值的关系。企业实施客户关系管理,有助于提高顾客的保留率,提高交叉销售量以及企业的利润水平。很多企业都已经开始通过客户关系管理战略来提高企业的收益,并提高客户关系的价值,如零背叛的客户忠诚策略、关系营销、直接营销、交互营销、数据库营销和大规模定制策略等。

在企业实施客户关系管理价值观的指导下,利用技术手段建立起来的连接企业与客户,能够促进双方及时、有效沟通的管理机制。从供应链的角度来看,就是对供应链中的各种一线活动(销售、市场情报收集和客户服务等)的集成和协调。客户关系管理这种新的客户交互战略正开始为许多公司接受。客户关系管理的基本思想是把客户看成企业最有价值的资产,与客户的每次交互都至关重要,而且必须能够增加价值。营销观念中一直强调吸引和维系客户的重要性,因此这也许算不上一个新观念。实际上,它的"新"体现在利用技术把客户当作一种战略资源进行积极的管理。

为了建立长期的客户关系,营销人员对营销研究和信息技术越来越感兴趣。现代计算机数据库系统使得企业可以快速准确地获得每个顾客的信息,包括姓名、需求和偏好、每次购买记录、信用记录等。同时,使用数据库系统可以为顾客提供定制产品,从而满足顾客需求。通过关系营销来建立和维护与顾客的长期关系,有助于促进交叉销售从而提高该顾客为组织带来的利润。例如,一些零售银行除了向顾客推荐信用卡产品之外,还会推荐理财产品。通过不断提升客户价值,企业试图提高客户忠诚度并提升长期盈利能力。因为客户关系学理是创造和建立客户忠诚度的重要组成部分,许多公司提供高科技产品,旨在帮助企业识别良好的客户,并长期管理与他们的关系。技术的可及性为各种规模的公司创造了一个更平等的竞争环境。

顾客终生价值的大小决定了该顾客是否值得组织花成本来建立与维护长期关系。顾客终生价值指的是每个购买者在未来可能为企业带来的收益总和。评估顾客终生价值需要考虑三个事项,包括顾客当前提供的利润、顾客对组织忠诚的可能性、顾客在未来可能为组织带来的收益和成本。因此,企业应该与那些当前为组织带来最大利润、在未来也能为组织带来最大利润、一直与企业在未来保持关系的顾客维护长期关系。

四、维护客户的方式

1. 了解客户

企业必须考虑客户处于哪个个消费区间,是价值客户、潜力客户、迁移客户,还是冰点客户;客户有哪些显性需求与潜在需求;他们希望通过哪些渠道以怎样的方式来满足;企业有哪些资源能够让客户满意的得到满足;驱动客户产生购买的因素有哪些;如何提高客户满意度。

2. 内部变革

客户关系的一个效应是员工忠诚度,员工提供给客户价值的同时,自身价值也会实现,形成员工满意度和客户满意度共同提升的良性循环,而这个循环的结点是利润。变革从直接接触客户的服务或者销售部门开始,然后以客户为中心实现的财务、人力资源和研发管理等多部门整合,建立起以客户为导向的企业。

3. 战略层面

用财务利益维系靠的是客户得到优惠或照顾,见效快,但是容易被跟进模仿,不能长期持续;财务利益和社会利益双管齐下则可以通过了解需求,让服务更加个性化和人性化,能有效减少客户"跳槽",缺点在于这种方式并不牢固,而且成本较大;最为有效的方式是在前两种方式上,加上结构性联系,即提供以技术为基础的客户化服务,从而为客户提高效率和产出。

4. 战术层面

建立信任,用真诚和友善打动客户;出奇制胜,用新奇的产品或服务吸引客户;保持一致,让客户能够得到需要的满足,并能预测之后的好处;双腿走路,用关系带销售,用销售养关系;文化渗透,形成品牌文化链;时时维护,保持交往频率和强度,防止竞争对手见缝插针;真实可靠,价值的交换才能让关系牢不可破。

阅读 5.2

如何维系好客户关系

与客户建立起长久的良好合作关系就必须注意以下七个方面。

- **依赖依靠**

让客户形成一种依赖公司的心理习惯,认真对待客户提出的任何特殊要求或者隐性的需求,千方百计地找到合理理由给予合理答复,尽量满足客户提出的合理需求。

- **相辅相成**

营销的过程也是一个及时解决双方矛盾利益的过程,只有双方都满意了才算成功的销售。比如，很多销售商不愿意做售后服务，这就要婉言告知客户不做将可能产生的后果；哪些是没有必要做或者迟点做也可以的项目，哪些是我们赠送的免费增值项目等，让客户切身体会到公司销售服务的价值。

- **刚柔并济**

在维护客户关系过程中，一定要认真耐心听客户讲完，并且能准确判断他想表达的意思，碰到钉子户也要拿出平和的心态，不急不躁，淡然待之。对于客户的失误甚至过错，要表示出宽容而不是责备，并立即共同研究探讨，找出补救和解决的方案。在客户触犯你的谈判底线时，要斩钉截铁地表示拒绝。

- **信守原则**

一个信守原则的人必然会赢得客户的尊重和信任。因为客户也知道，满足一种需要并不是无条件的，而必须是在坚持一定原则下的满足。只有这样，客户才有理由相信你在销售产品时同样遵守了一定的原则，才能放心与你合作和交往。

- **赢得口碑**

赢得客户和行业的口碑，你的客户就会在多数也是他同行的朋友中推荐你，那么你的销售就会迅速在不断地销售中扩张起来。营销的最高境界是让客户主动来找你。无论你从事什么行业，如果想在该行业中长期发展或有所作为，请保持一个良好口碑。

- **善始善终**

第一次合作成功的时候正是创造下一次机会的最好时机，让每笔生意有个漂亮的收尾带给你的效益不亚于你重新开发一个新的客户。在生意场上没有永远的朋友，只有永远的共同利益，如果你和你的客户之间没有共同的利益，那么你的客户正在悄悄流失。

- **跟踪追踪**

客户可能随时会改变主意，采购其他公司的产品。所以，在与客户合作后你要跟踪产品的交货期，在产品交予客户后更要跟踪产品的销售进度，是不是好用，有没有什么问题需要及时解决或者是否需要进一步的技术服务等。在做好产品销售服务的同时，还定期给客户一个问候或者祝福，让客户时时能感觉到你作为一个朋友所应该有的关怀与体贴。

5.3 市场估计和需求预测

5.3.1 市场及其分类

一、市场

经济学的研究焦点是市场运作。优秀的商业人士要懂得如何管理和利用竞争的机会。市场在许多方面对企业很重要。首先，市场是一个公司将出售其产品并因此产生收入的地方。其次,企业的投入土地、劳动力、资本和企业都是通过市场购买的。因此,市场影响企业的生产成本。市场的竞争程度各不相同:有些竞争激烈,有些则不然。在竞争激烈的商业环境中,价格会下降;在低竞争环境下,价格竞争不会那么严重。如果企业要提高销售收入,重要的是要识别产品的市场竞争情况,判断产品的需求价格弹性,从而制定不同的价格策略。了解公司如何改变其运作方式,并提高其竞争优势也很重要。通过收购竞争以实现快速增长,这明显地降低了竞争,但收购原材料供应商的增长也会使你的对手处于不利地位,因为你拥有竞争对手想要却无法得到的东西。

二、市场细分

市场可以有不同的分类。按照购买者的不同来划分,可以把市场划分为消费者市场(满足个人消费而购买产品和服务的个人和家庭所构成的市场)、生产商市场(工业使用者市场或工业市场)、转卖者市场(中间商市场)、政府市场(各级政府为了开展日常政务活动或为公众提供服务,在财政的监督下,以法定的方式、方法和程序,通过公开招标、公平竞争,由财政部门直接向供应商付款的方式,从国内市场为政府部门购买货物、工程、劳务的行为)。

按照企业的角色来划分,可以把市场分为购买市场(企业在市场上是购买者,购买需要的产品)和销售市场(企业在市场上是销售者,出售自己的产品)。

按市场上的竞争状况来划分,可以把市场分为完全竞争市场(一种竞争完全不受任何阻碍和干扰的市场)、完全垄断市场(完全由一家企业所控制的市场)和垄断竞争市场(既存在垄断又存在竞争的市场)和寡头垄断市场(由少数几家厂商所垄断的市场)。

按市场经营的商品以及最终用途来划分,有生产资料市场、消费品市场、技术服务市场和金融市场。生产资料市场即进行生产资料交换的场所,这个市场的购买者主要是生产性企业,购买商品是为了制造其他商品,而不是为了个人或家庭消费。消费品市场又称生活资料市场、最终产品市场,它是指生产经营者从事消费品经营,满足人们生活消费需要的经济活动领域,或指消费者为满足生活消费需要而购买商品的场所。技术服务市场,是从事技术中介服务和技术商品经营活动的场所。金融市场,指经营货币资金借款、外汇买卖、有价证券交易、债券和股票的发行、黄金等贵金属买卖场所的总称,直接金融市场与间接金融市场的结合共同构成金融市场整体。

市场细分是企业根据消费者需求的不同,把整个市场划分成不同消费者群的过程。表5.1给出了市场细分的常见依据。在不同细分市场中选择一个作为目标市场,并制定相应的营销组合策略。市场细分和产品定位是营销计划中的两个重要概念。市场细分的目的是识别目标市场,并做出产品定位。每个细分市场的顾客有不同的需求和购买行为。市场细分的客观基础是消费者需求的异质性。每个细分市场都可以看作是一个目标市场,需要独特的营销组合来满足其需求。

事实上,不是所有的细分市场都是有效的。判断细分市场是否有效,可以考虑如下一些问题:细分市场是否可以衡量?细分市场是否足够大?各细分市场是否有不同?细分市场是否有利可图?细分市场是否稳定?除了判断细分市场的有效性之外,还要考虑细分市场的吸引力。有吸引力的细分市场是指那些利用企业优势来满足顾客需求的市场。在这个市场中,需求、销售额、利润率和成长性都是有利的。

表 5.1　市场细分的常见依据①

人口学因素	心理因素	地理因素	行为学的因素
年龄	人格特征	地区	使用量
性别	动机	城市/城郊/乡村	最终用途
人种	生活方式	市场密度	利益期望
民族		气候	品牌忠诚度
收入		地形	价格敏感度
文化程度		城市规模	
职业		县域规模	
家庭规模		国家规模	
家庭生命周期			
宗教信仰			
社会阶层			

三、目标市场选择与评估

由于资源有限,而竞争又激烈。组织不可能将同一个产品卖到所有市场中,所以选择目标市场是很有必要的。目标市场是由个体或组织构成的群体,该群体为公司所关注,并开发和维持满足其特定需求和偏好的营销组合。在选择目标市场时,营销经理考查潜在市场对公司销售、成本和利润的可能影响。在考查过程中,经理们试图确定组织是否拥有足够资源以通过营销组合满足特定目标市场的需求,以及满足这些需求是否符合公司的总体目标,分析这个目标市场中现存的竞争对手数量,及其各自优势。目标市场的群体可大可小。目标市场需要有专门的营销组合策略,企业的营销管理可以选择如下两种方法。

1. 无差异方法

公司设计单一营销组合,并在整个市场中为其特定产品进行营销。这种方法假设目标市场中的个别客户对特定产品具有相似需求,企业因此可以用单个营销组合来满足大多数客户。这种单一的营销组合运用同一种类型的产品(很少或几乎没有差别)、统一的价格、统一的促销方案应对每个人,并通过统一的分销系统直达总体市场的所有客户。诸如糖和盐等日常食品和某些种类的农产品,可以通过无差异方法成功销售。由于消费者对于大多数类别的产品具有不同的需求,无差异方法仅在有限的情况下有用。当客户的需求不同时,公司应该使用市场细分方法。

2. 市场细分方法

细分市场是指某个市场中共有一个或多个特征的一组个人或企业。将市场划分为细分

---

① 分类标准借鉴 Pride W. M. and Ferrell O. C. *Marketing：Concepts and Strategies*[M]. Mason，OH：South Western/Cengage Learning，2014.

市场的过程称为市场细分。有两种类型的市场分割方法：集中和差异化。当组织使用集中的市场细分时，单个营销组合针对单个市场细分。如果使用差异化市场细分，多个营销组合分别集中在多个市场细分。选择市场细分的依据就至关重要。最常用于消费市场细分的依据如表5.1所示。其中的每一项既可以作为市场细分的单独依据，也可以与其他依据组合使用。例如，OfficeMax属于一个不那么耀眼的行业，目标市场（需要办公用品的人和企业）定位也非常宽泛。因此，公司最近决定重新定位自己。在对消费者的购物体验和期望进行研究基础上，OfficeMax推出了一个名为"生活很美丽，工作也可以"的全国性项目，该项目以时尚的品牌标签和芳香的产品目录为特色。OfficeMax通过进一步明确其细分市场与其他办公用品商区别开。这一巨大努力基于其大数据研究结果：超过85%办公室采购负责人是女性。

在上述分析的基础上，最后一个工作就是要完成产品定位，寻找到恰当的市场空隙，从而避免与竞争对手的直接竞争。企业的营销工作，如广告，主要是创建产品差异化的定位，即让顾客感知到产品与竞争对手产品是不同的。

5.3.2 需求预测及其流程

企业对未来需求的预测同样感兴趣。当需求增长时，企业也会希望现在就去投资，从而它们会有更强的生产力满足增长的需求。然而，如果需求没有增长趋势，那么投资扩大生产力将是一个代价高昂的错误。

需求预测指根据有关调查资料对拟建项目的产品未来市场需求变化进行细致的分析研究，掌握需求的内在规律，对其发展趋势作出正确的估计和判断，以确保拟建项目投产后产品对路，品种符合市场需要，具有较强的竞争能力。拟建项目的需求预测是可行性研究的前提和基础。它分为国内需求预测和国际需求预测。需求预测的依据是市场调查资料。根据拟建项目产品的复杂程度和项目特点确定市场调查的内容。

需求预测的目的在于通过充分利用现在和过去的历史数据、考虑未来各种影响因素，结合本企业的实际情况，采用合适的科学分析方法，提出切合实际的需求目标，从而定制订购需求计划，指导原材料或商品订货，主要包括：(1)对某一种或几种产品潜在需求的预测；(2)对潜在供应的估计；(3)对拟设中的产品市场渗透程度的估计；(4)某段时间内潜在需求的定量和定性特征。除了全部和大部分供出口的产品以外，对产品的潜在需求主要以国内市场为基础进行预测。

掌握市场需求预测的程序，是需求预测工作中最基本的一环，以此为基础，才能顺利地将预测工作进行到底。需求预测的程序有以下八个方面。

(1)选择预测目标进行市场预测首先要明确预测的目标是什么。所谓明确目标就是指明确预测的具体对象的项目和指标，为什么要进行这次预测活动，这次预测要达到什么直接目的。其次，还要分析预测的时间性、准确性要求，划分预测的商品、地区范围等具体问题。对市场经济活动可以从不同的目的出发进行预测，预测目标不同，需要的资料、采取的预测方法也都有一些区别。有了明确的预测目标，才可根据目标需要收集资料，才能确定预测进程和范围。

(2)广泛收集资料进行预测必须有充分的市场信息资料，因此在选择、确定市场预测目标以后，首要的工作就是广泛系统地收集与本次预测对象有关的各方面数据和资料。收集资料是市场预测工作的重要环节。按照市场预测的要求,凡是影响市场供求发展的资料都应尽可能地收集。资料收集得越广泛、越全面,预测的准确性程度就能相应提高。在这里,市场调查材料是一个重要的信息来源。

(3)收集的市场资料可分为历史资料和现实资料两类。历史资料包括历年的社会经济统计资料、业务活动资料和市场研究信息资料。现实资料主要包括目前的社会经济和市场发展动态,生产、流通形势、消费者需求变化等。收集到的资料,要进行归纳、分类、整理,最好分门别类地编号保存。在这个过程中,要注意标明市场异常数据,要结合预测进程,不断增加、补充新的资料。

(4)选择预测方法收集完资料后,要对这些资料进行分析、判断。常用的方法是首先将资料列出表格,制成图形,以便直观地进行对比分析,观察市场活动规律。分析判断的内容还包括寻找影响因素与市场预测对象之间的相互关系,分析预测期市场供求关系,分析判断当前的消费需求及其变化,以及消费心理的变化趋势等。

(5)在分析判断的过程中,要考虑采用何种预测方法进行正式预测。市场预测有很多方法,选用哪种方法要根据预测的目的和掌握的资料来决定。各种预测方法有不同的特点,适用于不同的市场情况。一般而言,掌握的资料少、时间紧,预测的准确程度要求低,可选用定性预测方法。掌握的资料丰富、时间充裕,可选用定量预测方法。在预测过程中,应尽可能地选用几种不同的预测方法,以便互相比较,验证其结果。

(6)建立模型,进行计算。市场预测是运用定性分析和定量测算的方法进行的市场研究活动,在预测过程中,这两方面不可偏废。一些定性预测方法,经过简单的运算,可以直接得到预测结果。定量预测方法要应用数学模型进行演算、预测。预测中要建立数学模型,即用数学方程式构成市场经济变量之间的函数关系,抽象地描述经济活动中各种经济过程、经济现象的相互联系,然后输入已掌握的信息资料,运用数学求解的方法,得出初步的预测结果。

(7)评价结果,编写报告。通过计算产生的预测结果是初步的结果,这一结果还要加以多方面的评价和检验,才能最终使用。检验初步结果,通常有理论检验、资料检验和专家检验。理论检验是运用经济学、市场学的理论和知识,采用逻辑分析的方法,检验预测结果的可靠性程度。资料检验是重新验证、核对预测所依赖的数据,将新补充的数据和预测初步结果与历史数据进行对比分析,检查初步结果是否合乎事物发展逻辑,符合市场发展情况。专家检验是邀请有关方面专家,对预测初步结果作出检验、评价,综合专家意见,对预测结果进行充分论证。对预测结果进行检验之后,就可以着手准备编写预测报告了。与市场调查报告相似,预测报告也分为一般性报告和专门性报告,每次预测根据不同的要求,编写不同类型的报告。

(8)对预测结果进行事后鉴别。完成预测报告并不是预测活动的终结,下一步还要对预测结果进行追踪调查。市场预测结果是一种有科学根据的假定,这种假定毕竟仍要由市场发展的实际过程来验证,因此预测报告完成以后,要对预测结果进行追踪,考察预测结果的准确性和误差,并分析总结原因,以便取得预测经验,不断提高预测水平。

5.3.3 需求估计和需求预测方法

企业要想成功就必须对它的市场非常了解。那么,企业如何去发现消费者的需要以及需求的强度呢?越能有效地识别此种需要的企业,就越有可能提高它的销售,也越有可能成功。这里我们主要介绍三种消费者行为数据的采集方法,来帮助企业了解当前的需求状况。

一、市场观察

事实上,所有公司都有按周或按年、月细分的详细销售数据。这里市场观察可以直接理解为直接从企业的销售纪录中获得数据。通过公司内部数据,可以收集有关其产品需求随时间变化的数据,也可以了解销售如何因市场区域的变化而变化。另外,企业还要了解需求的各种决定因素(如价格、广告和竞争对手产品的价格等)在时间上的变化。大部分这些信息,如广告的费用和竞争对手产品的价格,企业内部一般都会有记录。要获得其他更多信息,企业还可以选择花钱雇一个代理机构做调研。

有了这些信息,企业就能够利用它们来评估以前这些决定因素是怎样影响需求的,进而可以估计它们在以后可能会产生什么样的影响。

然而,只要是建立在市场观察之上,即使是最缜密的分析,都会有一个很大的缺陷。过去发生和存在的关系不一定适用于以后。消费者是人,而人的思想会改变。人们对产品的看法会改变(广告行业正是基于这一点),品味会改变,科技也会改变。正是因为这个原因,许多企业会转向市场调查或市场实验的方式来采集更多有关未来的信息。

二、市场调查

我们经常会在大街上走路时被人叫住,或有人会来敲门或打电话过来,问你是否愿意帮忙回答几个市场调研问题。有时可能还会收到邮寄来的问卷,用来向你了解同类型的信息。很多信息都可以通过这些方式来采集。这是一种相对来说既快捷又便宜的数据采集方法,我们称其为市场调查。在市场调查中,有关消费者行为的所有问题都可能被问到,如有关当前和今后消费支出模式的问题,或人们对产品(既包括公司本身的产品也包括竞争对手的产品)规格和价格的变化会做出何种反应。

市场调查的一个关键特征是针对不同的消费者群体,从而反映企业的特定需求信息。比如,销售奢侈品的企业所感兴趣的消费者仅仅是较高收入的人群阶层。其他的取样可能会针对特定的年龄段人群或性别,或有着特定生活方式的人群。这种方法的主要缺点是获得信息的准确性难以判断。准确的信息要求满足各种条件,包括:(1)随机抽样。如果样本不是随机选择的,它可能无法代表被调查人群的横截面,因此结果可能有偏差。(2)问题的清晰性。问题的措辞要明确,以免误导被调查者。回避引导性问题。被调查者很容易被引导给出公司希望听到的答案。例如,当询问某人是否会购买公司正在考虑推出的新产品时,问卷调查可能会使产品听起来真的很受欢迎。因此,被调查者可能会说他们会购买该产品,但后来当他们在商店里看到该产品时,他们决定不想要它。(3)如实回答。对受访者来说,他们"渴望取悦"别人的心态,会给出他们认为提问者想要的答案。换句话说,人们可能会撒谎!(4)需求的稳定性。到产品发布或对现有产品进行更改时,时间已经过去,信息可能会过时。消费者的需求可能已经改变,一方面可能是因为品味和时尚已经改变,另一方面可能是由于竞争对手采取了新的行为。

三、市场实验

通过模拟相应的条件来观察消费者的行为。这种方法可以用来观察消费对一种新产品或对一种现有产品的改变而产生的反应,因此这种方法在信息量不足时非常有用。如让消费者对一种新的牙膏产品进行盲样口味测试,实验员会确保牙刷上涂抹的牙膏剂量相同,并且在测试下一个牌子之前要把之前口中的物质漱洗干净。在实验结束时,立即让消费者填写有关他们对这款产品的看法。有些实验会更为复杂一些。例如,建立一个模拟真实购物体验的实验商店,给人们一些钱让他们在这个商店中购物,从而观察人们对价格、包装、摆设等方面的变化的反应。

这种实验的主要缺陷是,人们可能会表现得与实际不同,因为有人在观察他们。比如,他们可能会比实际生活中花更多的时间去比价,原因很简单:因为他们认为这样是一个明智的、理性的消费者的行为方式。然而,在真实购物中,决定选购哪种产品的因素可能就是习惯,或者像包装的颜色等这种"不理性"的想法。如果你赶时间,你可能会直接拿那个你第一眼看到的橙汁产品,而不去看它的价格。

市场实验的方式还有一种,即将营销活动限定在一个特定的城市或区域。这种活动可能涉及广告,发放免费样品,打折活动,或介绍一种改良版的产品,但每种活动都只针对特定的地点。各种活动的有效性可通过当地和其他区域销售额之间的比较来评估。

案例 5.1

使用大数据进行市场调研①

大数据这个概念近来一直受到关注。大数据并非一个确切的概念,这个概念一方面指数据体量巨大,超出一般电脑所处理数据量几个级别;另一方面也指处理的数据类型多样化,远远超出传统数据格式和分析工具能处理的范畴。也有观点认为大数据是指不用抽样方法得到的数据。在本文中,我从社会学科研究方式发展的角度来阐述大数据的影响,以及大数据和市场研究的相互关系。

如何使用大数据对市场进行研究?

大数据带来的数据化浪潮已经触动市场研究的每一个人。Joan Lewis 这位宝洁全球客户和市场知识官在 2011 年 ARF 的演讲中呼吁要让社会化媒体的大数据应用于市场研究。她讲到了以下四点。

- **数据的丰富性和自主性**。社会化媒体数据包含了消费者的购买习惯、用户需求、品牌偏好等,且都是消费者自愿表述的对产品满意度和质量问题的想法,充满了情感因素,我们无须费尽心思地引导消费者参与调查问卷。
- **减少研究的"未知"视角**。市场问卷调查有其固有的局限性,那就是你必须明确你的问题是什么。问卷设计者本身有未知的方面,所以在设计问题时会忽略自己的未知,但这些未知很有可能就是消费者所需要的方面。
- **数据的实时化的特征**。不同于以往的发放并回收市场调研报告之后再解决消费者问题,如今可以使营销人员快速发起营销活动,第一时间测试营销新方法,同时可以第一时间确认理解和追踪消费者的反馈。

① 资料来源:社交媒体 Social Beta,http://socialbeta.com/t/big-data-market-research-02-2013.html。

- **数据的低投入特征**。传统的市场调研方式费工且费时,结合社会化媒体的市场调研则是低投入且高回报的产业。使用正确的调研产品和方法便可以对消费者群体的用户习惯和反馈进行透彻分析。运用社会化媒体监测软件帮助企业在线倾听消费者意见,评估获取其见解。

市场研究的使命是揭示消费者视角,为企业提供有价值的洞察和支持企业做出有意义的决策。从这个意义上来说,每一个市场研究人员都应该为社会化媒体平台和数据欢呼,因为它弥补了问卷数据一些方面的不足。(你是不是经常会发现,当我们从事另一个领域的工作时,才会意识到原来工作方法的不足和优点。)另一方面,针对社会化媒体数据分析的新兴公司确实对传统的市场研究公司形成竞争和挑战。

竞争的最大压力是传统的市场研究还没有适应社会化媒体大数据时代的研究体系。正如 Joe Tripodi(可口可乐营销副总裁)在《哈佛商业评论》(2011 年 4 月)上指出的那样,"在印象时代,通过问卷询问方式获取的知名度,使用率、认知度等衡量品牌健康的指标体系在消费者表达的时代就未必适用。因此,从品牌建设效果衡量的角度,也需要一套适应消费者表达时代的指标体系"。同时,尽管对大数据的整合与分析才刚刚起步,但已经有了一系列令人耳目一新的发现和应用。无数的案例和论著都指出,大数据的整合和分析的前景和应用不可限量。

回顾历史,我们意识到第一次数据化浪潮带给社会科学研究方式的影响和变化;思考现在,我们充分理解大数据浪潮带给我们社会科学研究者的困惑、迷茫和不解,伴随着震撼、惊喜和欢呼;展望未来,我们深信市场研究正处在量变通往质变的道路上。

企业不仅有兴趣了解市场目前对其产品的需求状况,他们也对预测未来的需求感兴趣。如果需求增加,他们很可能现在就想投资扩大产能,这样他们就有能力来满足额外的需求。然而,如果需求不增加,投资额外产能将是一个代价高昂的负担。因此,我们现在讨论并研究企业使用的一些预测技术。

1. 时间序列分析

简单的时间序列分析涉及直接从过去的销售数据预测到未来。因此,如果观察到一家公司的产品销售稳步增长,例如在过去的几年里公司销售额每年增长 3%,以此来预测未来的销售额将继续以大约相同的速度增长。同样,如果根据观察,需求存在明显的季节性波动,如节假日的冰淇淋或冬衣的需求,那么可以再次假设类似幅度的波动将继续在未来存在。

使用简单的时间序列分析假设未来的需求将继续按照过去的规律发生。问题是它可能不会如此。仅仅因为需求在过去遵循了一个清晰的模式,不一定意味着它将在未来继续呈现同样的模式。毕竟,需求的决定因素可能已经改变了:消费者确实改变了主意!因此,成功的预测通常须对趋势进行更复杂的分析,即对时间路径进行分解,这里我们就不再过多介绍了。

2. 趋势预测

假设你是一家家具企业的经理,并且在考虑是否投资于新的资本设备。只有当你的产品需求可能上升时,你才会想这样做。因此,您可能会寻找这方面的一些迹象。未来家具需求的一个很好的晴雨表将是正在建造的新房子的数量。人们往往会在新房子建好几个月后买新家具。趋势预测指的就是使用领先指标来预测未来,如住房开工率。事实上,一些领先的指标,如随着建筑业活动的增加、股票交易价格上涨、汇率上升,以及工业信心的提高,都可以看作是经济总体好转的良好指标。

趋势预报有两大弱点。首先,它只允许提前几个月进行预测,因为领先指标的变化和预测的变量之间存在时间滞后;其次,它只能给出需求变化的一般指示。过去领先指标和预测变量之间存在的某种关系,在未来这种关系不一定存在。在通常情况下,企业使用趋势预测仅仅是为了给他们一个大致的指导,说明他们的产品需求可能发生的变化,即是否可能扩大或缩小,以及可能的变化幅度。

> **案例 5.2**
>
> **寻求成功——使用神经科学进行市场调研**
>
> 营销人员开始运用研究大脑和神经系统神经科学知识,以了解更多关于消费者行为的内在原因。例如,菲多利食品公司为深入了解消费者对奇多的反应,聘请了一家公司来测量消费者吃奶酪泡芙时的脑波。研究表明,奇多留在他们的手指上的橙色奶酪和面包屑让消费者很受用。基于这项研究,菲多利在其广告和 Facebook 消息中使用了沾满奶酪和面包屑的手指,以增加视觉效果。
>
> 纳贝斯克饼干的"趣多多"品牌,在重新设计包装时也使用了神经科学的见解。前期研究表明,消费者对可重复封装的包装具有很高的偏爱,因此研究人员测试了不同的方式突出了新设计的可重新封装性。他们还测试了包装图像,并根据研究结果选择了巧克力飞入曲奇的图像。
>
> 许多杂志也在使用神经科学进行市场研究。《新科学家》杂志通过对读者脑波的测量,以了解他们对封面艺术的反应。将结果付诸实践,封面经过特别设计的一期杂志在报亭的销售额比上一年提高了12%。此外,《时代》杂志运用神经科学来衡量消费者对其 iPad 应用程序广告的参与度。虽然神经科学不会取代传统的研究技术,但它已经成为收集营销决策所需数据的一个工具。
>
> 资料来源:Nobel C., What Neuroscience Tells Us About Consumer Desire, Harvard Business School Working Knowledge [EB/OL]. http://hbswk.hbs.edu, 2012-03-06; Marketing on the Brain [J]. *Marketing*, 2011, (11):24; Young S., Neuroscience Explains the Emotional Buy [J]. *Brand Packaging*, 2011, (7):16.

5.4 网络营销

对于大多数公司来说,销售他们的产品不仅仅是估计了解需求、选择合适的价格和产量。换言之,他们并不是简单地将市场视为既定市场。相反,他们将致力于刺激需求的增加,促进市场的扩展。他们将通过完善自己的产品并将其与竞争对手的产品区分开来,采取一系列非价格竞争措施,然后通过广告和其他形式的产品促销来进行营销。这将使他们的产品价格更加缺乏弹性。在这种情况下,经理的工作可能相当复杂,涉及产品设计和质量的战略决策、产品推广和提供各种形式的售后服务。这一节关注的重点问题是网络营销。

5.4.1 网络营销及其产生

网络营销是指运用网络和相关数字技术来实现营销目标,具体包括识别、预测和满足顾客需求。从上述定义来看,网络营销的本质是使用数字技术来帮助销售产品或服务。无论是网络营销还是传统营销,其本质是相同的,即构建一种战略来将合适的信息传递给合适的顾客。网络营销并非完全替代了传统营销方法,企业要继续利用传统的营销方法,如广告、直接营销、公共关系等。除此之外,网络技术使得企业有更多策略选择,如按点击付费广告、条幅广告、e-mail 营销、会员营销、互动广告、搜索引擎营销、博客营销等。

互联网经过十几年的发展,中国的互联网用户迅速增长,互联网也逐渐改变了急功近利的价值追求,逐步回归理性,网络营销的开始朝着多个方向全面发展。互联网上出现了各种各样的营销方式,如电子邮件营销、网络广告、搜索引擎营销、无线互联网营销、电子商务平台等。营销的多样化迎来了客户关系复杂化,也预示了客户关系管理的科学化、信息化。网络营销是科学技术的发展、消费者价值观的变革和商业竞争等综合因素所促成的。

网络营销产生的科技基础。21 世纪是信息世纪,科技、经济和社会的发展正在迎接这个时代的到来。计算机网络的发展,使信息社会的内涵有了进一步改变。在信息网络时代,网络技术的应用改变了信息的分配和接收方式,改变了人们的生活、工作和学习、合作和交流的环境。企业也正在利用网络新技术的快速便车,促进企业飞速发展。网络营销是以互联网为媒体,以新的方式、方法和理念实施营销活动,更有效地促进个人和组织交易活动的实现。企业怎样在如此潜力巨大的市场上开展网络营销、占领新兴市场,对企业既是机遇又是挑战。

网络营销也产生于消费者价值观的变革。满足消费者的需求,是企业经营永恒的核心。利用网络这一科技制高点为消费者提供各种类型的服务,是取得未来竞争优势的重要途径。当市场经济发展到今天,多数产品无论在数量还是在品种上都已极为丰富。消费者能够以个人心理愿望为基础挑选和购买商品和服务。他们的需求越多,需求的变化更快。消费者会主动通过各种可能渠道获取与商品有关的信息,并进行比较,增加对产品的信任,争取心理上的满足感。

网络营销还产生于商业的竞争。随着市场竞争的日益激烈化,为了在竞争中占有优势,各企业都使出了浑身解数想方设法地吸引顾客。开展网络营销,可以节约大量昂贵的店面租金,可以减少库存商品资金占用,可使经营规模不受场地的制约,便于采集客户信息等。这些都可以使得企业经营的成本和费用降低,运作周期变短,从根本上增强企业的竞争优势,增加盈利。

可见,网络营销是人类经济、科技、文化发展的必然产物,网络营销不受时间和空间限制,在很大程度上改变了传统营销形态和业态。网络营销对企业来讲,提高了工作效率,降低了成本,扩大了市场,给企业带来社会效益和经济效益。相对于传统营销,网络营销具有国际化、信息化和无纸化的特点,已经成为各国营销发展的趋势。为了促进网络营销的普及和发展,对网络营销进行战略分析具有重要意义。

5.4.2 网络营销的特征及效益

一、网络营销的基本特征

(1) 公平性。在网络营销中,所有的企业都站在同一条起跑线上。公平性只是意味给不同的公司、不同的个人提供了平等的竞争机会,并不意味着财富分配上的平等。

(2) 虚拟性。互联网使得传统的空间概念发生变化,出现了有别于实际地理空间的虚拟空间或虚拟社会。

(3) 风险性。由于网络的普及,越来越多的黑客通过网络技术获取顾客的信息等,使网络营销存在一定的危险性。同时,在网络购物中,产品质量的保证也是目前一大要解决的问题。

(4) 对称性。在网络营销中,互联性使信息的非对称性大大减少。消费者可以从网上搜索自己想要掌握的任何信息,并能得到有关专家的适时指导。

(5) 模糊性。互联使许多人们习以为常的边界变得模糊。其中,最显著的是企业边界的模糊,生产者和消费者的模糊、产品和服务的模糊。

(6) 复杂性。由于网络营销的模糊性,使经济活动变得扑朔迷离,难以分辨。

(7) 垄断性。网络营销的垄断是创造性破坏形成的垄断,是短期存在的,因为新技术的不断出现,会使新的垄断者不断取代旧的垄断者。

(8) 多重性。在网络营销中,一项交易往往涉及多重买卖关系。

(9) 快捷性。互联网使经济活动产生了快速运行的特征,你可以迅速搜索到所需要的任何信息,对市场作出即时反应。

(10) 正反馈性。在网络营销中,由于信息传递的快捷性,人们之间产生了频繁、迅速、剧烈的交互作用,从而形成不断强化的正反馈机制。

(11) 全球性。互联网超越了国界和地区的限制,使得整个世界的经济活动都紧紧联系在一起。信息、货币、商品和服务的流动。

网络营销的效益主要表现在以下三个方面。

(1) 交易成本节约。网络营销能够节约交易成本,交易成本的节约体现在企业和客户的两个方面。对于企业,尽管互联网需要企业有一定的投资,但是相比其他销售渠道,交易成本已经大幅降低,降低交易成本主要包括通信成本,促销成本和采购成本降低。对于客户,无需销售人员主动寻找客源,而是让客户主动"送上门",节约了人力资源以及成本。

(2) 交易信息的交互性。互联网促销是一对一的,而且是消费者主动了解信息,而不是强制性的,网络营销是一种低成本、人性化的推广,避免推销员对消费者的干扰,并通过信息和互动的对话和消费者建立长期良好的关系。网络是一个活跃的信息传输通道,与存储传统的销售方式的比较,企业可以在网络上发布信息,积极活跃市场或者是发送一封电子邮件广告,客户在家里可以询价或了解订购信息,实现双向互动完整的市场销售流程。网络互动性也表现在市场推广活动,市场单方面积极传播和实现偏转在网络和客户沟通和交流的双向互动,使推广效果更有效。

(3) 突破时间和空间的限制。因为互联网已经超越时间和空间限制的约束信息交换特性,因此企业可以有更多的时间和更多的空间用于市场营销。物流的快速发展也促进了网络营销的发展,企业与消费者之间的距离更加贴近,打破了传统的空间限制,因为有的企业销售网络并未发展得很完善,部分地区还没有销售企业的产品;或者是企业的最新产品在宣传推广期即可在网上预售,这样消费者也可以提前在网上购买,而不是一定要等到正式的发售日期。

二、网络营销的优势和劣势

1. 优势

开展网络营销给企业带来的最直接的竞争优势是企业成本费用的控制。网络营销采取的是新的营销管理模式。它通过因特网改造传统的企业营销管理组织结构与运作模式,并通过整合其他相关部门如生产部门、采购部门,实现企业成本费用最大限度的控制。利用互联网降低管理中交通、通讯、人工、财务和办公室租金等成本费用,可最大限度地提高管理效益。许多在网上创办企业也正是因为网上企业的管理成本比较低廉,才有可能独自创业和需求发展机会。

(1)创造市场机会。互联网上没有时间和空间限制,它的触角可以延伸到世界每一个地方。利用互联网从事市场营销活动可以远及过去靠人工进行销售或者传统销售所不能的达到的市场,网络营销可以为企业创造更多新的市场机会。

(2)让顾客满意。在激烈的市场竞争中,没有比让顾客满意更重要。利用互联网企业可以将企业中的产品介绍、技术支持和订货情况等信息放到网上,顾客可以随时随地根据自己需求有选择性地了解有关信息。这样克服了在为顾客提供服务时的时间和空间限制。

(3)满足消费者个性化需求。网络营销是一种以消费者为导向,强调个性化的营销方式;网络营销具有企业和消费者的极强的互动性,从根本上提高消费者的满意度;网络营销能满足消费者对购物方便性的需求,省去了去商场购物的距离和时间的消耗,提高消费者的购物效率;由于网络营销能为企业节约巨额的促销和流通费用,使产品成本和价格的降低成为可能,可以实现以更低的价格购买。

2. 劣势

消费者在通过购买产品后,其质量的保证是一个难以解决的问题,网络营销公司同时没有考虑到一些产品的售后服务,这是未来网络营销需要解决的问题。

5.4.3 网络营销的盈利模式

一、整合网络营销盈利模式

此模式是将传统营销活动与在线营销活动结合以实现价值的一种网络营销盈利模式。它经历了非中间化和再中间化的过程,与网络的兴起——泡沫破灭——重新发展的历程相一致,体现了人们对网络运用的认识由非理性到理性再到逐步成熟。整合的网络营销盈利模式主要表现为企业网站+在线销售或订购产品或服务。该模式又分为两种情况。

(1)传统制造业公司建立网站,辅助或直接销售自己的产品,既包括提供在线订购服务,客户定制个性化产品或服务,也包括通过在线的营销工作促使顾客离线购买。如海尔,顾客可以在其网站上按照自己要求定制个性化的冰箱,还可以在线搜索产品信息,并比较、分析和选择。

（2）企业或公司以渠道商的面目出现，建立自己的网站，让消费者通过网上订购来销售别人的产品，如亚马逊。要指出的是亚马逊的离线营销工作力度如户外广告牌、物流体系的建立和维护其至远远超过了在线营销活动，这也是把亚马逊划为整合的盈利模式的根据之一。在线销售的盈利模式从电子商务的角度看既有B2B、B2C模式，也有C2C模式。

二、跨平台多元业务盈利模式

在现阶段，网络的应用大致可以分成三种平台：（1）交互平台，主要包括通信、交友和娱乐三个方面；（2）媒体平台，主要是信息发布；（3）商务平台，支持在线交易，既有B2B，也有C2C。综合门户网站的跨平台和多元业务盈利模式先后经历了三个阶段。

（1）网站＋广告。广告收费是早期阶段网站主要的盈利方式，新浪、搜狐、网易等作为国内曾经的三大门户网站，其综合性和提供的海量信息使其拥有大量较为忠诚的网迷，保证了很高的点击率，并遥遥领先，因此广告收费成为其销售收入的主要来源之一。点击率是广告的主要计费依据，各综合网站为提高点击率，不断增加各类信息，从社会、政治新闻，历史文化，财经到娱乐八卦，应有尽有，而且不断更新，否则将面临点击率下降的风险，这也对该模式如何保持丰富的信息内容以及降低成本提出了要求。对于其他网站，该模式难以模仿。

（2）网站＋广告＋付费会员制。早期阶段，点击率换成的广告收入还不能弥补综合网站的运营成本及维护成本，远远不能满足盈利的要求，这一点可以从当时各大网站的广告收入及占全部收入的比例及亏损状态看出。新浪、网易、搜狐三大门户网站的主营收入均来自网络广告。以2006年二季度为例，三大网站与1999年的同季同比，广告收入均增加了84%以上。搜狐2006年四季度网上广告的收入更高达95%。但是，这并没能阻止他们继续亏损。盈利的压力迫使各网站纷纷推出各种差异化的会员服务，如收费邮箱和社区会员。收费邮箱针对商务客户（VIP）和企业，在功能和容量上都优于免费邮箱；社区会员付费制为有各种需要的会员提供差异化的特色的服务，如163在线视频聊天、新浪交友等。

（3）网站＋广告＋付费会员制＋搜索引擎。在网站点击率稳定在一定的峰值以及会员规模稳定的情况下，使用搜索引擎竞价排名成为综合网站的又一种收入来源，搜索引擎的出现实际上是由网络自己产生的需要，网站太多，信息量太大，迫使人们思考如何更方便地搜索信息，于是便有了该模式。今天所看到的门户网站基本上都可属于该模式。

三、基于不同应用平台的盈利模式

根据网络营销利用的平台或以网站为基础提供的不同专业服务，可以将该模式分为以下五种类型。

（1）在线交易的盈利模式。该模式利用的网络的商务平台作用。支持交易，收取费用是收入来源。代表性的公司有阿里巴巴、淘宝网等。前者是B2B，后者是C2C。通过支持企业或消费者的在线贸易，并对各企业和个人用户进行信用评级，该类网站提供了一个很好的商务平台。以阿里巴巴为例，作为全球最大的网上贸易市场，阿里巴巴在一定程度上推动了中国商业信用的建立，并对广大的中小企业在激烈的国际竞争中立足提供了一定支持作用。

（2）网络游戏、娱乐模式。该模式利用的是网络的交互平台。代表性的公司有盛大、网易，时间点卡收费或道具增值服务计费。

（3）付费的在线专门（业）服务。主要有在线教育类，如提供E-Learning的新东方；招聘类，收取企业会员费，如中国人才热线、智联招聘以及其他各类招聘网站；提供数据和专业信息服务的各类研究网、期刊网，如国泰研究网和万方期刊网等，以及学习交流的平台的各类管理咨询网。当然，后两种服务类型的网站既发布信息，同时也收取会员费，可以看作会员制营销。

（4）专业的搜索引擎盈利模式。其代表有百度、谷歌。竞价排名、搜索营销是其收入的主要来源，实质是做推广，作用类似于广告。

（5）新的衍生盈利模式。主要是新兴的网络中间商，如虚拟商场、虚拟评估机构以及智能代理。

四、网络营销教育培训发展模式

自2008年开始，网络营销培训市场越演越烈，至2010年，短短2年时间国内出现众多的网络营销培训公司，并通过对过去培训行业模式的经验借鉴，加之网络营销市场的火爆发展，网络营销培训公司迅速成长了几个知名的品牌，国内代表的企业如北京亿马克、深圳国人智慧、上海盟里等。培训行业模式主要分为：（1）职业教育类培训，主要对社会人士进行招生培训，并受到国家授权；（2）企业培训类，是直接联系企业进行培训，商业性更强等。

> **案例5.3**
>
> ### 新零售——中国数字经济发展的风向标
>
> 阿里巴巴集团、Auchan Retail S.A.（欧尚零售）、润泰集团宣布达成新零售战略合作。根据战略协议，阿里巴巴集团将投入约224亿元港币（约28.8亿美元），直接和间接持有高鑫零售36.16%的股份。高鑫零售是中国规模最大及发展最快的大卖场运营商，以欧尚、大润发两大品牌在全国29个省市自治区运营446家大卖场。
>
> 此举意味着以大润发、欧尚为代表的中国最大商超卖场集团将从商业模式和资本结构上双通道加入由阿里巴巴推动的新零售革命，这场涉及数百亿元资金的商业合作案例亦将注定成为中国商业流通领域的历史性握手。
>
> 新零售业态是一种引领零售业变革的商业模式创新。传统零售业依据经验完成货物的销售管理，效率提升缓慢，需求满足的精准度不够，难以适应消费者越来越高的要求。随着信息网络技术的快速发展，数字化的知识和信息成为新的生产要素，为经济效率提升和结构优化提供了新的动力。无人店的本质就是推动零售业数字化变革。
>
> 当前，数字经济已经成为新的经济形态，全国两会政府工作报告和G20杭州峰会均对这一发展趋势予以肯定。阿里巴巴力推新零售业适应数字经济发展的趋势，通过数据化改造对整个供应链条进行整体优化，从而提升效率，创造价值，将从零售这一环节推动供给侧结构性改革。
>
> 新零售将通过打通数据壁垒，使商家全面、准确、快速地了解消费者，线上线下的互通融合，将提高服务质量，赋能人、货、场及其关系的重构。商家能以大数据为支撑，

提供精准的定向邀约,满足消费者个性化的互动式购物体验。

技术的革新和大数据分析为消费者定制化生产提供了基础保证。通过多方信息的分析和整合,实现供应链各方的深度协同。新零售紧握"链路可视化""分析智能化""作业自动化"三大抓手,强调对于数据的管理,选择适合自身情况的服务商,提升供应链运营效率。新零售更将进一步融合线上线下的模式和虚拟经济实体经济的界限。

思考题

1. 你认为网络营销有哪些优势和劣势?
2. 如果你是客户经理,你会怎样维系好与客户的关系?
3. 消费者在消费时始终都是理性的吗?你在消费时,有不理性消费的情况吗?

参考文献

[1] Rob Dransfield. *Business Economics*. Routledge, 2014.

[2] N. Gregory Mankiw, Mark P. Taylor, and Andrew Ashwin. *Business Economics*. Cengage Learning, 2013.

第六章 商务企业战略决策

6.1 价格战略与价格决策

定价策略是企业为实现定价目标而设计的一系列行动。价格是所有企业决策的一个关键变量,不管企业面对的竞争程度如何。一般来说,定价策略有助于营销人员解决设定价格的实际问题。企业在何种程度上使用定价策略,取决于其定价和营销目标、产品的目标市场、产品差异化程度、产品的生命周期阶段等因素。目前的企业定价策略有成本导向定价、需求导向定价、竞争导向定价以及产品生命周期定价等。

我们已经学习了在各种类型的市场中价格是如何被设定的,以及在设定均衡价格的过程中需求和供应的重要作用。但是,我们还可以采用很多其他的定价策略,并且在实践中我们也确实能够发现一些理性的、有趣的以及有时候相当奇怪的定价策略。

6.1.1 成本导向定价

成本导向定价法,即成本加成定价法,是一种最简单的定价方法,也是实践中企业最常用的定价方法。企业能运用边际成本和边际收益曲线(或方程式)且算出它们相等时的产量吗?企业能运用平均收益曲线(或方程式)来算出那个时候的产量的价格吗?问题在于即使企业想这样去做,它们通常也没有相关信息。在实践中,企业寻找的定价规则是运用起来相对简单的一些规则。企业首先要确定生产(或购买)一个单位产品的平均成本,然后增加一笔金额以支付额外成本(如保险、利息)和利润。添加的金额称为溢价或加成(mark up),平均成本加上溢价即为产品的销售价格。用公式表示为

$$P = AFC + AVC + 利润加成$$

在这种定价方法中,最重要的是加成大小的确定。企业的管理层可以根据其总成本的百分比设定溢价。例如,假设制造和销售 1 000 台 DVD 播放器的总成本是 10 万美元,即每台 100 美元。如果制造商想要一个高于其成本 20% 的标价,那么售价将是 100 美元加上 100 美元的 20%,即每台 120 美元。但是,更现实的是,企业会将利润加成的比例与企业的目标相联系。它追求的是高利润,甚至是最优利润,还是基于之前利润上的一个目标而已。它同样取决于竞争对手可能采取的行为、它们对企业价格变化的反应,以及这些反应会如何影响需求。

如果一家企业可以估算出它的需求曲线,那么它就可以将其产量和利润加成设定在一定的水平以避免短缺或过剩。因此,在图 6.1 中,企业就可以选择一个较低的产量(Q_1)和一个较高的加成(fg),或者是一个较高的产量(Q_2)和一个较低的加成(hj)。如果企业无法估

算出它的需求曲线，那么它可以从一个反复试验的过程中，根据它实现利润和销售目标的情况来通过时间调整加成和产量。

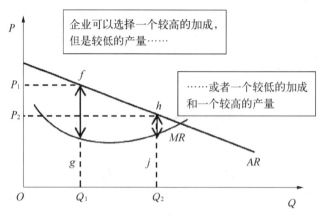

图6.1 产量和利润加成的选择

在多数企业中，加成不是固定的。在扩展型市场中，或者在企业拥有垄断/寡头势力的市场中，加成要大一些。在萎缩型市场中，或在成本上升而需求不变的条件下，企业很可能会被迫降低利润，因而减小加成。

生产多种系列产品的企业在不同产品上的加成会不一样。对于需求缺乏弹性的产品来说，加成可以高一点，因为价格上的任何增长对需求的影响都相对较小。另一方面，对于存在很多类似替代品的产品来说，为了保持其价格上的竞争力，加成只能低一点，所以需求缺乏弹性的产品会被认为对企业的管理成本贡献较大。

我们曾在寡头模式中了解了企业一般会考虑到竞争对手的行为和可能的反应。当成本或需求发生变化时，企业因担心竞争对手的反应很可能不会对价格进行调整。如果价格保持不变而成本发生改变，无论是因为 AC 曲线的动向随着需求的改变而发生了变化，还是因为 AC 曲线发生了平移，企业都必须调整加成的大小。

综合来看，成本加成定价法很容易操作，它被许多企业（主要是零售商和批发商）采纳。当你走进一个超级市场（或者大多数的商店）的时候，你通常会被正在促销打折的某种产品吸引。许多商店通常都会把所有产品的价格放在一起来分析，制定一个提高利润的策略，而不是去考虑每种产品的单品价格。通过产品的廉价市场营销，吸引顾客到商店来购物。关键在于这种被称为亏本出售的产品必须具有需求弹性，由于降价从而让需求产生很大变化。一旦进入商店，店家的希望则是：顾客会被鼓动购买一些其他以全面利润加成定价的物品。通过这种对所有产品进行整体而非在个体上分析的定价策略，企业能够提高利润率。

然而，它有两个主要缺陷：

一是确定有效溢价百分比通常比较困难。如果太高，超过了目标市场的合理区间，产品可能销量过低，无法收回生产和销售的总成本；如果太低，就相当于放弃了原本可以通过稍高定价赚取的利润。换句话说，溢价百分比的设置会直接影响销售的走向，这是非常困难的。

二是它将定价与其他业务功能分开。产品的定价几乎不考虑市场或营销组合，它是在确定了生产数量且生产成本产生后才设定的。为了追求最大效率，企业对各种业务功能应该加以综合考虑，每一方面的因素都对所有营销决策产生影响。

成本导向定价法还可以通过盈亏平衡分析来完成。对于任何产品，盈亏平衡点是销售总收益等于总成本时的销售量。总收益是从产品销售得到的总金额，可由销售价格乘以销售量得到。

经营业务所涉及的成本大致可分为固定成本与可变成本。固定成本是指不受企业生产和销售数量变动影响的成本。例如，租金是固定成本，不论生产1单位还是1 000单位，它是不变的。可变成本是随生产的数量变化而变动的成本。制造立体声收音机的部件成本是可变成本，制造的数量越多，需要的部件越多，进而花费在部件上的成本也越高。总成本是固定成本与可变成本的总和。

如果销售价格给定，我们可以图形或公式的方法找到盈亏平衡点。图6.2显示了假定产品各销售数量对应的总收益与总成本。固定成本为4万美元，可变成本为每单位60美元，售价为120美元，盈亏平衡数量为667单位。为了找到盈亏平衡的数量，首先从销售价格中扣除可变成本，以确定一个单位的销售额中有多少可用于抵消固定成本。然后，用固定成本除以这个数值得到盈亏平衡数量。（图6.2中的盈亏平衡数量是由总收益线和总成本线的交点表示的数量。）如果企业该产品的销售数量超过667单位，则盈利；不足667单位，则亏损。

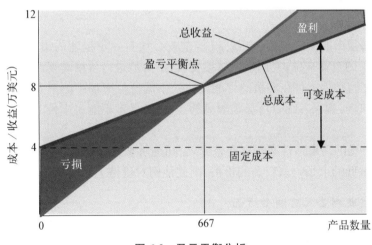

图6.2 盈亏平衡分析

6.1.2 需求导向定价

企业有时候会使用基于产品需求水平的定价方法，而不是基于其成本，即需求导向定价法。根据这种定价法，产品需求强劲时，定价高；产品需求低时，定价低。长途电话公司一般使用基于需求的定价。这种方法要求营销人员估计不同价格下消费者需求的数量，并选择可获得最高总收入的价格。显然，这种方法的有效性取决于企业准确估计需求的能力。例如，为了解决停车位严重短缺的问题，旧金山市采用了一个需求导向的停车收费系统。在一天之内，停车位的价格会根据需求出现浮动。城市希望通过浮动收费鼓励人们在拥挤的区域外停车，并通过步行、骑自行车或乘坐公共汽车到达最终目的地，从而使人们对停车位和交通的需求变得平滑。该计划后来也成为波士顿等其他城市以市场手段解决停车和交通问题的一个参考方案。

在对新产品定价时，有的企业一开始会设定一个非常高的价格。然后随着时间的推移逐步降价,一开始制定高价格,使得企业可以将产品卖给那些愿意支付高价格的顾客,随后降低价格为的是获得更多的顾客,以及阻止新的进入者,这种定价方法经常用于耐用品定价,如冰箱、洗衣机和个人电脑。

到目前为止,我们一直认为企业以一个单一的价格出售产出。然而,有时候,企业可能会进行价格歧视,在特定产品的营销中使用多个价格,也就是说,企业会向不同的顾客收取不同的价格,而价格差异与成本却没有联系。价格歧视可以基于诸如购买时间、客户类型或分销渠道的不同而设定。因而,对于同样级别的舱位和相同的航班,航空公司对订票较晚的乘客收取的价格比提前预订的乘客要高很多。体育场馆的活动经常采用需求导向定价法出售门票,每一场比赛的门票都将根据粉丝的需求进行定价,最受欢迎的座位(不论其在场馆的哪个位置)将以最高的价格出售。

高峰负荷定价法又是一种价格歧视,即当消费者在高峰时间出行时,他们支付的价格要高一些。

一、进行价格歧视所需要的条件

我们知道,如果企业能够参与价格歧视,那么它就能够提高利润。但是,收取歧视性的价格需要哪些条件呢?

(1) 企业必须由能力去定价,也就是说,企业必须有一定程度的市场势力。因此,对于处于完全竞争下的企业来说,它们是价格接受者,不可能进行价格歧视。

(2) 市场之间必须不存在转售的可能性。处于低价位市场中的消费者必须无法将产品转售至高价位市场,确保各细分市场是隔离的。比如,儿童不能将半价儿童影票转售给一个成人使用。

(3) 每个市场的需求弹性必须存在差异,公司能够根据不同的需求强度进行市场细分。企业对需求弹性低的市场收取较高的价格,因此他们对价格上涨的敏感度较低。

二、价格歧视对企业有利的方面

无论企业的销售量处于何种水平,价格歧视会使企业获得更高的收益。企业的整体需求曲线如图 6.3 所示。如果企业要出售 200 个单位并且不采取价格歧视策略,它必须将价格定位 P_1,这时绿色区域表示的是它获得的总收益。然而,如果企业采用价格歧视的策略将

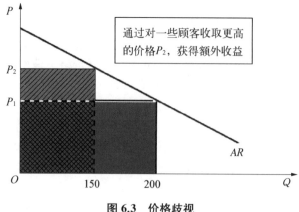

图 6.3　价格歧视

200个单位中的150个单位以较高的价格P_2出售,那么它在格状区域的基础上增加了斜纹区域的收益。

价格歧视对企业有利的另一个方面是,企业或许可以运用价格歧视策略将竞争对手挤出行业。如果一家企业在一个市场(如国内市场)拥有垄断势力,由于它的需求曲线相对缺乏弹性,它能够收取高价并因而获得高利润。如果企业同时还处于另一种市场(如国外市场)的寡头行业之中,它就能够利用第一个市场中的高利润来支撑它在寡头市场中的一个非常低的价格,从而迫使其竞争对手倒闭。

价格歧视还可以为企业提供进入新市场的机会。同样,如果一家企业在其成熟的市场中拥有高利润,那么它不仅具有进入新市场的能力,同样还能在新企业进入这个新市场的时候利用这些利润来帮助其在价格战中存活。通过这种方式,价格歧视能够真正地帮助提高企业竞争力。

如果消费者对产品的心里估价远高于其生产成本,那么与成本导向定价法相比,需求导向的定价能够获得更高的利润水平。为了有效执行需求导向定价法,管理层需要准确估计各价格水平下的需求量,这可能会非常困难。

6.1.3 竞争导向定价

选用竞争导向定价法,企业首先要考虑竞争对手成本与收益,而不是其价格。如果竞争产品的相似度很高,而且价格是目标市场影响策略的关键变量,那么竞争导向定价法将非常重要。选用竞争导向定价法的企业一般有三种价格选择:低于竞争对手,略高于竞争对手,与竞争对手一样。竞争导向定价法可以帮助企业实现定价目标,以增加销售或市场份额,企业也可以辅之以其他成本控制方法,以确保企业盈利。

竞争有时会使得企业之间发生价格战。我们已经了解了超级市场行业的竞争(有时候是反竞争)会有多激烈,并且价格战是一个常见的特征。许多行业和当地的市场中都曾运用过一种定价方法,这种定价方法与追求短期的利润最大化不同,它纯粹是一种比竞争对手定价低的策略,而无论竞争对手的价格是多少。

新的定价策略总会不断萌生,在经济困难时期以及当价格是一个关键的变量时,选择合适的价格和策略是非常重要的。

6.1.4 产品生命周期与定价

新产品被引入以后会变得成熟。随后,之前的新产品可能被更先进产品替代。很多产品都会经历这样一个生命周期。一种产品的典型生命周期分为四个阶段(见图6.4):

(1) 导入期;
(2) 成长期:销售量快速增长;
(3) 成熟期:销售量趋于稳定;
(4) 衰退期:当市场变得饱和时或产品变得老化时,销售量开始下降。

模拟电视、录像机和传统移动电话都已经到达了第四阶段。可读光盘、DIY产品和全自动洗衣机都已经处于第三阶段。超大LED屏幕电视、快速婚介、草药疗法、智能手机以及平板电脑很可能正处于第二阶段。3D多媒体娱乐设备和生物柴油很可能正处于第一阶段。但是,技术创新使产品更新非常快,特别是高科技产品。

在每个阶段,企业面对的市场情况可能大不相同：不仅在消费者需求方面,还包括与对手竞争的方面。这对于定价策略有何意义呢?

一、导入期

在这个阶段,企业很可能是处于垄断的地位(除非竞争对手在同一时间导入)。

由于缺乏可替代品,企业能够利用其先发优势收取非常高的价格,因此获得高额利润。特别是当导入的是根本性的新产品的时候,如曾经的圆珠笔、家用电脑、移动电话和iPod等产品。这些产品通常扩展得很快,并且缺乏需求价格弹性。

高价政策的危险是它所带来的高额利润会吸引竞争对手进入行业,尽管进入壁垒很高。随后,企业可能会通过市场渗透最大化作为另一种方案：在竞争对手发展成熟之前,将价格保持较低从而获得尽可能大的销售量和品牌忠诚度。企业采取哪种定价政策将取决于其对自己当前的需求价格弹性以及竞争对手能够早期进入的可能性的分析。

二、成长期

除非进入壁垒非常高,否则销售量的快速增长会吸引新企业的进入。行业进而变成寡头行业。

虽然行业中的企业总数在增长,但由于销售量增长非常迅速,所有企业都能获得销售量的增长。这时可能会出现价格竞争,但在这个阶段不会很剧烈。新进入的企业会跟随最初的企业所引领的价格水平,同时又会在较小的产品差异上与其竞争。

三、成熟期

由于市场规模变大了,会有许多企业相互竞争。新企业或者更多的是通过多元化延伸至这个市场的企业会进入市场"分一杯羹"。同时,销售量的增长开始变得缓慢。

这个时候的竞争会更激烈,而且这个时候的任何合作都很有可能开始分裂。定价政策开始越来越具有攻击性,因为企业都在力争保持自己的市场份额。价格战开始打响,最后以休战和一定程度的价格合作形式收场。

正是在这个阶段,特别是当存在新型产品的竞争时,为在老产品中注入新的生命,企业会在产品创新上投入大量资金。

四、衰退期

最终,随着市场的饱和,或者随着更好的新型替代产品的投入,销售量开始下滑。比如,一旦很多家庭都有了电冰箱以后,电冰箱的需求就会下滑,因为人们直接购买新的去替换坏掉的,或去购买更新的款式。这个阶段之初,竞争会很激烈。由于企业为了保住自己的销售量会引入各种价格优惠,提供延期质保、更好的售后服务以及增添附加功能等。企业可能会去探索产品的新用途或新市场。这些手段被称为延伸策略。然而,有些企业可能无法在竞争中存活并被挤出市场。

一段时间后,销售量开始停止下滑。假设产品没有被淘汰,那么人们仍然需要购买新的来进行替换,如图6.4中的线条b所示。这样,市场可能又回到了一个稳定的寡头市场,并在很大程度上存在着暗中的价格勾结。

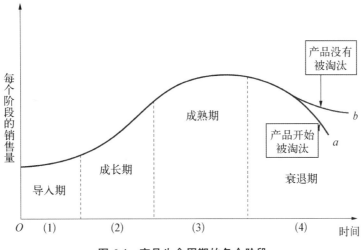

图 6.4 产品生命周期的各个阶段

另一种情况就是产品开始被淘汰（如线条 a 所示），销售量开始枯竭。企业会从市场中消失。再试图竞争也是毫无意义的了。

报刊市场的情况比较有趣，随着网上免费信息越来越多，这个市场的销售量近年来大幅下滑。报刊市场开始从成熟期走向衰退期。然而，作为回应，所有的主流报刊均建立了网站，并且大多数网站中的文章都是免费阅读的。通过顺应时代和品位的变化，报刊行业似乎找到了一个进入新市场的方式。然而，由于报刊销售收入的下降，行业保护现在已成为一个问题，从而导致《泰晤士报》《华盛顿邮报》《华尔街日报》《金融时报》等开始实行付费专区策略。消费者要阅读网站中的任何（或一些）文章必须花钱订阅。但是，有一个关键问题：有多少人会愿意付钱来阅读这些优秀的新闻报道呢？

6.2 数字产品的定价规则与在线市场价格

数字产品一般是指内容基于数字格式的交换物或者是能通过互联网比特流的方式传输的产品。此外，数字产品还包括基于数字技术的电子产品。由此可见，数字产品有两种形态：一是看得见、摸得着的实物产品，如数码相机、DVD 等产品；二是看不见、摸不着的虚拟产品，如电脑软件、信息服务产品等。随着互联网的发展和电子商务的兴起，第二种数字产品是目前数字化产品的主要销售方向，占了数字化产品销售的绝大部分。

数字产品具有不同的经济特性。互联网环境下，用户对数字产品的使用往往能形成一种自我增强的虚拟循环，例如各类社交软件的使用可以形成自我增强的虚拟循环。增加了成员的使用数量就增加了价值，反过来又吸引更多的成员，形成螺旋形优势，如 Windows 系列操作系统。

网络环境下的数字产品的生产具有明显的边际收益递增性，这主要是因为数字产品的边际成本呈递减性。数字产品的成本由研发投入成本和生产时的边际成本构成。众所周知，研发投入通常是固定且短期内难以变动和回收的，具有典型的沉没成本特性。一旦研发完成产品上市,其复制的成本几乎不会增加,尤其在互联网的环境中,营销成本大幅下降,且平均成本随入网人数的增加而迅速降低,边际成本几乎为零,在外部性效应的叠加下,呈现出边际收益递增。

数字产品绝大部分表现为集结人类思想(包括智力、知识、资料、方法等)的虚拟形式产品,在物理形态上而言,它不会随着人们的消费而表现出数量减少的特点,对数字产品进行消费时,实际上是数字产品代表的人类的知识被消费。在这一过程中,消费者对知识的偏好是关键,而消费者的偏好具有很大的差异性,这就要求数字产品具有很大的易变性。因而,厂商在对数字产品进行定价时,往往主要从消费者需求的角度进行考虑和划分。数字产品的定价策略通常有免费定价策略、差别定价策略、捆绑定价策略以及交叉补贴定价策略等。

6.2.1 免费定价策略

企业的最终目的都是为了盈利,免费定价策略似乎让人匪夷所思。正如前面所言,数字化产品的研发费用很高,但产品一经研发上市,再生产同样的数字化产品边际成本非常低。如计算机软件、信息、音乐等数字化产品,一经研发完成,后面的再复制成本就非常低。正是由于数字产品的可复制性,且复制的边际成本几乎为零,因而很多数字产品一开始会采取免费定价策略。

显然,这种免费定价策略并不真正"免费"。在这种定价策略下消费者并不能得偿所愿地不花一分钱而享受所有服务。厂商在提供这类数字产品时,常常在使用时间、使用功能以及使用次数上设置限制,消费者充其量在免费情况下只能获得一些基本的使用权限,如若要体验更好且更高层次的服务就需要支付各种费用了,如腾讯视频、爱奇艺等软件的使用,在不付费的情况下也能看一些基本的视频内容,但要免去广告获得更好的用户体验或者观看最新的视频内容就需要付费。厂商之所以实行这种定价策略,主要是以免费产品为诱饵来提升产品知名度,让消费者在潜移默化中对产品产生好感和依赖感,但要注意过犹不及,先免费后收费的这种免费定价策略可能会引起"路转黑"甚至"粉转黑"。

当然,并不是所有的数字产品都适合免费定价策略,一般而言,适合免费定价策略的数字产品有两类:一类是诸如微博、QQ、好压、爱奇艺、腾讯视频等工具类的软件产品;另一类是诸如数字音乐、电子图书等数字化产品。免费定价策略是市场营销中常见的营销策略,它主要用于促销和推广产品。在新兴商务环境下,能够使用免费定价策略的数字产品一般要具有以下五个特性:

(1) 数字化,数字化的产品方便在互联网中进行快速、低成本甚至是免费的配送;

(2) 无形化,这类产品一般是通过一定的载体才能表现出一定的形态,无形数字产品可以通过数字化技术进行网上传输;

(3) 成本低,这类数字产品一般通过简单复制就可以实现低成本甚至零成本的批量生产,在实施免费定价策略时,企业只需要投入前期的研发费用及后续的升级开发费用即可,产品的边际成本可以忽略不计;

(4) 外部性,免费数字产品或服务的研发,前期需要投入较多费用,一旦研发成功则具有很强的外部性,企业通过这种外部性还能获得其他方面的收益;

(5) 成长性好,这类数字产品或服务一般能比较快地占据市场,为未来占领市场份额奠定基础。

> **案例 6.1**
>
> **腾讯 QQ 音乐免费定价策略**
>
> QQ 音乐是腾讯推出的一款免费的在线音乐和本地音乐的播放软件,用户可以免费在 QQ 音乐下载自己喜欢的音乐或者欣赏自己在其他网站已经下载好了的音乐资源。依托于腾讯 QQ 庞大的用户群和方便的服务,QQ 音乐的用户数量已经位居中国手机音乐 App 市场份额第二位,仅次于专做音乐软件的酷狗音乐。
>
> 其实,数字音乐产业已经在我国发展了将近十年,但由于一直都缺乏对音乐版权的保护,大量用户都能轻松地在网上找到盗版免费的资源,造成我国的数字音乐产业难以形成规模。在这么恶劣的大环境下,QQ 音乐是如何生存下来的呢?答案就是:免费。这里的免费不是指所有的服务都不需要用户付费,如果需要更好的服务就需要用户支付费用。其实,不止 QQ 音乐,国内各家数字音乐商家都无非通过以下三种方式获取利润:
>
> (1) B2B 广告模式:用户免费听歌,广告商付费,这是国内各大厂商广泛采用的方法;
>
> (2) B2C 会员付费模式:QQ 则是类似的绿钻模式,通过免费下载标准音质的音乐,付费享受高品质音乐服务,当然各家公司的会员服务也不尽相同,但是付费用户都会享受比免费用户更加优质的服务;
>
> (3) 内部合作模式:QQ 音乐也向腾讯公司其他产品提供了音乐资源,通过这种内部合作增强了腾讯公司产品和服务的用户黏性。

6.2.2 差别定价策略

差别定价策略是指厂家以不同的价格来销售同一种产品或服务。差别定价策略根源于价格歧视理论,即依据消费者的支付意愿和实际支付的不同,对同一种产品制定不同的价格以实现利润的最大化,最大限度地获取消费者剩余。根据消费者理论,不同的消费者对于同一种数字产品的需求是不同的,其愿意为数字产品支付的费用也是不同的,为满足不同消费者的需求,厂商对同一种产品定不同的价格。当然,这类数字产品并不是百分百相同,在功能上会有些许差别。

从数字产品本身来看,零边际成本特性意味着其在实行差别定价时最关键的在于关注用户评价而非产品成本。每一位消费者的偏好和需求价格弹性均是不一样的,即使是相同的产品在不同的消费者眼中其价值也是不一样的。此外,大部分数字产品都是由不同模块组成的私人化定制,这些都决定了数字产品在定价时必然会实现差别定价。从消费者来看,通常分为两种:一种是产品性能理性型,这类消费者注重产品和服务的体验感,对产品的性能要求较高;另一种是产品价格理性型,这类消费者往往对价格比较敏感,对产品性能要求不高。

通常采用差别定价的数字产品厂商有一些特定的特点。首先,对市场有某种程度的控制能力(在完全竞争市场的条件下,厂商是价格的接受者,不可能进行差别定价),其在销售数字产品时,根据两种及以上反映不同成本费用的性能差别配比来进行差别定价;其次,这类数字产品的厂商能够以消费者需求差异为基础,对自己的产品进行市场细分。

> **案例 6.2**
>
> **酷狗音乐差别定价策略分析**
>
> 酷狗音乐定价时也采取了典型的差别定价策略。
>
> (1) 在线免费,下载收费。酷狗企业对部分产品采取在线免费、下载收费的定价策略,消费者可先试听音乐,再决定是否下载或购买。同时,因为数字音乐产品具有非损坏性,既可以让消费者了解该产品,又不会损害企业和消费者的利益。
>
> (2) 部分完全免费,部分收费。在市场中,存在完全免费的音乐产品,此时酷狗为防止消费者流失,将这些无差异产品定价为完全免费。对于市场上较稀缺、需求较大、高品质、有唯一版权的音乐产品,酷狗企业会对这些音乐产品进行合适的高定价。
>
> (3) 有无版权,区分定价。对于酷狗企业购买了版权的音乐产品,会根据市场上竞争大小,进行定价。若购买某音乐版权的企业较多,一般采取低价或免费的定价策略,而对于完全购买了版权的音乐产品,会采取较高的定价。另外,对于没有购买版权的音乐产品,提供网页跳转功能,用户可以在网页上试听该音乐产品。

6.2.3 捆绑定价策略

捆绑定价策略由于操作简易,实行方便,是数字产品定价的一种非常普遍的形式。尤其,在新兴商务背景下,数字产品厂商为扩大市场份额或推广新产品,往往会实行捆绑定价策略,以此来弱化产品之间的可比性,增强消费者对该厂商数字产品的黏性,很难再转向其他的厂商,从而占有更大的市场份额。

各类数字产品中,由于信息产品的边际成本低,往往更适合实行捆绑定价策略。这是因为在边际成本非常低的情况下,在捆绑套餐里增加其他模块时几乎不会增加成本,这使得厂商有动力捆绑更多的产品模块来诱使消费者"入坑"。当然,捆绑在套餐里的产品在功能上通常具有互补性,搭配使用效果更佳,产品体验更好,如此一来,消费者也更愿意购买这类功能健全、体验舒适的捆绑产品。

> **案例 6.3**
>
> **微软的 Office 软件**
>
> 将捆绑定价策略运用得炉火纯青的微软,其 Office 软件占据着世界办公软件市场 90% 的份额。在微软的官方网站和旗舰店里,消费者购买的 Office 软件是由 Word、Excel、PowerPoint 和 Outlook 等捆绑而成的。Office 软件中不同的产品有着不同的功能,可以满足消费者的不同办公需求。消费者对于 Office 的这种捆绑定价策略也欣然接受,因为这一策略给办公带来了便捷。

早前,微软的 Windows 操作系统和 IE 浏览器也是捆绑在一起销售,用户在购买了 Windows 系统的同时也拥有了 IE 浏览器,这一策略使得 IE 迅速成为浏览器行业的龙头老大。由此可见,捆绑定价策略的确能帮助厂商在发布新产品时迅速占领市场。在新兴商务背景下,新上市的数字产品可以使用捆绑定价策略将销量大、口碑好的数字产品作为其功能补充型产品推荐给消费者,以便迅速被消费者认可进而占领市场。

6.2.4 交叉补贴定价策略

交叉补贴定价策略是指消费者对某组互补的产品产生需求时,产品供应商以较低的价格出售基础产品,诱使消费者对与之互补的辅助产品产生较大需求,从而以高价出售对应的辅助产品的定价策略。

交叉补贴定价策略主要适用于功能互补的数字产品,在具体的实施过程中,厂商通常会将一种数字产品以优惠价格甚至亏损价格进行销售,然后再以高价出售这种优惠产品的基础产品。通常这两种数字产品有很强的互补性,消费者很大程度上必须同时购买才能满足需求,在这一过程中消费者对优惠产品的需求价格弹性较大,厂商降价能较大地带动消费者需求的显著提升,而对与之相对应的互补产品的价格变动反应不敏感,产品提价不会带来消费者需求的大幅减少,正因为此,数字产品的厂商会采取对优惠产品定低价,对互补的基础产品定高价的交叉补贴定价策略,通过此种方式来弥补低价产品的损失,从而最终实现盈利。

案例 6.4

吉列剃须刀

吉列剃须刀是交叉补贴定价最经典的案例。早在一个世纪前,推销员金·吉列(King Gillette)发明了可更换刀片的剃须刀,同时创造了一种全新的商业模式。他以极低的折扣将 350 万副刀架和 3 600 万片刀片卖给美国陆军,以期这些士兵退役后,可以变成吉列的忠实用户。军队自然将剃须刀当作生活必需品发给了士兵们。金·吉列还将刀架卖给银行,让银行作为礼品送给新开户的客户。他设法将刀架和几乎所有的商品捆绑在一起——从绿箭口香糖到红茶茶包,不一而足。吉列曾在一年之内创下了销售剃须刀片 1.3 亿片的神话。

吉列剃须刀盛行现象背后的营销哲学,启发了人们不断思考交叉补贴定价策略,给后世的商业留下了一笔重要遗产:提供免费(或者至少是廉价得近乎免费)的平台产品,然后通过耗材,或者补给,或者服务,来获得丰厚的利润和收入。时至今日,吉列模式正被运用于越来越多的产业。

6.3 新兴商务背景下品牌战略决策

品牌战略是指厂商将品牌作为核心竞争力,以此来占领市场和获取利润。品牌战略是厂商在市场竞争中的产物,越来越多的企业在意识到品牌的重要性之后将其作为公司的重要战略武器,逐步在市场中形成自己的竞争优势并占领市场份额。战略的本质是通过某种方式塑造企业的核心竞争力,从而为企业的未来长远发展保驾护航。在新兴商务背景下,科技高度发达、信息高速传播,热销的产品、先进的技术以及高效的管理等很容易就被竞争对手捕捉到并模仿,而品牌不一样,一旦形成就会在消费者群体中形成黏性,消费者对品牌往往会产生依赖心理和认知感觉,这种认知感觉很难被模仿。

品牌战略内容包括品牌化决策、品牌模式选择、品牌识别界定、品牌延伸规划、品牌管理规划与品牌战略设立六个方面的内容。

(1) 品牌化决策,解决的是品牌的属性问题。对于是选择制造商品牌还是经销商品牌、是自创品牌还是加盟品牌,在品牌创立之前就要解决好这些问题。不同的品牌经营策略,预示着企业不同的道路与命运,如选择宜家式产供销一体化,还是步入麦当劳的特许加盟之旅。总之,不同类别的品牌在不同行业与企业所处的不同阶段有其特定的适应性。

(2) 品牌模式选择,解决的是品牌的结构问题。对于是选择综合性的单一品牌还是多元化的多品牌,是联合品牌还是主副品牌,品牌模式虽无好与坏之分,但却有一定的行业适用性与时间性。例如,日本丰田汽车在进入美国的高档轿车市场时,没有继续使用TOYOTA,而是另立一个完全崭新的独立品牌凌志,这样做的目的是避免TOYOTA会给凌志带来低档次印象,而使其成为可以与宝马、奔驰相媲美的高档轿车品牌。

(3) 品牌识别界定,确立的是品牌的内涵,也就是企业希望消费者认同的品牌形象,它是品牌战略的重心。它从品牌的理念识别、行为识别与符号识别三个方面规范了品牌的思想、行为、外表等内外含义,其中包括以品牌的核心价值为中心的核心识别和以品牌承诺、品牌个性等元素组成的基本识别。例如,"三只松鼠"是第一个互联网森林食品品牌,代表着天然、新鲜、非过度加工。它率先提出森林食品的概念,定位于"森林系",倡导"慢食快活"的生活理念,引发了网售新鲜、低价、安全食品的革命。

(4) 品牌延伸规划,是对品牌未来发展领域的清晰界定。明确了未来品牌适合在哪些领域、行业发展与延伸,在降低延伸风险、规避品牌稀释的前提下,以谋求品牌价值的最大化。如海尔家电统一用"海尔"牌,就是品牌延伸的成功典范。

(5) 品牌管理规划,是从组织机构与管理机制上为品牌建设保驾护航,在上述规划的基础上为品牌的发展设立远景,并明确品牌发展各阶段的目标与衡量指标。企业做大做强靠战略,解决好战略问题是品牌发展的基本条件。

(6) 品牌战略,应该围绕企业的竞争实力来进行,企业要根据自己的情况,根据行业的特点、市场的发展以及产品的特征等选择合适的品牌战略。在新兴商务背景下,典型的品牌战略决策包括单一品牌战略、主/副品牌战略、多品牌战略、产品线扩展策略、品牌延伸策略、新品牌战略、合作品牌战略。

6.3.1 单一品牌战略

单一品牌又称统一品牌,是指厂商旗下的所有产品都使用同一个品牌。这样一来,厂商的所有产品之间是一种品牌协同结构,品牌资产在所有产品中共享。单一品牌战略无疑有它的优势:首先,实行单一品牌战略的情况下,厂商可以将所有资源聚焦,更容易塑造较强的品牌形象,并且在后续出新产品时仍然沿用之前已经建立好的品牌形象,使得厂商旗下的每一种产品都能共享品牌优势;其次,单一品牌战略的宣传成本低,包括市场宣传、广告费用、品牌管理以及消费者认知强化等成本均较低;此外,单一品牌战略往往能强化企业价值与文化,容易在市场中形成核心竞争优势,有助于消费者的认知强化。

值得注意的是,单一品牌战略有"近朱者赤"的优势,也具有"近墨者黑"的危险。例如,当厂商品牌下的某种商品出现危机时,则该品牌下的其他产品也会受到牵连,甚至有可能整个产品体系面临崩塌。另外,单一品牌战略使得产品之间的差异度和区分度较小,不利于消费者的个性化需求和厂商研发不同类型的产品。

单一品牌战略适用于以下情况:产品之间有强烈关联性;产品质量水平大致相同;产品的目标客户群稳定。

案例 6.5

"三只松鼠"的单一品牌战略

"三只松鼠"是第一个互联网森林食品品牌,代表着天然、新鲜以及非过度加工。其目前的核心产品是坚果类,相继推出花茶、蜜饯等多累产品的上线,且每个品类都会推出一个对应的品牌,所有产品都归类为"森林系",目前拥有三大类产品。

(1) 无公害、无污染的天然绿色坚果:碧根果、夏威夷果、腰果、吊瓜子、松子等。

(2) 营养丰富、品质上乘的干果和肉脯:和田玉枣、若羌灰枣、黑加仑葡萄干,以及猪肉粒、牛板筋等。

(3) 馨香解腻、清肠保健的花茶:红茶、大麦茶、玄米煎茶、荷叶茶、柠檬片等。

三只松鼠最初尝试走多品牌的纯互联网森林食品路线,2014 年相继推出了"松鼠小贱"和"松鼠小美"两个子品牌,前者主营干果、肉脯的休闲食品子品牌,后者是定位于互联网快时尚品牌,主营花茶系列产品。2015 年,三只松鼠就宣布关闭了旗下两大子品牌"松鼠小贱"和"松鼠小美"。关闭的原因在于当松鼠小美和松鼠小贱成长到一定阶段后,完成初期的供应链摸索、市场布局与调研后,松鼠小美和松鼠小贱整合到三只松鼠的主品牌中,不但能优化电商成本,同时担负着三只松鼠品牌延伸的重任。之前三只松鼠的多品牌运营为企业带来了资源的浪费,仅以物流发货为例,以前子品牌集中在芜湖总仓,多品牌集中经营后,可以通过北京、广州的分仓实行同步发货,大大提高了消费者的购物体验。

总体而言,三只松鼠目前已经形成了多品类、多渠道、单一品牌发展的格局。

6.3.2 主/副品牌战略

主/副品牌战略也称为母子品牌战略,是指在生产或经营多种产品的情况下,以一个统一的成功品牌作为主品牌,涵盖企业的所有产品,同时又给其他不同产品命名一个富有魅力的名字作为副品牌,由此可以从功能、规格、档次等各种角度进行区分,以突出产品的个性化形象。

主品牌和副品牌之间的关联,既可以是口头语言联系,也可以是视觉设计联系。对主品牌而言,其主要功能是厂商向消费者再次确认旗下产品一定会具有所承诺的优点,由主品牌的成功作为背书。尤其当厂商发布新产品时,主品牌战略显得至关重要。因为如此一来,消费者就会像认同主品牌一样认同新的副品牌产品。值得注意的是,主品牌也会有受副品牌产品牵连的危险。

主/副品牌战略的重心是主品牌,副品牌处于从属地位,其主要职责是为了能更形象地表达副品牌的优点、个性,同时弥补单一品牌过于死板、老套的缺点。副品牌通常比较接地气,具有时代感和冲击力,但适用面较窄。

> **案例 6.6**
>
> **海尔主/副品牌战略**
>
> 海尔是将主/副品牌战略运用得比较成功的企业。海尔用一个成功品牌作为主品牌,来涵盖企业所生产制造的系列产品,与此同时,给每一个不同的产品赋予一个生动活泼的名字作为副品牌,主品牌用作展示系列产品的社会影响力,副品牌用作凸显各个产品的个性化形象。
>
> 例如,海尔的冰箱系列,海尔虽然在它所有的产品之上都使用同一个商标,但是为了区分彼此的特点,仅就冰箱来说,就分为变频对开门的领航系列、变频冰箱白马王子系列和彩晶系列;电脑冰箱数码王子系列和太空王子系列;机械冰箱超节能系列和金统帅系列等。
>
> 在洗衣机系列中,海尔推出了海尔小神童、海尔小小神童、海尔小王子、海尔大力神、海尔即时洗等,所有产品都是在企业名称海尔后加上各种产品的副品牌,突出某一产品的特点。

6.3.3 多品牌战略

所谓多品牌战略,是指厂商生产同一种产品,但使用两种或两种以上的品牌,其主要功能是区分其他的产品厂商和区分自己的不同商品。多品牌战略为每一个品牌分别营造了一个独立的成长空间。目前,中国电信运营企业针对自身越来越多的产品线较多采用多品牌战略。

多品牌战略可以从不同角度来设计:
(1) 不同的产品性能,如海尔的小神童系列、净界系列;
(2) 不同的目标顾客,如五粮液按不同的对象推出了浏阳河、京酒、金六福等产品品牌;

(3) 不同的产品质量,如广州顶益食品公司旗下生产的康师傅和福满多系列方便面;
(4) 不同时期的促销,如联想家用电脑为寒假促销而推出的家悦系列电脑。

企业采取多品牌战略的优势:

(1) 根据功能或者价格的差异对产品进行划分,以此来覆盖更多消费者需求,从而占领更多市场份额;

(2) 产品之间看似竞争实则共同壮大主品牌实力的策略,增加了市场的总体占有率;

(3) 分散风险,实行多品牌战略的厂商,当某种品牌的产品出现问题时,其他品牌的产品能免遭牵连。

多品牌战略虽然有诸多优越性,但也存在很多局限性。

(1) 随着新品牌的引入,其净市场贡献率将呈现边际递减趋势。对于企业而言,随着品牌的增加,新品牌对企业的边际市场贡献率将呈递减的趋势。这一方面是由于企业的内部资源有限,支持一个新的品牌有时需要缩减原有品牌的预算费用;另一方面,企业在市场上壮大新品牌的举措常常会由于竞争者的反抗而达不到预期的效果,竞争者会针对企业的新品牌推出类似的竞争品牌,或加大对现有品牌的营销力度。此外,随着企业在同一产品线上品牌的增多,各品牌之间不可避免地会侵蚀对方的市场。特别是当产品差异化较小,或是同一产品线上不同品牌定位差别不甚显著时,这种品牌间相互蚕食的现象尤为显著。例如,当初中国联通推出 CDMA 业务时,相当一部分客户就是从联通自己的 GSM 客户转网而来的。

(2) 品牌推广成本较大。企业实施多品牌战略,意味着不能将有限的资源分配给获利能力强的少数品牌,各个品牌都需要一个长期、大额的宣传预算。因此,产品开发与促销费用能否从新品牌的销售额中收回来等是实施多品牌战略前必须考虑的问题。

案例 6.7

宝洁多品牌战略

采用多品牌战略的代表非宝洁莫属。宝洁的原则是:如果某一个种类的市场还有空间,最好那些其他品牌也是宝洁公司的产品。因此,宝洁的多品牌战略让它在各产业中拥有极高的市场占有率。举例来说,在美国市场上,宝洁有八种洗衣粉品牌、六种肥皂品牌、四种洗发精品牌和三种牙膏品牌,每种品牌的特征描述都不一样。以洗发水为例,我们所熟悉的有:飘柔以柔顺为特长;潘婷以全面营养吸引公众;海飞丝则具有良好的去屑功效;沙宣强调的是亮泽。不同的消费者在洗发水的货架上可以自由选择,然而都没有脱离宝洁公司的产品。

6.3.4 合作品牌战略

合作品牌战略(也称为双重品牌)是两个或更多的品牌在一个产品上联合起来。每个品牌都预期另一个品牌能强化产品的整体形象或购买意愿。一种产品同时使用企业合作的品牌是现代市场竞争的产物,也是企业品牌相互扩张的结合,如一汽大众、上海通用、松下小天鹅等。

合作品牌的形式有多种:

(1) 中间产品合作品牌,如富豪汽车公司的广告说自己使用米其林轮胎。

(2) 同一企业合作品牌,如摩托罗拉公司之前的一款手机使用的是摩托罗拉掌中宝,掌中宝也是公司注册的一个商标。

(3) 合资合作品牌,如中国移动为动感地带客户定制的手机上则会同时使用手机厂商的品牌和中国移动动感地带的品牌标识。

合作品牌战略的优点在于它结合了不同公司的优势,可增强产品的竞争力,降低促销费用。对于一些行业,如计算机、汽车等,顾客往往会认为产品的主要部件由某一公司生产的更好,此时借注明计算机芯片生产品牌或汽车发动机的生产品牌,就可以借助计算机芯片、汽车发动机的品牌知名度很快打开市场。例如,一台注有"Intel Inside"的计算机往往比没有注明"Intel Inside"的计算机更容易被消费者所信赖,销路更好。

使用合作品牌战略也会有一定的风险。例如,在长期的合作中两方公司受益不均,甚至产生危及一方长期利益的现象,借助他人力量也可能产生为他人作嫁衣的结果。另外,两家合作公司的品牌知名度不同,信誉有高有低,高信誉度的品牌有可能因为低信誉度公司的产品出现问题而受到牵连影响。合作品牌战略可能使合作公司之间相互影响从而降低公司的抗风险能力。

简言之,在同一产品上注明两个及以上品牌的合作品牌战略是近年来很多企业使用的策略,它同时集中了单一品牌战略和多品牌战略的某些优点,并形成一些特定的竞争优势,但同时也加大了企业的风险。

阅读 6.1

B2C 电商平台中的品牌战略发展

罗兰贝格发布报告《乘风破浪:B2C 电商平台中的品牌战略发展》,分析 B2C 电商平台整体发展趋势,明确企业未来电商平台战略的基本原则与核心能力,助力品牌把握机遇,凭风远航。

B2C 电商平台发展势头良好,2017 年之后,其成交量始终占全球电子商务成交总额(GMV)的一半以上,并一直保持稳定提升,已经成为市场增长的主要引擎。电商平台的发展基于流量、服务与数据三大核心要素的良性循环。其中,电商平台以流量为基础,丰富客户数据,完善产品与服务,以此提高客户满意度、增强获客能力,从而获得更多的流量。作为流量的"大门",电商平台掌握着价值链中最重要的一环:客户及其数据,其影响力还在进一步提高。

如今,品牌的发展需要借助电商平台的力量,这已经成为不争的事实。电商平台运营商的流量为企业提供深入的客户洞察,"零售+服务"模式帮助企业针对客户需求进行及时而准确的产品与服务响应,同时还越来越多地提供物流与市场营销等配套解决方案。未来,电商平台还将围绕零售业务,构建更广泛而开放的零售生态系统。

为有效利用电商平台,企业首先需要制定明确的战略,其中包括战略目标(市场进入、优化渠道、出清库存等)、电商平台定位(调性匹配、商品组合等)、电商平台性质(外包、自建)等。罗兰贝格提出四种电商平台商业模式供企业选择。

单一品牌延伸：品牌推出自有电商平台，并在平台上引入其他(互补)品牌，扩大产品的深度与广度，适合品牌形象强大，组货、吸附流量与电商运营能力较强的企业。

分销网络：电商平台邀请经销商入驻，在其现有销售网络基础上，为其提供额外的线上销售渠道，适合重视批发业务的企业。

许可平台：封闭的电商平台将获得许可的品牌旗下所有产品集中到一个平台上，以此集中品牌知名度，帮助客户深入了解品牌。

多品牌平台：在同一个电商平台中整合不同品牌的产品，同时开发新品牌，可以利用其他种类商品丰富品类，适合拥有多个品牌的集团。

企业需要通过增强自主零售能力将业务重点转移到B2C电商平台上来，从渠道思维向客户思维转变，利用模块化方式管理分销渠道。这意味着品牌需要为每个产品定义相应的渠道、物流模型和营销方式的最佳组合，并关注单个产品平均收入，实现利润的最大化。

6.3.5 品牌延伸战略

品牌延伸(brand extensions)，是指将现有品牌名称使用到新产品上，即将现有的成功品牌，用于新产品或修正过的产品上的一种战略。品牌延伸战略不仅仅借用成功品牌的名称，还会整合成功品牌的资产。随着市场竞争的加剧，厂商之间的同类产品的差异区分越来越微小，此时品牌成为厂商之间竞争的最重要筹码之一。品牌延伸战略是企业在推出新产品时，将品牌无形资产转移和发展的最有效途径。品牌也有着导入期、成长期、成熟期和衰退期等生命周期，品牌延伸战略一方面可以转移品牌的无形资产，同时又以新产品的形式延续了品牌的生命周期，是很多企业的品牌战略选择。

品牌延伸战略有如下优点：

(1) 加快新产品的定位，保证新产品投资决策的快捷准确；

(2) 有助于减少新产品的市场风险，即品牌延伸战略使新产品一经问世就有品牌知名度，大大减少了消费者认知、认同、接受、信任的时间，有效防范了新产品的入市风险，并降低了新产品的市场导入费用；

(3) 有助于强化品牌效应，增加品牌这一无形资产的经济价值；

(4) 能够增强核心品牌的形象，提高整体品牌组合的投资效益。

案例6.8

数字化时代的跨界品牌战略

2018年天猫促成平台上大量中国品牌的跨界组合，覆盖食品、日用品、酒类、服装、美妆等多个行业。其中，老字号IP联名款商品超过22万款，销售增幅约44%。跨界单品为跨界品牌双方赢得了消费者注意力，用户体验得到互补并产生资源互换，特别表现在购买力强劲的年轻消费者客群增长方面，销售业绩良好，如泸州老窖跨界香水"顽味"上市当天卖出1 000多瓶。

周黑鸭×御泥坊
小辣吻口红

稻香村×故宫
朕的心意

阿芙精油×福临门
卸妆油

泸州老窖×气味图书馆
桃花醉香水

资料来源：阿里研究院，《2019中国消费品牌发展报告》。

品牌延伸战略有如下缺点：

（1）可能损害原有品牌形象。当某一类产品品牌成为强势品牌，它在消费者心目中就有了特殊的形象定位，甚至成为该类产品的代名词。将这一强势品牌进行延伸后，由于近因效应的存在，强势品牌的形象会受到一定的影响，如果品牌延伸运用不当，原有强势品牌所代表的形象就可能被弱化。

（2）有悖于消费心理。一个品牌取得成功的过程，就是消费者对企业所塑造的这一品牌的特定功用、质量等特性产生特定的心理定位的过程。企业把强势品牌延伸到和原市场不相容或者毫不相干的产品上时，可能会有悖于消费者的心理定位。

（3）容易形成此消彼长的"跷跷板"现象。当一个名称代表两种甚至更多的有差异的产品时，必然会导致消费者对产品的认知逐渐模糊化。当延伸品牌的产品在市场竞争中处于绝对优势时，消费者就会把原强势品牌的心理定位转移到延伸品牌产品上，这样就无形中削弱了原强势品牌的优势，形成原强势品牌产品和延伸品牌产品此消彼长的"跷跷板"现象。

（4）淡化品牌特性。当一个品牌在市场上取得成功后，在消费者心目中会有特殊的形象定位，如果企业用同一品牌推出功用、质量差异很大的产品，消费者会晕头转向，品牌特性就可能被淡化。

思考题

1. 你认为成本加成定价法在现实中应用会有哪些问题？
2. 在产品生命周期的不同阶段，企业是如何选择其价格策略的？
3. 新兴商务背景下的品牌战略决策有哪些？请分别讨论其优缺点。

参考文献

[1] 李鹏:《中国数字内容产业的发展与平台生态自我规制研究》,东南大学博士学位论文,2016年。

[2] 吴永新:《我国企业广告运作决策研究》,暨南大学博士学位论文,2006年。

第三篇 商业模式及新兴业态分析

第七章
商业模式分析——基于魏朱商业模式理论

商业模式（business model）是近年来管理学界讨论特别热的一个概念，可以说综合了价值链管理、战略管理、营销管理、技术创新等多种理论，将企业管理这一复杂系统体现得淋漓尽致。学者们研究商业模式的视角（概念抽象、体系架构、要素内容、研究方法等）不同，给出的定义也各不相同。Magretta（2002）简单地将商业模式概括为"解释企业如何运作的故事"。Amit & Zott（2001）认为商业模式是一种活动组成要素的体系结构配置，是以用户价值创造为核心的活动系统，主要由三大要素构成：活动内容、活动的连接和对活动的治理。Teece（2010）认为，商业模式是一个企业有关其价值创造过程的总体架构设计，包括价值创造、交付和收获机制，其实质体现了企业价值创造的逻辑和方式：如何向用户交付价值、吸引客户为价值付账，并将这些支付转换为利润？如此，商业模式反映了企业经营者的一系列假设：顾客需要什么？他们怎样需要？企业如何组织自己的活动去更好地满足这些需要、收取费用并获得盈利？目前国内普遍被接受的定义来自魏朱商业模式理论创始人魏炜和朱武祥（2012）所定义的商业模式，即"利益相关者的交易结构"。本质上，商业模式是一个由焦点企业及其供应商、合作伙伴等外部主体形成的复杂生态系统，它描述了一个公司如何创造和获取价值。当交易结构可以持续交易时，就会创造出新的价值，每一方会按照一定的方式去分配这个价值，而分配比例很大程度上取决于双方的讨价还价能力以及实力对比。如果每一利益相关方获得的价值超过了它投入资源的机会成本，这个交易结构便能达成并持续下去。作为一个生态系统，商业模式是动态调整的，市场需求的改变、竞争环境的变迁、技术进步以及新的利益相关者的出现都会促使企业进行商业模式再设计和创新。

由此可见，商业模式创新对于一个企业而言非常重要。如果说技术创新会给一个企业的生产力带来巨大变化的话，那么商业模式的创新往往更能够给企业的组织结构以及竞争优势带来巨大变化。技术与市场需求的不断深入融合，催生出了许多新模式和新业态。以制造业为例，互联网开放、共享、协同、去中心化的特征正在推动制造业创新主体、创新流程、创新模式的深刻变革。通过与互联网深度融合，传统制造业企业可以在创新、成长与发展、转型与升级等层面实现量的提升与质的转变，同时也在这一过程中不断涌现出新模式、新业态以及新产品，真正实现网络化协同生产和个性化定制。本章我们将重点对魏朱商业模式理论进行阐述。

7.1 商业模式的内涵

7.1.1 商业模式的构成要素

商业模式用来描述电商的经营方式，经济学学者强调盈利，把商业模式界定为对企业如何盈利的逻辑思考,把盈利模式作为商业模式的重要构成要素;运营学学者强调流程,认为商业模式是企业如何运转的逻辑思考,由组织形式、业务流程、管理模式、价值流、资源模式构成;战略学学者认为战略核心是定位,定位的本质是企业的价值主张,把价值主张看作商业模式的重要构成要素;系统论的学者从系统层面分析企业的商业模式,认为它包括运营模式、盈利模式、价值主张及三者的组合。尽管盈利是企业的基本目的,但前提是拥有很强的价值创造能力,而价值创造能力体现在运营中,因此把价值获取的商业逻辑看作企业的商业模式太过片面;把运营模式看作商业模式也不全面,忽视了企业为谁服务,经济回报从哪儿来。系统论视角的模型主要有 Hamal 的四构面模型、Osterwalder 的九要素模型及魏朱商业模式理论模型。魏朱商业模式理论模型是对商业模式构成要素的高度概括,体现了各要素间的反馈机制,能够反映商业模式基本内涵,被学术界广泛认可。

商业模式是利益相关者的交易结构,其构成要素也应基于交易结构。关于商业模式的定义存在很多种,实际上很多构成要素属于交易结构的范畴,如交易主体、交易方式、交易定价或整个交易结构,同时很多学者把原本属于战略、营销、财务等学科的要素也归到商业模式。在魏炜等看来,形成独立于其他社会科学学科的构成要素,是商业模式成为独立学科的基础。然而,只有聚焦于交易,围绕交易结构,才能有效定义商业模式的构成要素。为进一步研究、设计商业模式提供分析框架,他们给出了以交易结构为核心的商业模式构成要素,并阐述商业模式是一个基于交易结构的效率乘数,同时解答了"交易内容不属于商业模式而属于战略"的关键问题,明确了商业模式的概念外延。

作为利益相关者的交易结构,商业模式的组成要素包括六项:业务系统、定位、盈利模式、关键资源能力、现金流结构和企业价值(魏炜、朱武祥,2009)。

(1) 业务系统:这是商业模式的核心概念,强调整个交易结构的构型、交易方的角色和关系,由构型、角色与关系三部分组成。构型指利益相关者及其连接方式所形成的网络拓扑结构;角色指拥有资源能力即拥有具体实力的利益相关者;关系指利益相关者之间的治理关系,主要描述控制权和剩余收益索取权等权利束在利益相关者之间如何配置。这三方面的不同配置都会影响整个业务系统的价值增值能力。

(2) 定位:企业满足利益相关者需求的方式。这里所说的利益相关者,实质是广义的客户,包括内部客户(员工)、外部客户(供应商、消费者、服务提供商、直接客户、间接客户等)、类内部客户(特许经营门店,外包服务,外协加工等)。从交易结构角度,定位的核心是满足利益相关者需求的方式。比如,同样是满足消费者喝豆浆的需求,可以开连锁店卖豆浆(永和大王),可以卖豆浆机让消费者自己操作(九阳),可以开社区体验店现磨现卖等,这都是定位的差异。

(3) 盈利模式:以利益相关者划分的收支来源以及相应的收支(或计价)方式。盈利模式构成了企业收入及成本结构。同样一个产品,盈利来源有很多种。例如,文艺作品可以直接从观众身上赚取演出费、销售版权(卖给播出平台,如电视台、视频网站等)、植入广告收费(冯小刚电影、赵本山小品)、从演员身上收费(真人秀节目)、授权开发衍生品(迪士尼)等。计价的方式也有很多,可以按时间收费、按价值收费、按消费资格收费等。例如,游戏有销售光碟(消费资格计价)、点卡(时间计价)、道具(价值计价)等。

(4) 关键资源能力:强调支撑交易结构的重要资源和能力,或者要使交易结构成立,焦点企业需要具备的资源能力(这两个定义实质是等价的)。不同的商业模式要求企业具备不同的关键资源能力,同类商业模式其业绩的差异主要源于关键资源能力水平的不同。同样是开餐馆,高档餐厅、连锁快餐和送餐的关键资源能力一定是不同的。高档餐厅以环境、菜品单价和质量等取胜;连锁快餐追求标准化和快速复制化;曾经的资本市场宠儿福记食品的送餐业务则以对中央厨房的管理和运营作为改进效率的重点。

(5) 现金流结构:企业经营过程中产生的现金收入扣除现金投资后的状况,其贴现值反映了采用该商业模式的企业的投资价值。不同的现金结构体现了企业商业模式的不同特征,并影响企业成长速度,决定企业投资价值的高低、投资价值递增速度以及受资本市场青睐程度。

(6) 企业价值:企业的投资价值,是企业预期未来可以产生的自由现金流的贴现值,也是商业模式的落脚点。评判商业模式优劣的最终标准就是企业价值(商业模式价值或者焦点企业价值)的高低。企业的投资价值由其成长空间、成长能力、成长效率和成长速度决定。

不同学科对商业模式创新的认识不同,技术创新学强调创新,认为商业模式创新源于洞见需求、对价值主张的重构,是新技术实现商业化应用的保障;战略学关注变革,认为商业模式创新是引入可盈利的新模式或对现行模式的重构,目的是为顾客及利益相关者创造新价值;营销学关心的核心是顾客,认为商业模式创新是面向消费者潜在需求,设计新业务系统、开发新渠道、重建新市场的一种全新的创新范式,具有主动性市场导向和双边市场特征;系统论认为商业模式创新是系统性创新,通过实现价值主张、运营模式、盈利模式和营销模式的改良重构获得商业模式的创新。不管何种视角,商业模式创新都是通过影响或重构某一构成要素,或是对问题和规则的重新定义而实现创新,根本出发点是价值创造和获取。

7.1.2 商业模式的定位

无论是战略的定位,还是营销的定位,都强调了要满足的客户需求,甚至深入到了满足客户需求的产品、服务和认知的细节。但是,都忽略了跟满足客户需求联系非常紧密的一个维度:需求满足方式。比如,炎炎夏日,客户想喝一杯冰冻的果汁饮料。这是一个确定的客户需求,但满足这个需求的方式却能分成很多种:企业建立连锁店销售冰冻果汁,客户通过购买直接获得最终产品;企业建立体验作坊,提供多种水果原料、配方和不同配套榨汁机器,由客户通过现场学习,自己鲜榨果汁;企业销售榨汁机器,客户通过购买机器和水果,自己动手榨汁;企业销售即溶果汁粉,客户购买冰块,自己冲泡果汁并加冰。我们可以在企业经营现实中找到以上各种不同的满足方式的例子。而且,如果继续挖掘就会发现,客户满足需求的方式是非常多样的,而不同的方式,从与客户的交易时效、交易效率、交易成本(难易程度)等方面来看是差别非常大的。站在商业模式的视角,这种交易方式的差异和选择,就是商业模式的定位问题,商业模式定位的定义就是"利益相关者需求的满足方式",以此与战略定位和营销定位区别开来。

商业模式定位与企业战略定位和营销定位之间,存在着相互影响的关系,但又是存在着很大的差异。不同的商业模式定位,将影响不同的战略定位和营销定位。比如,建立连锁店销售冰冻果汁的企业,可能会考虑把店面建设在一线城市商圈,定位于商务人群(战略定位),强调环境的舒适和气氛的幽静(营销定位);如果是销售榨汁机器,则可能要考虑面向家庭主妇和年轻白领(战略定位),强调操作的简易性(营销定位)等。

营销定位的决策过程最具动态特征,调整的灵活性也是最大的。同样产品具备多种价值侧面,根据市场需求更换一个重点就有可能变化营销的定位。例如,同一款饮料,既可以根据配料成分定义为果汁加汽饮料,也可以根据目标人群定位为运动饮料,产品没做太大的改动,短时间就可以重新定义营销定位。

相对营销定位而言,战略定位的决策相对稳定。一旦战略调整,不管是开发新产品还是开拓新市场,都意味着企业的经营方针转变、组织结构调整和资源投向的重新调配。

在三者的比较当种,商业模式定位则是最稳定的。因为商业模式定位主要解决满足客户需求的方式的问题,而这个问题不仅仅涉及企业的决策,更会涉及企业与利益相关者形成的交易结构和相应的价值(即业务活动)网络的调整,可谓牵一发而动全身。同时,这种焦点企业和利益相关者形成的商业生态还因为规模效应、学习曲线等原因,具有较强的路径依赖,绝不是单个企业自行就能够自主决策、自行调整的。举例来说,一家企业决定通过经销商还是通过连锁专卖店来销售产品就是一个商业模式定位问题,这是一个一旦定下来,在中期之内很难变动的定位;决定是否进军一个新的区域市场或者开发系列衍生产品是一个战略定位,这是在中期可以变动的;同一款产品,把原来定位为高端消费者的"彰显身份"调整为中低消费者的"大众潮流"是一个营销再定位问题,这是在短期内企业自己可以实现的。

由于商业模式定位的决策和实施周期最长,涉及调整的范围最大,甚至超出企业边界,而且一旦形成最为稳定,因此企业应该先进行商业模式定位,然而再确定战略定位和营销定位,这样的决策成本和执行成本是最低的。在企业的实践中,无论是否有意识地进行了商业模式的定位工作,客观上每个企业都会选择自己的商业模式定位。因此,有意识地从企业所处的商业生态的角度,先进行商业模式定位,会对企业的战略定位和营销定位具有很大的帮助。

无论是商业模式定位、战略定位还是营销定位,都有在其各自层面的价值主张。这个价值主张对于客户而言,则是企业期望带给客户的价值感受。所以,企业的价值主张可以来源于商业模式定位、战略定位或者营销定位中的任何一个,并在其中寻求企业的差异化价值的建立。这三种价值主张中,战略定位着眼于市场、客户和产品,营销定位着眼于客户细分的需求,商业模式则着眼于需求满足的方式。

7.2 商业模式的经济解释与设计

商业模式工程原理是从经济原理和逻辑推理的角度,总结出商业模式创新设计的理论依据和操作规则,从而使商业模式创新设计成为一种可以复制的组织能力。在商业模式的基本经济学概念和商业模式的基本要素的基础上,可以得出商业模式设计的三大工程学原理,并推导出更为直接的商业模式,设计六大规则用于指导实践工作。

7.2.1 商业模式设计工程学三大原理

案例 7.1

好 市 多

好市多是1993年由两家量贩式仓储超市 Price Club 和 Costco 合并而成的美国连锁超市企业。经过24年的发展,目前在11个国家及地区开了721家门店,在全球拥有 8 890 万持卡会员,2016 年财年营业收入已达 1 187 亿美元,已经成为仅次于沃尔玛的全球第二大零售商,但其库存周转率是沃尔玛的 1.5 倍,坪效比是沃尔玛的 2 倍,客户单价是沃尔玛的 2 倍以上,运营费用率更是只有沃尔玛的一半!

这个业绩的背后,是好市多独特的商业模式。好市多设定的目标是为会员提供更好的服务,扩大会员数量,而不是像其他超市那样赚取差价。为了将经营思路贯彻实施,好市多在经营上采取了强有力的措施。第一,主动将自己的纯利润降为 0。如果说好市多的前身 Price Cub 等作为量贩式的折扣连锁超市,目的还是为了薄利多销,那么合并以后的好市多就真的放弃所有赚差价的念头了。在沃尔玛、家乐福等国际零售企业都在追求毛利率不断增长的情况下,好市多却在探索在持平运营费用和税费的条件下,毛利率的底线能够做到多少。在全球的好市多里,都藏着一个神秘数字 14,意思是任何商品定价后的毛利率最高不得超过 14%,除去税费,纯利润就几乎为 0 了。第二,采取所有办法为客户省钱。好市多门店大多开设在方便家庭汽车集中出行购物的高速路口,租金便宜,店面也不多,目标消费群体瞄准中产阶级聚集的区域,满足他们对中上品质商品的追求和对性价比的喜好,以及一次购买至少一到两周生活用品的购物习惯。好市多构建了精简的供应链体系,商品种类只动态更新 4 000 多种,每一种商品量大到要从供应商那获得最低的价格,如果有一种商品不能让好市多获得最低价,就会永远不再出现在它的货架上,同时它发展了 20% 的自有品牌商品。

好市多收取顾客相对低廉的固定会员费,会员费分为 55 美元/年或者 110 美元/年两档,尽管会员可以随时要求全额退回年费,好市多的会员依然以几何级的数量在增长,而且在欧美的会员续费率高达 91%,在允许会员携带亲友购物并提供分单结账服务等政策下,几乎没有哪个被带进好市多的非会员在体验购物后,不是立刻申请成为好市多会员的。即使在运营层面努力追求 0 利润,好市多依然获得了卓越的经营业绩。

从商业实践中来看,类似于好市多这样的商业模式创新与设计,往往来自企业家的经营直觉或灵感。那么,能否从经济原理和逻辑推理的角度,总结出商业模式的创新设计的理论依据和操作规则,从而使商业模式创新与设计成为一种可以复制的组织能力呢?答案是肯定的。本章即从商业模式工程原理和商业模式设计规则两个方面来讨论商业模式创新与设计的结构化的方法。

商业模式设计和创新的过程可以视为一个工程过程,在商业模式的基本经济学概念和商业模式的基本要素的基础上,可以得出商业模式设计的三大工程学原理。

一、原理一:同样的资源能力被不同利益主体拥有时机会成本不同

同样的资源能力被不同利益主体拥有时,机会成本不同。因此,有时候仅仅把企业手中已有的资源与新的或合适的利益主体交易,就可能创造巨大的价值增值。

假设利益主体 A 中有一个资源能力 a,A 对 a 的价值评价为 500 元;利益主体 B 中有个资源能力 b,B 对 b 的价值评价为 600 元。但是同时,A 对 b 的价值评价为 1 000 元,B 对 a 的价值评价为 1 200 元。那么,双方就存在相互交易并同时提升自身境况的机会。A 把 a 与

B进行交易,得到b,B得到a。那么,A拥有的资源能力从a变成b,价值评价从500元上升到1 000元;B拥有的资源能力从b变成a,价值评价从600元上升到1 200元。资源能力总集和利益主体的总集并没有发生变化,但通过交易,双方的价值评价都有所增值,而其总价值评价更得到了巨大的扩张。

以此类推,如果有更多的利益主体和资源能力,可交易的机会可能会更多,可创造的价值增值可能会更巨大。商业模式设计正是为了把资源能力交易配置到发挥更高效率的利益主体,实现交易结构的价值增值。

同样的资源能力在不同的利益主体手中,其可变现的路径和可实现的价值完全不同。一个合适的交易结构,应该把焦点企业手中价值评价不高的资源能力拿来去交易,获得焦点企业价值评价较高的资源能力。如果存在多个资源能力和利益主体的价值评价错位的情况,就存在通过交易使资源能力与利益主体价值评价之间相互匹配的可能性,这正是商业模式设计的意义所在。

二、原理二:利益主体以不同方式交易时,价值增值不同

商业模式创造的交易价值,减去交易成本,就是交易结构的价值空间;价值空间减去焦点企业和利益相关者付出的货币成本,就是商业模式所实现的价值增值。如果一种交易结构的创新,能够提升交易价值,或者降低交易成本,或者节省货币成本,或者同时实现以上三项中的两项或全部三项,都会提高价值增值。

每个利益主体都具备一定的初始资源和能力。如果把任何一个活动划分为输入、处理和输出三个环节,则资源一般处于活动的输入、输出环节;能力是衡量活动处理过程的一个效率和效果指标。对活动的不同切割,对活动的输入、处理、输出的不同配置,就构成了各种交易方式。不同交易方式不但包括对交易对象整体产权的不同切割转移,也包括在对交易对象的切割转移中所涉及的对资源能力和主体的切割配置,所带来的价值增值不同。具体来说,包括七个不同的参数,即满足方式、构型、角色、关系、收支方式、收支来源、现金流结构等,这在本书第三章已有详细阐述。这些交易方式参数的取值不同,最终会带来不同的价值增值、交易方式的延伸问题:切割重组、抉择收益等不同的交易方式,实质上是七个参数的取值差异。在形成这些参数的过程中,一个重要思想是对交易对象和资源能力进行切割,将不同切割出来的部分与不同利益主体之间重新组合,形成不同的交易方式这种切割可以是资源能力的切割、业务活动环节的切割、管理活动环节的切割、权利束的切割、时间的切割等。因此,切割是产生参数的重要手段。切割之后,要与利益主体之间重新组合。目标是让利益主体与切割出来的部分结合到一起的总价值增值最大。

对每一个利益主体而言,不同的切割所形成的不同交易方式,其抉择收益是不同的,只要最终所选择的交易方式,其抉择收益超过不参与交易时的抉择收益(即机会成本),就有可能参与交易。对任何一个利益主体而言,其获得的收益也不应该超过其对交易结构的贡献。在机会成本与贡献之间,是合理的定价。显然,定价也已经内含在交易方式当中。

从另外一个角度,甲方是否选择和乙方交易,甲方要考虑到两个机会成本:第一,甲方自己的资源能力,如果不和乙方交易,放到别的交易结构,最高的收益是什么,也就是甲方的机会成本;第二,乙方如果不和甲方交易,与其他利益主体(与甲方贡献同质、等量的资源能力)交易时所能获得的最高收益,也就是乙方的机会成本。

因此，任何一个资源能力，在不同利益主体中的抉择收益是不同的，这种收益首先是资源能力与利益主体的相互匹配；其次则来自对这种资源能力的交易方式。因此，即使面对同样一个对象，不同的交易方式能够挖掘出来的价值也是不同的。

三、原理三：以同样方式交易交易对象的不同属性，价值增值不同

原理一和原理二主要着眼点在于不同的利益主体以及交易方式。那么，针对同样的交易对象，是否价值增值就一定是一样的呢？答案是不一样的。因为交易的本质是对交易对象的某一项属性进行定价，即使针对同一个交易对象，由于交易的属性不同，定价会完全不同，产生的价值增值也不相同。例如，同样一块土地用作商业或者工业，产生的价值不同。再比如，同样一项专利是作为申请高新技术企业的条件，还是专利再开发，或是转化为产品，都是对专利的不同属性进行交易，可以产生完全不同的价值增值。

传统意义的定价主要指的是"定量"，即在收支来源、收支方式既定情况下的价格高低。商业模式定价，定向、定性、定量、定时的不同最后导致各利益主体的价值剩余也会不同。这部分内容在本书第六章有详细阐述。如何通过对属性的创造性定价实现价值空间，是属性交易的核心问题。

因此，对交易结构而营，不但要对利益主体贡献了哪些交易属性保持敏感，并根据其贡献匹配收益，还要对利益主体因此放弃了对哪些交易属性进行定价保持关注，评估这些放弃属性的机会成本，才有可能正确评估利益主体的付出与回报，构建起结构相对动态稳定、可持续发展的商业模式。

7.2.2 商业模式设计的六大规则

根据上节所述的三个原理，和抽象的原理不同，设计规则更加具体，每一条规则对应的是单一的动作，可以直接用于商业模式设计，其背后逻辑也更加简洁和直观。

一、通过增减利益主体可以实现不一样的价值增值

根据原理一，同样资源能力被不同利益主体拥有时机会成本不同。增加利益主体或者减少利益主体，都意味着资源能力的分配将产生变化，因此将导致价值增值的变化。在一个交易结构中，任何利益主体的出现都有其承担的交易角色，或者是为了提升交易价值，或者是为了减少交易成本，又或者是为了降低交易风险。恰当地增减利益主体，可以改变交易结构的价值、成本、风险取值，从而影响交易增值。事实上，在很多具体交易结构的设计中，为了提升价值增值，引入新的利益主体并不少见。

例如，近年来中国房地产行业无疑是最牵动人们关注的市场之一，抛开备受热议的房价因素，房地产市场在中国的兴起和蓬勃发展，毫无疑问是最大的市场增长引擎，除了房地产企业和购房者之外，引入银行这个利益主体。在这个交易结构中，根据交易效率的需要，逐步地引入保险、担保、中介等许多利益主体，每一个利益主体都在其中发挥着为整个交易结构增值的作用。再比如，传统的零售领域，由于最终客户分布较广，交易的时间地点分散，依靠厂家和客户直接达成交易效率极低，而引入中间商，包括代理商、批发商和零售商，则在交易的融资属性、地点属性、时间属性方面增加了交易价值。反过来看，由于电商的兴起，在很多消费品领域已经可以通过互联网平台实现厂商和消费者的高效率直接交易。这个时候取

消一定的中间环节,减少利益主体,成为交易增值的方式。

类似的例子还有很多。比如,近几年土地流转成为提高农业集约化生产的重要政策,然而由于土地分散,农户众多,农户信用差别大,和农户直接谈判的土地流转模式交易成本非常高。因此,一些地方的政府相关部门介入,设计两级流转制度:农户把土地流转给当地政府或其指定的国有平台企业,农业投资企业再从当地政府或平台公司手中流转得到土地。这种设计可以大大减少谈判对象,降低交易成本。

商业模式既是利益主体之间的组合,又是资源能力之间的组合,同时也是他们交易关系的组合。同一利益主体,拥有不同的资源能力,其对交易结构的价值增值不同;反之,同个资源能力,被不同利益主体拥有,其对交易结构的价值增值也不同。增减利益主体,事实就改变了利益主体和资源能力的交易关系,最终的结果是价值增值不同。

二、通过增减利益主体的资源能力可以实现不一样的价值增值

不同利益主体拥有资源能力的机会成本是不同的,因此增加某个利益主体的资源能力或者转由其他利益主体承担,或者不再需要该资源能力,其价值增值都会产生变化。

1. 减少资源能力

每一个利益主体都拥有很多资源能力,但未必是放到交易结构里面的资源能力越多越好。一个利益主体如果承担了交易中太多的资源能力要求,那么该利益主体的能力要求就很高,很难做到体系化复制,这就会成为整个交易结构的效率瓶颈。

以传统培训机构为例,发展壮大往往有赖于核心名师,因此名师也就承担了绝大部分的资源能力的投入,包括理论原创、授课、咨询,甚至参与销售环节。这样名师的精力无法满足培训业务扩张的需要,一般采取的方式就是培养一组"小名师",但这个办法的效率和成功率都不高,很难实现扩张。如果对名师参与交易的资源能力进行削减,名师只负责推出原创理论、指导课件设计、培训讲师,课件制作交给专业的设计公司,一般讲师只负责讲课,不需要有原创理论,也不需要有深厚的理论功底。与培养全能型人才相比,这种方式很容易复制满足客户质量要求的一般讲师,规模增长,收益增加,名师轻松,讲师成长。可谓是多方共减少了某一利益主体的资源能力投入反而换来交易结构的扩张,这是一个辩证的关系好的商业模式,并不需要企业单方面备超强的资源能力,相反要通过切割和简化,使其可获得性增强,从而提高整体的交易价值。

2. 增加资源能力

某些利益主体,由于新增加的资源能力可能与原来的交易结构有一定的协同效应,则可以提高交易价值。例如,供应链金融充分利用了供应链上下游的信用、信息、仓储等联动信息,向其叠加了包括信用背书、交易合同质押等在内的融资能力,提升了对上下游利益主体原有资源能力的再开发,而并没有增加太多额外成本。

三、通过分割重组利益主体和其资源能力可以实现不一样的价值增值

资源能力被不同的利益主体拥有,对不同利益主体的不同资源能力展开交易,其价值增值都不同。因此,通过将利益主体和资源能力相互切割开来,再重新组合到一起,就有可能

产生完全不同的价值增值。

对利益主体和资源能力的分割重组,其实是将缺乏效率的利益主体、资源能力组合打散了,按照规模经济、范围经济的效率重新组合,不同活动、不同利益主体的规模经济、范围经济效率差异很大,通过重新组合,以更好的经济规模和经济范围匹配合适的利益主体和能力资源,必然会实现更高的价值增值。

问题的关键往往在于如何创造性地实现有效分割,这种分割对利益主体而言,可以从不同层级(个人、部门、企业、行业组织、国家等)、不同角色(投资、经营、管理、社会公民、纳税等)、不同关系(治理关系、交易关系、管理关系等)等视角来展开。对资源能力而言,可以从功能(吃、穿、住、行、乐等)规模经济程度和范围经济程度(门店级别、分公司级别、总公司级别)稀缺性等来进行。巧妙的分割,优化的组合,就会有丰富的交易结构组合,及其对应的价值增值。

四、通过以不同交易方式重新配置利益主体拥有的资源能力可以产生不一样的价值增值

由原理二可知,交易方式发生变化时价值增值也会不同;原理一表明资源能力被不同利益相关者拥有,机会成本不同。可以得出规则四:以不同交易方式重新配置利益主体拥有的资源能力可以产生不一样的价值增值。所谓交易方式指的是三种关系:利益主体与资源能力之间的连接关系如控制、使用、投资等;利益主体与利益主体之间的连接关系,包括治理关系和交易关系两类,具体可以是市场交易、所有权控制、智力支持、协作等;资源能力与资源能力之间的交易关系,比如互补、叠加、乘数、指数等。通过改变以上这些关系,就改变了利益主体与资源能力之间配置的交易方式,从而可以使交易结构发生变化,导致价值增值不同。

任何一个交易关系意味着既定的交易价值、交易成本、交易风险组合。规则四所揭示的是,通过这些交易关系的改变,打破了原有的交易价值、交易成本、交易风险组合。在以上的案例中,利益主体和资源能力并没有太大的变化,变化的只是他们之间的交易方式,其实是在对收益不确定性、投资规模组合下的不同博弈结果,对应的是不同的价值增值。

五、通过充分利用利益主体的存量资源能力,而非从零开始构建资源能力,其价值增值更大

商业模式的视角,就是要打破企业的资源能力边界,从商业共生体的角度去寻求最大价值的交易。然而,传统的企业管理视角过于强调企业内生性的资源建设、能力培养。与此同时,相关的利益主体在过往的商业历程中积累了很多资源能力,在当前的交易方式下可能是价值不高的。通过商业模式设计,寻找到这些存量资源能力的新价值,激活存资源能力,就能够同时获得资源收益增加和交易效率提高两个方面的价值增值。

> **案例 7.2**
>
> ### 韶音科技
>
> 韶音科技是一家中国新锐耳机企业,最初做民用耳机代工,由于没有核心技术,陷入"红海"竞争。一个偶然的机会,韶音科技切入军用耳机市场,并逐步建立了骨传

导耳机的技术开发能力。此时,韶音科技发现骨传导耳机民用化是一个新的巨大的市场机会,那么作为在市场开拓方面资源能力比较匮乏的企业,如果沿用传统的耳机销售渠道从竞争激烈的中国市场开始,可能会经历一个非常漫长和困难的过程,韶音科技如何切入市场呢?

韶音科技首先切入美国的运动耳机市场,这个市场人群庞大,且能够充分发挥骨传导耳机的优势,顾客在运动时听音乐可以正常听见周围环境的声音,保障了运动者的安全性。这样一个重视安全和知识产权保护的市场显然是非常好的目标市场选择。

在美国市场,韶音科技通过授予可转换股份找到一位富有行业背景和品牌运营经验的人来担任CEO。他曾任美国消费电子协会(CEA)的配件部主席,熟悉美国市场,在品牌运营、产品销售和渠道拓展方面能够快速切入。在品牌运作方面,韶音科技的产品在国际消费电子展会获得了广泛关注,包括《今日美国》《连线》等在内的80多家美国媒体主动报道,《华尔街日报》还给它颁发了2012年度消费电子类的"技术创新奖"。没有花费广告费,但是得到了很好的营销效果。在渠道运作方面,快速进入BestBuy、PETRA、Fry、亚马逊等美国主流渠道。此外,韶音科技已经和苹果公司合作,在苹果的全球零售专卖店上架,成为苹果公司在骨传导耳机领域的重要合作伙伴。

从韶音科技的案例中可以看出,不管是目标市场的交易主体选择、技术研发路径、市场营销等,都采取了充分发挥存量资源能力交易的价值,很好地利用了各方利益主体的存量资源,不但快速实现了自己的商业目标,也为各利益主体创造了新的价值,使交易结构更为稳固。

六、把更多余收益配给对结果影响大的利益主体,其价值增值更大

利益主体获得的收益可以分为固定性质的收益和剩余性质的收益两类。所谓固定收益指的是收益和交易的产出并没有直接关系,如商业地产商对商场收取租金,那么商场营业收入的多少,对商业地产商的租金收入并没有影响,因此地产商获得的是固定收益;所谓剩余收益,指的是收益和交易的产出有较直接的关系,如股权收入、分红收入,都和交易的产出关联,产出越多,收益越大。

利益主体通过投入的资源能力对交易产出产生影响。在一个既定的交易结构中,不同利益主体由于对交易投入的资源能力不同,对交易产出的贡献和影响力也不同。如果资源能力的效率会受到利益主体主观意愿的影响,那么利益主体是否能够获得更多剩余收益索取权,也将对价值增值产生巨大的影响。

商业模式是拥有资源能力的主体将各自的资源能力贡献出来,以实现比不参与交易结构更高的价值。每个利益主体均获得一定的收益,该收益不低于其不参与交易结构的机会成本,同时不高于其对交易结构价值创造的贡献。因此,商业模式设计不仅仅是分配价值,更重要的是创造价值,必须使利益主体参与交易结构的收益大于不参与交易结构的收益。为了实现更大的价值创造,商业模式设计应该沿着以下四个基本的路径去探寻:

第一,利益主体、资源能力的组合达到规模经济、范围经济的边界;
第二,利益主体、资源能力的搭配可以发挥其比较优势,把其擅长的潜能发挥出来;
第三,利益主体取得与其贡献相匹配的价值分配,激发起投入资源能力的意愿;
第四,利益主体的收益应不低于其不参与该交易结构的机会成本,以激励其不退出交易结构。

当然,在一个具体的交易结构设计中,很难同时满足以上四个条件,甚至任何一个条件的满足都充满挑战。但是,只要朝着尽量满足这些条件的方向设计交易结构,总体的商业模式效率就会朝着更优的方向演进。

7.3 商业模式重构

在外部环境发生巨大变化的时期,需要商业模式重构。商业模式重构的时机根据企业生命周期的六个阶段,分别提供一些重构方案。重构商业模式仍然遵循商业模式的要素框架及要点。重构商业模式可以从固定成本转可变成本、轻重资产转换、盈利来源多样性、盈利相关者多元化等方面展开,在商业模式重构过程中充满了挑战,包括理念障碍、能力障碍等,都需要在重构过程中一一克服。

7.3.1 商业模式重构的背景

案例7.3

通 用 汽 车

2009年6月1日,成立于1908年,曾雄踞全球最大汽车制造商地位长达77年、数十年位居《财富》销售收入500强榜首的美国"百年老店"通用汽车公司,因严重的资不抵债最终宣布破产保护。

在此之前,陷入经营和财务困境的通用汽车曾多方努力,希望力挽狂澜,采取的行动包括:出售欧洲业务,求助丰田汽车出资购买其部分资产,甚至还寻求向中国民营企业出售悍马品牌;债转股削减债务270亿美元,说服美国汽车联合工会通过其退休人员健康保障基金持股20%,降低原定福利;接受美国政府出资数百亿美元填补其巨大的亏损;宣布裁减1万名员工,占其员工总数的14%。

分拆或者出售若干非核心业务,剥离不良资产以瘦身;关闭一些工厂,裁员降本;重组债务,降低负债率;再收购与核心业务相关的其他企业,强化核心优势业务。这些以业务加减法为主的重组模式,是欧美大公司面临经营和财务危机时的惯用做法。通用汽车更是多次运用而渡过难关,然而这一次,通用汽车用尽手段也无力回天。

很多人认为的通用汽车深重危机的原因包括:对汽车消费需求潮流的变化方向判断失误;规模巨大的惯性和官僚体系导致对变化反应迟缓;美国汽车工人联合会的强大势力和庞大的福利支出,增加了通用汽车的成本等。但是,全球企业领袖比尔·盖茨则认为,通用汽车的商业模式和成本结构,已经不为投资者和消费者所接受。

> 通用汽车虽然多次重组,包括业务、资产重组和流程再造,但一直没有真正的变革,没有重构其历史上获得过巨大成功的商业模式。因此,销售规模越大,资产及人员成本等固定成本费用越高,越积重难返。一些投资银行认为,即便这次通用汽车成功摆脱破产威胁,如果不重构商业模式,未来也和破产没什么两样。

商业模式重构已经受到越来越多的企业重视。1998—2007年,在成功晋级《财富》500强的27家企业中,有11家认为他们成功的关键在于商业模式重构。2008年IBM对一些企业的首席执行官的调查发现:几乎所有接受调查的首席执行官都认为任职公司的商业模式需要调整;2/3以上的人认为有必要进行大刀阔斧的变革,而其中有一些企业已经成功地重构了商业模式。商业模式重构之所以受到如此的重视,是因为当前的商业环境正在发生着巨大的变化。首先,人口结构变化和居民收入增长带来了消费理念和消费行为的迅速变化,企业经营行为和消费行为与消费习惯的互动影响日益明显。在需求快速变化的形势下,单纯依靠企业内生式的发展,很难跟上环境的变化。企业需要重新定位客户价值,更准确地把握市场需求的变化,重构满足客户需求的方式。

其次,交通、通讯、技术等外部环境因素和研发、制造、物流、营销、服务等企业资源能力正在发生巨大变化,特别是互联网信息技术的革命性变化,从根本上改变了产业链价值分布、企业的边界、运营条件及传统商业模式的有效性。企业需要有效利用新技术和存量资源能力,重构商业模式。

最后,金融系统正在发生巨变,金融工具日益丰富,金融市场类型多样。这一方面提供了评价企业的新标准,要求企业关注投资价值实现的效率、能力和风险;另一方面,金融原理、技术工具和交易机制为企业提供了创造价值、分享价值及管理风险的新工具。企业可以利用金融原理、金融工具和交易机制,扩大市场规模,改变传统业务的现金流结构,解除利益相关者的疑虑或与企业自身的分歧,聚合关键资源能力,为利益相关者提供更好的服务。

通常,企业获取竞争优势的战略包括成本领先、差异化和聚焦战略。在现实竞争中,保持持续的成本领先和差异化都殊为不易。技术迭代速度加快带来的后发企业优势,包括人工成本、社会责任和规范成本、环境成本、服务成本、原材料价格等在内的企业成本上升。越来越多的企业发现,面对新的商业环境,仅仅从战略、营销、技术创新、组织行为等管理领域的调整和改善,越来越难以奏效。要使企业消除成长瓶颈,摆脱成长困境,必须重构商业模式摆脱规模收益和效率递减、风险和管理难度、经营成本递增的困扰,实现规模收益递增,规模风险递减,保持竞争优势。

在新的商业环境中,企业应系统地进行商业模式的总体架构设计,把握企业在商业生态中的本质,即利益相关者的交易结构安排者应不断根据商业环境变化,优化或重构商业模式,再造高效成长机制。重构商业模式的内容包括:重新定位满足顾客需求的方式,发现新的巨大成长机会;重新确定企业的业务活动边界,界定利益相关者及其合约内容;重新设计收益来源和盈利方式,转变成本形态,调整成本结构,培育新的持续赢利能力。

中国经济总量规模不断扩大,已成为全球第二大经济体。中国正在转变经济发展模式,商业环境正在发生翻天覆地的变化,为中国企业带来空前的挑战和难得的机遇。一方面,商业环境明显改善,增长机会众多,市场空间巨大;另一方面,不少企业面临增长瓶颈,进入规模收益递减阶段,必须重构商业模式。然而,国内一些引领行业发展潮流的优秀企业,早已察觉到商业环境的巨大变化和重构商业模式的迫切性,并着手启动商业模式重构。一些中小企业也通过重构商业模式,在细分市场获得佳绩。从理论创新和工具支持方面,还需要做更多的工作。

企业的生命周期可分为六个阶段:起步阶段、规模化收益递增阶段、规模收益递减阶段、并购整合阶段、垄断阶段收益递增阶段和垄断收益递减阶段。每个阶段的供求特征和行业状况不同,面对的挑战和机会也大不相同。每个阶段的主要矛盾,以及解决主要矛盾的路径也有差异。比如,企业在成长的初期阶段,可能依靠自己的关键资源能力;到了成长期,需要通过引入金融等利益相关方快速扩大规模,同时考虑上下游的利益主体和资源能力的整合。因此,在不同的阶段过渡时,需要重构商业模式,即重构企业内外交易结构安排。在企业六个成长阶段中,重构商业模式的契机主要有三个:起步阶段、规模收益递减阶段、垄断收益递减阶段。抓住这三个重构机会,企业就有可能走出跟竞争对手不同的发展道路,从而以内生性、结构性的改变,以及新的商业逻辑跳出企业生命周期的传统规律。

7.3.2　重构商业模式的要素及要点

一、重构定位

定位是企业满足客户需求的方式。这个定义的关键词是方式。企业选择什么样的方式与客户交易,决定因素是交易成本。寻求交易成本最小化,是企业选择定位的动因。交易成本由搜寻成本、讨价还价成本和执行成本组成。好的定位能够降低其中的某一项或交易成本。例如,连锁模式增加了与客户的触点,降低了客户的搜寻成本;中介模式为交易两边的客户缩小了谈判对象的规模,降低了讨价还价成本;网上支付突破了银行时间地点的限制,为客户降低了执行成本;整体解决方案模式为客户减少了交易商家的数量,同时降低了搜寻成本、讨价还价成本和执行成本。重构定位就是寻找和选择交易成本更低的需求满足方式。

> **案例 7.4**
>
> ### 通用电气(GE)——从制造转向服务
>
> 1981年,杰克·韦尔奇接任总裁时,GE股票市值为131亿美元,是一个包括工业制造和消费品生产的多元化制造型企业集团,产品从照明到飞机发动机。在20世纪80年代初期,企业成功获得超额收益的关键在于以质量和价格赢得领先的市场份额地位。到了20世纪80年代中期,由于制造能力过剩,客户选择权力增强,企业竞争优势和利润面临严峻挑战。新的利润区正从产品本身转移到产品出售以后的业务活动,好产品只是客户需求的一部分,服务及金融比产品直接销售的收入和利润高出数倍。
>
> 因此,韦尔奇将GE的定位从产品制造转换为提供服务导向的整体解决方案,包括:产品+系统设计、融资服务、维护与技术升级服务等。客户服务解决方案所需的

产品、技术等资源可以从外部获得,而不一定完全由自己制造。

经过定位重构,GE股东价值业绩突出。股东价值/销售收入的比重从1981年的0.5倍增加到1997年的2.7倍,股东价值年增长率为19%。

二、重构业务系统

交易结构最直观的体现就是业务系统,重构商业模式离不开业务系统的重构。参与商业模式的利益相关者不仅包括产业价值链上的合作伙伴和竞争对手,如研发机构、制造厂商、供应商、渠道商等,而且包括企业内部的员工、金融机构等。设计这些利益相关者的交易内容与交易方式是企业商业模式构建的核心。业务系统直接决定了企业竞争力所在的层级。

当现有业务系统不足以建立或者保持竞争优势时,企业就要及时重构业务系统,改变原有交易结构,重构新的结构提升竞争力层级,获取竞争优势。

案例7.5

雷士照明的多次重构

在雷士进入之前,照明行业普遍采取"前店后厂"模式,灯具企业抄袭模板,或进行国际代工,批量制造,然后销往建材连锁商场。由于品牌杂乱,质量鱼目混珠,只好大打佣金战、价格战。雷士从成立之初就采取了完全不同的业务系统,此后经过多次重构,取得了瞩目的市场成功,短短十年中,销售增长超过110倍。

第一次重构,建立研发队伍,补贴加盟商建立专卖店,重视质量控制,雷士很快就建立了品牌形象和差异化。

第二次重构,开发和巩固隐形渠道,在设计院和设计师环节下工夫,和经销商双管齐下,在外资企业独占的传统市场占得一席之地,夺取工程市场大单。

第三次重构,变革渠道。随着加盟专卖店的增多,管理能力和人员投入过多导致效率下降。因此,雷士重构渠道资源,经销权集中,管理权下放,由小区域独家经销制和专卖店体系向运营中心负责制转化,成立省级运营中心,降低了渠道的人员投入,也提高了管控能力和运营效率。同时,把更多的精力放在产品研发上。

第四次重构,成为灯具整体解决方案提供商。产品线齐全,渠道资源完整,研发、制造能力出众,雷士照明已经具备了为客户提供灯具整体解决方案的能力。

雷士的每次重构都来自对交易结构各个环节的分解、分拆、分化和重整,并且每次都是选择在最佳的时机进行重构。

三、重构盈利模式

盈利模式是以利益相关者划分的收入结构和成本结构,是企业利益相关者之间利益分配格局中企业利益的表现。盈利模式包括盈利的来源和计价的方式。当原有盈利模式不再有效,企业面临盈利困境,计价方式缺乏吸引力时,就应该重新审视盈利模式是否有重构的空间。

一般来说,盈利来源可以有如下的选择:销售产品,让渡产品的所有权;把产品租出去,让渡使用权而保有所有权;如果是生产资料,则直接销售用这个生产资料生产出来的下游产品,直接满足终端需求;在稳定生产下游产品的同时,把原产品以固定收益的证券化资产包的方式,卖给固定收益基金,企业得到流动资金,等等。计价的方式也有很多:以量计价;以时间计价;以收益的固定和剩余价值计价,等等。盈利模式重构就是在这众多的可能性当中选择最为适合的选项与组合。

四、重构关键资源能力

关键资源能力是商业模式运转所需要的有形或无形的、重要的资源和能力。商业模式不同,背后支撑的关键资源能力也不同。每个企业的成长过程中积累了各种各样关键资源能力。

随着商业环境的变化,企业的业务目标发生调整,原有关键资源能力是否适应新商业模式的发展要求,需要企业进行系统的审视。对于不适应新的环境或新的目标的关键资源能力,要及时转型或舍弃;反之,对于新的商业模式下需要怎样的关键资源能力,则需要及时培育。

案例 7.6

谷歌的转型

在 2015 年以前,谷歌普及最多的应用就是搜索引擎,一边是为用户提供所想知道的事情的搜索结果,另一边则是搜索关键词相关的广告栏,每次点击都可以让谷歌获得广告收入。

这就是最早的 AdWords 关键词模式。随后,谷歌把这种模式复制到更多的中小网站上,形成 Adsense 联盟模式。中小网站一般是针对某个领域的垂直网站,内容都相对聚焦,但每家的浏览量并不高。谷歌联合这些中小网站分发广告主的广告业务,使谷歌的注意力进一步聚拢变大,同时让这些中小网站获得收益。然而,随着互联网广告的极大扩容,一个广告主通常需要面对几十乃至上百的发布者,催生了专门为供需双方服务的互联网广告交易平台 Ad Exchange。谷歌旗下的 Double Click 就是 Ad Exchange 平台之一。每家 Ad Exchange 平台的看家本领是数据管理平台 DMP。DMP 能把分散的数据进行整合纳入统一的技术平台,并对这些数据进行标准化和细分,从而把这些细分结果推向广告交易的平台中,广告主就可以知道访问广告位的用户是对什么感兴趣了。谷歌凭借数据来源多样性和过硬的技术,掌握这种广告交易平台模式的关键资源和能力,成为该模式的领导者。

新谷歌则试图建立完全不同的资源能力。2015 年 8 月 10 日,谷歌宣布对企业架构进行调整,通过创办一家名为 Alphabet 的伞形公司把旗下搜索、You Tube、其他网络子公司与研发投资部门分离开来。重整后的谷歌变为 Alphabet 母公司下面的一家子公司,并且只含有与之前广告变现模式相关的一些业务板块,包括搜索、安卓、在线视 YouTube、安卓手机移动应用 App、地图 Maps、广告业务等。然而,无人驾驶车、无人机、可穿戴眼镜等各种超前黑科技业务的 Google x 实验室、生命业务 Life Sciences、

> Verily、Ca ico、智能家居Nest、超高速千兆光纤业务Fiber，以及投资业务的谷歌风投和谷歌资本等之前包含在老谷歌内的创新业务，都将直接分拆为跟谷歌一样的子公司归属于Alphabet下。
>
> 新谷歌，也就是Alphabet及其旗下的子公司已经从一个靠搜索和广告盈利的公司转变为一个孵化平台。基于本身的搜索和互联网基因，重构了资源能力，鼓励内部孵化和外部投资来对未来领域进行布局，形成多元化结构。当然，其每一个领域的投资能否成功还有待时间检验。

五、重构现金流结构

现金流结构是在时间序列上以利益相关者划分的企业现金流入、流出的结构。相同的盈利模式可以对应不同的现金流结构，对交易价值的影响也是不同的。比如，长期持续的交易可以选用预付费方式，也可以采用现结方式。前者情况下企业使用的是用户的资金，提前获得充沛的现金流以投入用户服务；后者则是企业需要先将自身的现金流投入运营服务。在客户初期投入较大的情况下，借助金融工具，采用分期付款或融资租赁，降低客户一次性购买门槛无疑会吸引到更多客户。

当企业面临现金流压力时，就要考虑通过重构现金流结构来改善商业模式。在设计与客户交易的现金流结构的同时，一方面考虑和评估不同现金流结构对企业资金压力的不同影响，另一方面可以引入新的利益主体——金融机构，借助不同的金融工具化解现金流压力。

重构商业模式从要素上来说可以从定位、业务系统、盈利模式、关键资源能力、现金流结构等五个方面入手。从商业模式重构的内在本质上来说，交易价值、交易成本和交易风险是商业模式重构关注的核心问题，围绕这个核心，商业模式重构的方法有如下选择。

1. 从固定成本结构到可变成本结构

固定成本和可变成本看似由行业特征决定，很多行业的成本结构是约定俗成的。然而，只要进行重构，就有可能实现从固定成本结构向可变成本结构的改变。

对现代企业而言，产业链条上各种利益相关者种类齐全，数目繁多，任何一个需求都有可能通过合作伙伴得到解决，这为固定成本转变为可变成本提供了前提条件。从设计和实施的角度来说，把固定成本结构变成可变成本结构有两个方向。第一个方向是企业的成本结构变化。这是企业通过合作把原本企业需要大规模投入的固定成本变成可变成本，从而节约成本，提高增长率，降低运营风险。比如，企业原本自己持有和建立的资源能力通过购买的方式，或者原本购买，现在通过租赁的方式，以及在企业业务拓展过程中通过加盟的方式，都是变固定成本为可变成本，提高扩张的速度，减轻资产的压力。第二个方向是设计好的固定成本转成变动成本的交易结构并应用于客户。这个方面的应用包括地产按揭、以租代买、提供外包服务等方式。通过把固定成本结构变成可变成本结构，企业有效地降低了企业的投资及管理成本，打破了扩张的关键资源能力约束，彼此互为平台，优势互补，同时降低了客户使用门槛和当期购买压力，增加了交易价值。

2. 重资产与轻资产转换

轻资产的概念起源于 2001 年，执行轻资产战略有很多明星企业，如耐克。在很长一段时间之内轻资产战略似乎成了企业发展的一个必然选择。随着企业竞争能力和软实力增强，不少企业剥离重资产，将企业资产从重变轻，似乎成为一个流行趋势。

然而，从商业模式的角度来说，轻重资产的转换其实是重构交易模式的一种选择，是一种手段，而非目的。是否选择轻资产战略，很多时候与交易结构的选择有关，评价轻重资产的最终依据是企业关键资源能力与交易结构的匹配，以及交易价值是否最大化。

轻资产有两种解释。第一种解释是固定资产少，可变资产多。轻资产就是通过合适的交易方式将交易中固定资产产生的固定成本转可变成本。第二种解释则是企业着重于构建企业产品设计、品牌建设、营销渠道、客户管理等方面的软实力资产，而把自己缺乏或不具备优势，或难以管理的业务环节及其运营尽可能交给合作伙伴，减少自身的投资和管理成本。轻资产的实现有两种策略：一种是一开始就设计轻资产商业模式；另一种则是随着企业发展，重构商业模式从重转轻。重资产模式是指企业持有的资源能力，特别是固定资产类的资源比较大，在业务管理和运营方面的能力投入较大。企业究竟该选择重资产还是轻资产模式，其实是一个综合的评估选择的结果。没有证据表明轻资产模式就一定比重资产模式高效或交易价值更大，也不意味着在不具备关键资源能力和合适的交易结构的情况下，单纯就轻重资产模式作出选择是科学合理的。企业在初期切入市场的时候，由于先天条件有限，往往采取轻资产模式，完成产业链中对自己来说选择收益最大的环节，这时候是典型的轻资产模式；在企业实力逐步扩大的过程中，开始发现相关的其他价值链环节具备更强的行业控制力，如关键零部件等，因此开始进行重资产的结构调整，其目的是为了以关键资源能力获得更大的交易价值；而在市场进入成熟阶段，资产性收益比较稳定的情况下，可以将资产本身以固定收益售出，在借助资产运营管理能力获得资产的剩余收益同时，回归轻资产模式。

3. 盈利来源多样化

传统企业盈利模式往往来源单一，依赖主营业务获得直接收入，企业自己支付成本承担费用。随着竞争加剧，收入的边际贡献降低，而边际成本不断增加，企业陷入经营的不良循环。这个时候就要考虑从盈利模式多样化的角度实施商业模式重构，扩展盈利模式。

盈利模式一个可行的选择是专业化经营，多样化盈利。随着企业规模扩大带来的内生的资源能力，可以支撑企业不断开辟新的收益来源。虽然主营业务利润率可能下降，净资产收益率和投资价值却可以持续递增。

4. 利益相关者角色的多元化

每个利益相关者都是一个复杂个体，有各种不同属性。如果能充分挖掘每个利益相关者各种属性之间的关系，在设计和重构商业模式的过程中被恰当的应用，往往会收到意想不到的效果。

5. 从刚硬到柔软

随着企业规模的扩张，企业沉淀的固化的资源和约束越来越多，如预算的刚性、资产的刚性、成本的刚性，等等。刚性的增加一方面是企业规模扩张和实力增强的标志，另一方面意味着企业的灵活性下降,柔性不足,抵御系统风险的能力下降。

在这样一个阶段,企业应该通过商业模式的重构,化解过高的企业刚性,让整个企业柔性增加,但在竞争力上又非常坚强,同时从内部管理的角度,具有更高的运营效率和更低的风险水平。

柔性化的商业模式重构核心仍然是通过切割、分拆和重组业务活动,将其中具有较强刚性的部分交给适合的利益相关者,而焦点企业掌握最为柔性和核心的业务活动,包括:通过信息流去撬动产品流、服务流和现金流的交易;通过交易结构整合所有业务活动;通过弹性化管理对业务流的掌控去管理跨企业的业务流程协作等,完成全部交易活动。

7.3.3 商业模式重构的挑战与对策

商业模式重构无疑是充满挑战的,它意味着打破原有的交易模式,重新构建所需的关键资源能力,改变利益格局,影响到局部的利益最大化的交易主体等。在此过程中,企业需要舍弃很多赖以成功的经验,需要从认知上更大程度地洞察整个商业生态,需要在内部资源的动员上具有强大的能力并付出巨大的努力。商业模式重构带来的巨大价值,则是推动商业模式重构的最大的动力。

一、理念障碍

企业成长有赖于企业的理念,包括价值系统和基本认知。重构商业模式,首要就是重构企业家的理念。

1. 对企业本质的认知

对企业本质的认识决定了企业的格局和视野,也因此决定了企业商业模式重构的基本成败。传统经济学认为企业的本质是为了达成交易成本和管理成本的总和最小化的经济组织。企业都有自己的边界。新制度学派的企业理论认为,企业和市场一样,也是其利益相关者合约关系的总和,是解决利益冲突的合约结构安排。根据这个定义,不同的商业模式,涉及的利益相关者类型、层次和责权利分配方式等合约的结构不同,企业并不是一个有着封闭的边界的组织,企业家需要打破传统的企业理念和企业边界的思想,从法律定义转换到合约定义,以开放的心态与利益相关者动态竞合。

2. 企业价值理念

大多数企业非常关注资产规模和销售规模,而市场其实更关注企业的投资价值,即企业预期未来可以产生的自由现金流的贴现值。好的商业模式体现为企业价值实现的效率更高,即同样的资产规模能创造出更为充沛和更为持续的自由现金流,从而获得更大的企业价值。

因此,评价企业是否成功的唯一标准就是它所创造的现金流折现值总和能否最大化,反映到资本市场上,就是高企业价值。单纯依靠人力资本、资产规模,不是企业价值本身,也不是企业追求的目标。

3. 管理控制理念

很多企业往往很在意控制权,特别是控股权。企业之间合作,争议的焦点往往也是寻求控股地位。强调法律意义上的股权控制,增加管理和监督环节、层次和成本,解决的是企业运营层面的控制力和风险问题。实际上,企业法律所有权与价值驱动因素控制权并不一致,甚至是分离的。随着企业知识密集程度增加,业务发展和增长机会与有形资产关联度反而降低,而与人力资本与增长高度融合,但这些人力等资源并不能真正由法律上的所有者控制。

因此,最好的控制是以组织能力等软实力,通过优化商业模式,以价值分享或增值方式吸引利益相关者,与利益相关者形成收益激励、违约惩罚、风险分担的动态合约。有效解决信息不对称、逆向选择、道德危机问题,减少管理环节和管理协调监督成本,而不是单纯依赖控股地位或企业内部严格的管理制度。

4. 企业生态理念

传统商业竞争目的就是独占市场,能够获得最大化的利益。然而,商业模式的重构则要求企业善于和合作伙伴分享未来收益,扩大总的交易价值,企业实际的盈利能力也得以巨大的提高。因此,企业商业模式重构的一个转型障碍就是商业生态的理念。企业只有在和合作伙伴的共赢共生的基本理念之上来设计和重构商业模式,才能组合更多的利益相关者,让大家有更大的意愿参与交易,从而创造更大的利益。

二、能力障碍

除了理念的认知,企业在重构商业模式过程中也会遇到能力方面的障碍,这种障碍可能是难以突破原来的能力桎梏,也可能是难以建立新领域的关键资源能力。

1. 路径依赖

每个成功企业都有其赖以成功的因素,由于行之有效,久而久之就成为企业发展的规则,进而内化成企业价值观和企业文化。当市场出现大的变动时,企业总会依赖着以往的成功经验去解决新的问题。然而,时代已经改变,以原来成功的经验原封不动地应对新的市场,其结果不言而喻。然而,新市场、新环境需要新的资源能力,这又往往是传统企业不具备的。一方面害怕抛弃原有能力,另一方面又缺乏勇气拥抱新的变化,这就会陷入进退两难的尴尬境地。因此,这也是商业模式重构中的一项巨大挑战。

每一次新技术的出现,每一次商业环境的变化,都是一次行业洗牌的机会,往往是新兴企业赶超传统企业,而不是传统企业维持市场的优势,很多时候就是由于路径依赖,固守传统的优势不愿放弃,做不到自我颠覆。比如,柯达胶卷曾经统治全球胶片市场,而数码相机的兴起并没有引起它的充分关注和积极应对,于是柯达公司在数码摄影时代颓然陨落。类似的例子还有诺基亚,曾经是功能手机领域的绝对霸主,但是在智能手机市场爆发最关键的时间段却犹犹豫豫,错失转型良机,最终被微软以一元钱收购。这些令人扼腕的企业经历,背后的答案都很简单:路径依赖。延续过去的成功模式,应对新的市场环境,无异于刻舟求剑。

2. 打破惯例

缺乏想象力的企业似乎早已认定每个行业都只有一种特定的商业模式。在设计、生产、销售、服务等业务链上,可以选择的只有几种战略:专业化、纵向一体化、横向一体化等。然而,任何一个行业在业务链上都有可能有很多种可能的切割与重组,引入新的利益主体,重构交易方式,以此获得高企业价值。

任何一个行业的颠覆者总是从习以为常的惯常视角中找到不同的差异化的重构商业模式的机会。加之与互联网技术的结合,大量的行业面临行业的重构与洗牌,打破传统的惯例,就显得尤为重要,这不仅是未来发展的需要,也是在新的环境挑战下企业生存的基本法则。

3. 从熟悉到陌生

企业重构商业模式,或者推翻原有模式,重新构建,或者基于已有模式基础,优化设计。不管哪种,都要面临从熟悉领域到开拓新疆域的挑战。面对全新的陌生疆域,企业可以有不同的策略选择,比如一些企业选择较为激进的方式,进入到行业的最前沿,承担最大的风险,也能够获得最大的回报预期,而另一些企业则会选跟随战略。比如,腾讯在决策是否进入某个互联网新业务时,马化腾有三问。一问:这个新的领域你是不是擅长?二问:如果你不做,用户会损失什么吗?三问:如果做了,在这个新的项目中自己能保持多大的竞争优势?这三个问题貌似激进,其实稳健。腾讯以跟随战略进入了门户、博客、输入法、邮箱、网络游戏、社区网站等新疆域,实现后来居上。

和开拓新业务相比,开拓新市场可以重构的方式会更多,常用的方式包括授权。授权有很多不同的业态,比如在动漫行业,做内容的企业很喜欢把动漫形象授权出去,如迪斯尼通过授权可以专注于动漫创作这一熟悉领域,而把开拓新疆域的任务交给授权的合作伙伴,用最小的投入获得最大的收益。连锁加盟是另外一种常见的授权方式。连锁企业拥有品牌、管理流程和后台支撑资源,加盟商则拥有资金和当地的运作资源。连锁企业和当地加盟商合作,前者实现了市场拓展,提升了企业价值,后者则获得了支持,得到了对应的投资收益。

在外部环境发生巨大变化的时期,需要商业模式重构。商业模式重构的时机根据企业生命周期的六个阶段分别提供一些重构方案。重构商业模式仍然遵循商业模式的要素框架及要点。

重构商业模式可以从固定成本转可变成本、轻重资产转换、盈利来源多样性、利益相关者多元化、从刚硬到柔软等方面展开。在商业模式重构过程中充满了挑战,包括理念障碍、能力障碍等,都需要在重构过程中一一克服。

7.4 生态系统视角的商业模式分析

7.4.1 企业竞争的三层次视角

企业竞争的三层次视角业务系统的构建是基于不同层次视角的。企业站在不同层次的视角,可以发现自己同时处于不同的商业空间之中,而不同视角的认知差异,往往是企业商业模式创新的来源。通常来说,商业社会存在三层空间。每一层空间所对应的竞争视角是不同的。

第一层是具体的单个企业,其中焦点企业是所要研究的企业,是讨论商业模式的基础。

第二层是生态系统。焦点企业并非孤立的实现价值创造,而是由共生体共同创造的,有着共同的立足点。共生体是由焦点企业以及具有交易关系和业务活动的各类内外部利益相关方角色构成的集合。生态系统是共生体的实例,将共生体中的每个角色赋予真实的主体信息,并具体化主体之间的交易关系,就构成了以某具体焦点企业为中心的生态系统。在这个生态系统中,各利益相关方在交易结构的组织和驱动下,达成紧密合作,实现价值交付。利益相关方包括企业内部的利益相关方,如不同职能领域的员工,以及企业外部的利益相关方,如供应商、分销商、金融机构、职能外包、技术合作伙伴、互补产品制造商、客户等,都是组成生态系统的不同角色。

第三层是商业生态群(簇),由不同的共生体构成。一个生态群内包含了不同的共生体。这些共生体可能存在交叉和重叠的部分,但在商业模式上又各自独立。例如,零售商业生态下就涵盖了互联网电商、连锁实体店商等不同的共生体。具体到互联网电商共生体则是由亚马逊、京东、天猫等不同生态系统集合而成,它们都有着相似的利益相关方和创造价值逻辑的业务活动,同时与实体店商共生体又有着显著差异。

从以上三个层次的视角出发,可以看到三类截然不同的竞争空间。每个竞争空间由不同的维度构成,也有其各自运行的规律,每个企业都应清楚地知道自己在哪个空间围绕哪些维度展开竞争。企业家通过视角的转换能够拓展思考自由度,在深化对竞争理解的同时也丰富了企业间竞争的层次;只有当企业清晰描绘出自身所处的三个空间的竞争格局时,才能找到竞争的应对之策及机遇的发现逻辑。局限于当前的竞争空间,或者仅仅看到企业自身的战略空间,而对于商业生态乃至商业生态群缺乏足够的洞察和远见,则会错失商业价值重构的机遇,或是让企业在低效率的交易方式上耗费太大的机会成本。

(1)战略空间。从企业视角出发的竞争空间称之为战略空间,战略空间主要有客户、竞争对手和企业本身三个维度,通常要回答三类根本问题:企业为谁创造什么价值?企业的竞争对手是谁?企业的竞争优势是什么?企业在这三个维度权衡取舍之后形成自身的战略。

企业在战略空间中的关键任务是寻找最佳的竞争定位。竞争定位的选择标准包括:细分市场具有广阔的成长空间,资源能力足以获得良好的客户认可,竞争对手难以轻易取代等。大量经典的战略管理理论工具都是在帮助企业建立战略空间的竞争优势,包括:特劳特的定位理论强调建立企业和产品在客户心智中的与众不同并最有利的位置;蓝海战略试图帮助企业寻找低强度竞争的新领域;迈克尔·波特则关注企业找到竞争优势,并定义一系列相匹配的价值活动等。

(2)商业模式空间。从商业生态系统视角出发的竞争空间可称之为商业模式空间,它由企业在生态系统内不同商业模式选择的自由度构成。商业生态系统中的各利益相关方通过交易结构的设计整合连接起来,商业模式的设计与选择可以带给企业不同的效果。商业模式空间内存在业务活动系统、盈利模式和现金流结构三个维度,企业在这个空间内需要思考:目前的生态系统中,不同利益相关方之间的合作方式是最优的吗?各利益相关方是否还有潜在的价值没有被挖掘?或者是在现有生态系统的基础上引入新的利益相关方通过升级生态系统能否带来商业模式空间的增长?例如,连锁酒店集团在扩张时既可以选择直营的方式,也可以选择加盟的方式,还可以直接输出品牌与管理团队,这些不同商业模式的选择需要考虑企业及利益相关方资源能力的实际情况,通过交易结构的设计将各方连接起来。

(3)共生体空间。从商业生态簇视角出发的竞争空间可称为共生体空间,这个空间是由企业对不同共生体选择的自由度构成的。共生体是由商业生态中各类角色构成,在其业务活动中存在不同的价值创造逻辑,是对商业生态在本质层面的抽象总结。生态之中的各类角色凭借自身的资源或比较优势各司其职,通过从事不同的业务活动共同创造价值,是一种共生关系。例如,互联网电商的价值创造逻辑是客户上网选购商品,然后通过网上支付下订单,最后在家中即可收到商品;而实体电商则需要客户进入到实体门店,选择好要购买的商品到收银台完成支付,然后自己将产品带回家。不同的价值创造逻辑下,商业生态中的各类角色和业务活动也显著不同:电商不需要实体门店的选址与租金的支付、营业员的招聘培训、到门店仓库的物流等,但却需要线上广告吸引流量、在线客户、到户的物流配送等。可以说,不同的价值创造逻辑将导致共生体中的角色构成与业务运作机制迥异。由于共生体空间改变的是商业生态簇层面的价值创造逻辑及角色、业务活动的构成,所以共生体空间的变化也能带来企业战略和商业模式空间的拓展。

共生体竞争空间包括现存共生体的演进、消亡和新共生体的诞生三个维度。企业需要思考自身所在的共生体是否需要进行价值创造,逻辑的调整是否可能创造出一个全新的共生体。通常能够带来共生体空间变化的有三类驱动力量:第一类是技术、人口结构、社会文化和政策等宏观趋势变量的影响,如互联网技术的广泛应用、反垄断政策等会带来共生体的演进。第二类是建构新的价值创造逻辑,如 Uber 创造性地将私家车主等新的利益相关方引入到出行共生体中,直接改变了出行用车领域的竞争格局和规模。第三类是开创全新需求的共生体,如商用飞机的推出,创造出像航空公司、机场公司等全新的利益相关方,产生了商用航空共生体,进而改变了整个交通状况,出现商业生态簇的格局。

7.4.2 共生体与商业生态

在上文中讨论了业务系统构建的三个层次,分别为基于企业个体的战略空间、基于商业生态系统的商业模式空间,和基于商业生态群(簇)的共生体空间。不同空间视角带来的商业模式设计的理念和范围有着巨大的差异。本章重点讨论共生体视角的商业模式设计。

共生体是由焦点企业以及具有交易关系和业务活动的各类内外部利益相关方角色构成的集合,具有与其相应的业务活动创造的价值元逻辑。商业生态系统是共生体的实例,是共生体中的每个真实主体之间的交易关系。这个定义把焦点企业商业模式的视野从相对狭窄和固化的范围中拓展开来,在交易结构中,不仅考虑焦点企业与其利益相关者的交易,还涉及利益相关者之间的交易结构。比如,客户的客户,供应商的供应商,供应商的竞争对手等。此外,具备独立投入产出、独立利益诉求、独立权利配置的内部利益相关者,如物流、信息平台、支付平台等都是共生体所研究的范畴。这个内外部交易结构的总和,不仅体现了焦点企业的商业模式,还将利益相关者的商业模式纳入考虑范围。随着思考边界的扩展,企业对商业模式问题分析的全局性、系统性和洞察力都会提高,定位与业务系统的自洽性和内生驱动力会增强,交易结构所能够整合的关键资源能力会增加。这种分析、设计和选择商业模式的思维与方法,就是共生体商业模式设计的方法。

根据共生体的定义,它有两个基本要点:利益相关方角色集合,以及业务活动价值元逻辑。按照利益相关方的角色,集合按照由近及远的不同范围进行延伸,并对各种角色的价值活动的元逻辑进行具象化,就得到了三个逐层拓展的概念,即焦点企业的商业模式、共生体和商业生态群。

焦点企业与其直接利益相关者,形成中心层。第二层是共生体,共生体在焦点企业的商业模式之外,还包括利益相关者的部分商业模式,即与焦点企业的直接交易、间接交易和有可能的交易相关的商业模式的集合。共生体将更多利益相关者扩展进来。第三层是商业生态群(簇),在共生体的边界上还可以进一步向前延伸,加入更多的利益相关者,包括相同产品的竞争对手、替代产品竞争对手、行业上下游等利益相关者的共生体等,这样一个共生体的集合,就构成了商业生态群(簇)。以上三个层次的外延是动态界定的,并且扩展到哪一层次并无定论,视企业创新视野而定。一般来说,涉及具体利益相关者的商业模式时,只分析跟焦点企业存在直接交易、间接交易和有可能的交易等有联系的部分,是利益相关者参与到本共生体的部分商业模式。毫无疑问的是,思考的外延越大,可能发现的商业模式创新空间越大,当然能够推行实施的难度也会随之加大。如何界定商业模式设计视角的边界,很大程度上取决于对商业模式创新目标和交易成本等方面的综合考虑。

思考题

1. 选择一家知名企业,依据魏朱商业模式理论中强调的商业模式六要素,对其商业模式进行分析。
2. 为什么利益主体以不同方式交易时,价值增值不同?
3. 商业模式重构中会面临哪些挑战?
4. 商业模式定位与企业战略定位、营销定位之间的区别是什么?

参考文献

[1] Magretta, J. Why Business Models Matter[J]. *Harvard Business Review*, 2002, 780: 86-92.

[2] Amit, R., and Zott, C. Value Creation in E-business[J]. *Strategic Management Journal*, 2001, 22, 6/7, 493-520.

[3] Teece, D.J. Business Models, Business Strategy and Innovation [J]. *Long Range Planning*, 2010, 43: 172-194.

[4] 魏炜、朱武祥、林桂平:"基于利益相关者交易结构的商业模式理论",《管理世界》,2012年第12期。

[5] 魏炜、朱武祥:《发现商业模式》,机械工业出版社,2009年。

[6] 魏炜、朱武祥、林桂平:《商业模式的经济解释》,机械工业出版社,2012年。

[7] 魏炜、李飞、朱武祥:《商业模式学原理》,北京大学出版社,2020年。

第八章
上海商业新业态与商业模式创新

8.1 上海商业新业态与上海经济

商业业态亦称零售业态,主要是指零售业的经营形态或销售形式,它是零售业长期演化和革命性变革的结果(周寅跃等,2007)。商业业态主要包括百货店、超级市场、大型综合超市、便利店、专业市场(主题商城)、专卖店、购物中心和仓储式商场等形式。

上海作为全国最大的经济中心城市,已经迈入全球城市行列,上海市政府提出"五个中心"的建设,在面向未来30年的战略规划中,以成为与纽约、伦敦、巴黎和东京相比肩的全球城市为发展愿景,并提出把上海"四大品牌"锻造成卓越全球城市的金字招牌。在《全力打响"上海购物"品牌加快国际消费城市建设三年行动计划(2018—2020年)》中上海市政府提出八大专项行动,其中在"新消费引领专项行动"中指出促进商业零售创新发展,支持智慧零售、跨界零售、无人零售、绿色零售等新业态、新模式发展,打造新零售"试验田"和"竞技场"。在上海快速发展的经济引领下,上海的商业业态呈现出哪些新的形式?本节我们重点分析上海新零售业态的形式及上海老字号。

8.1.1 新零售业态

一、新零售之都——上海

中西正雄1996年提出的新零售转轮理论认为,技术变革因素是零售业态变革的动力,随着新技术变革的酝酿而生,新的零售业态类型也将随之出现。2016年的云栖大会上,马云提出了新零售概念,他认为新零售包含了"线下与线上零售深度结合,再加上智慧物流、服务商利用大数据、云计算等创新技术"。这是继百货店、连锁店、超市、专卖店、无店铺零售之后的一场进行中的零售业变迁。无论是激烈的业态竞争还是日趋饱满的消费者需求都催生出了新兴的零售业态。作为零售业的承载体——城市,是最集中、最高效的完整的商业系统,也是零售行业变迁最好的见证者,它也因为零售业的发展而不断发展。

海纳百川、万商云集,素来是上海的特色。拥有悠久商业文明历史的上海,在城市零售业的体量上,与北京一起领跑全国多年。上海社会消费品零售总额近年来紧追北京,并于2017年跃居全国第一。

2017年的新零售元年以来,上海愈发引起业界关注。阿里巴巴把新零售试验的第一站选在上海,马云曾说过:"如果说要有一个城市能够代表改革创新和发展的高度,我觉得只有上海。"无疑,上海广阔的市场和强劲的消费潜力,为新零售发展提供了最重要的支撑。上海市民的收入多年领先于北京、深圳和杭州。国家统计局数据显示,2017年,上海居民人均可支配收入达5.9万元,为全国第一。其中,居民人均消费支出中服务性消费占比超过50%,消费升级趋势明显。

2018年4月,DT财经挑选了中国四座典型城市:北京、上海、杭州和深圳进行"新零售指数"评估。因为纵观中国的零售业变迁,这四座城市最具有典型代表性。新零售指数包括企业活跃度、消费者参与度及政府扶持度,从图8.1中可以看到企业活跃度和消费者参与度的表现上,上海均位列第一,且优势也最为明显;而且,上海在新零售指数的综合得分排名第一,也就是说,上海是目前中国当之无愧的新零售之都。

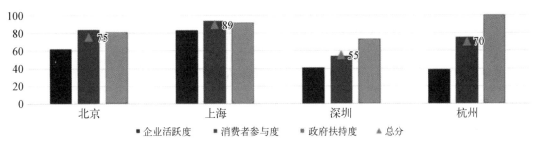

图8.1 四座城市新零售指数比较

数据来源:DT财经。

二、上海新零售业态的形式

有着不同经营形态的零售企业是城市零售业的重要承载体和支撑力量,根据DT财经的研究,把企业参与新零售的活跃情况作为评估一座城市新零售业态表现的重要指标之一。从图8.1可以看出,上海的企业参与新零售活跃度得分最高,它在新零售场景(比如盒马鲜生等代表性新零售业务)的覆盖率以及品牌参与度上优势显著,这多少离不开它较好的零售基础。进一步通过盒马鲜生、天猫超市1小时达、智慧商圈、智慧门店等业态的覆盖率来比较北京、上海、深圳、杭州四座城市新零售场景的覆盖情况(见图8.2)。综合比较来看,零售业基石强大的上海遥遥领先。下面分别介绍上海四种主要的新零售业态:盒马鲜生、天猫

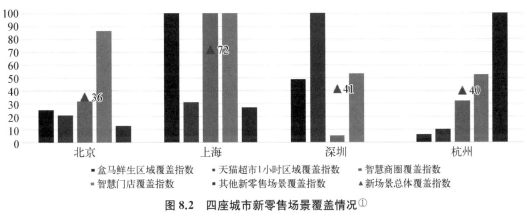

图8.2 四座城市新零售场景覆盖情况①

数据来源:DT财经。

---

① 区域覆盖指数为区域覆盖率标准化后的得分,区域覆盖率=门店服务区域面积/城市总面积。

超市1小时达、智慧商圈、智慧门店。

1. 盒马鲜生:城市新零售的开闸门

在马云提出新零售概念的2016年,第一家盒马鲜生在上海诞生。盒马鲜生作为由数据和技术驱动的"零售新物种",被认为是新零售的实践模板。从"盒区房"概念的诞生和火爆,足以见得盒马对于城市、居民生活的重要影响。上海不仅诞生了第一家盒区房,而且是全国最多盒马门店的城市。从一个新的角度来看,盒马的开店足迹,也可以被看作是这座城市、这片区域的新零售开垦路径(见图8.3)。

案例8.1

盒马鲜生的商业模式定位

盒马鲜生是阿里巴巴推出的模式新颖的生鲜超市,由创始人侯毅亲自操刀将生鲜

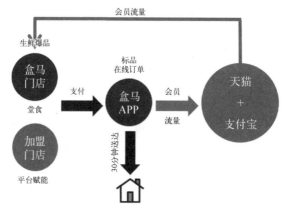

图8.3 盒马鲜生商业模式定位

资料来源:吴涛落地咨询。

超市、餐饮、便利店、菜市场融为一体,开垦了线上电商与线下实体店相互融合的试验田。据盒马鲜生首席执行官侯毅所述,消费者平均每月在盒马鲜生采购的次数达到了4.5次,坪效是传统超市的3—5倍。盒马鲜生一大特点在于线上线下业务高度融合和优势互补,线上销售占总销售约50%,在线下通过给消费者强体验给线上服务背书,进行引流;同时,线下门店具有前置仓功能,在缩短配送时间的同时又降低了成本。生鲜与餐饮相结合的模式是盒马鲜生的一大亮点,餐饮服务增加了消费者在门店停留的时长的同时,又能将临期生鲜产品及时加工处理,控制成本减少损耗。盒马鲜生提出新鲜到家、及时尝鲜和性价比的消费观,给了消费者有别于传统电商完全不一样的消费体验。

2. 天猫超市1小时达:城市生活一站式解决

对城市消费者来说,零售的效率至关重要。天猫超市一小时达、每日优鲜等极速送达零

售平台正在通过技术升级供应链和物流,以此满足城市消费者的效率需要。截至2017年年底,以天猫一小时达为例,消费者在线下单后,系统会将500多种商品SKU的订单信息发送到前置仓和便利店,完成配送。目前,北京的一小时达前置仓最为密集,数量远远领先于其他城市,上海次之。总的来说,天猫超市一小时达的服务已基本覆盖四座城市主城区的消费人群。

3. 智慧商圈:品牌渠道的全面重构

智慧商圈是智慧城市的重要组成部分。在现有的经济和管理文献研究中,不同学者分别研究了智慧商圈的相关概念,如智慧零售环境、智慧零售空间、智慧购物空间和智能零售环境等,学者们普遍认为,智慧环境的成功主要得益于商业主体借助信息通信技术与访问者交互的能力。

智慧商圈是利用信息通信技术整合传统商圈的商业服务,实现业态融合互补、信息互联互通、客户资源共享和精准营销服务的一种新型服务体验环境或服务生态系统,是传统商圈和虚拟商圈融合发展的新型商圈形态(钮钦,2018)。智慧商圈一般包括数据中心、智慧导引、智慧营销、智慧交通等内容。在架构方面,智慧商圈一般包括实体商圈与虚拟商圈服务平台两个部分,两者相互融合促进(如图8.4所示)。

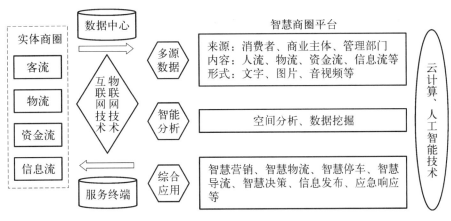

图8.4 智慧商圈的内容架构

资料来源:钮钦:"面向体验经济的智慧商圈:理论阐释和建设路径",《中国流通经济》,2018年第10期。

作为零售业的重要承载体,城市商圈也正在与新零售模式相结合,给城市消费者带来新的消费体验,为品牌线上、线下的营销、销售渠道的打通、重构提供新场景。2016年8月,上海市政府印发《"十三五"时期上海国际贸易中心建设规划》(沪府发〔2016〕60号),明确提出把创新建设智慧商圈作为上海国际消费城市的重要建设内容,积极打造形成在线化、数据化、透明化的智能型商圈。静安南京西路、淮海中路、五角场等作为上海市创建智慧商圈试点的重点商圈(宋瑛,2018),在实践与探索中已经取得了以下成效:第一,商业信息技术应用水平显著提高。上海各大商圈加快了信息基础建设,商圈公共区域和主力店4G网络、WiFi覆盖率达到100%,各商圈通过App、微信公众号、电子互动屏等技术发布互动信息,在消费支付上实现了移动支付、电子会员等方式。第二,商圈消费体验得到明显改善。上海部分商圈微信公众号关注数、App注册用户数超过3万个,部分营销活动资讯转发量超过2万次。商圈通过与大众点评、支付宝口碑等公共信息平台开展联合营销活动，吸引了大量年轻消费群体，到店率大幅提高，消费者消费意愿大幅提升。第三，商圈发展能级明显提升。受益于智慧商圈的建设，据上海市商业信息中心监测，2018年1—9月，静安南京西路、淮海中路、五角场商圈销售同比分别增长24.5%、3.2%、31.2%。

> **案例8.2**
>
> ### 五角场——筑梦智慧商圈生态链[①]
>
> 作为上海市市级商圈，五角场智慧商圈试点的地域范围由国定路、国定东路一线、国和路、走马塘围合而成。依托大数据、云计算、物联网等技术，以"管理现代化、应用智能化、服务专业化"为推手，构建涵盖商业、交通、社交、舆情等多方面数据信息的大数据中心，打造集智能交通管理、商场智能决策、用户智能购物、智能WiFi应用、客户精准营销等功能于一体的平台，塑造大数据智慧商圈。
>
> **全方位对接应用需求**
>
> 一个生态化商圈，从底层基础设施到体验类、管理类服务应用，都应该围绕各方需求转，并且不断追求技术创新，充分利用大数据、物联网、云计算等技术服务智慧商圈建设。在信息基础设施建设上，五角场推进无线覆盖、光纤接入、WiFi统一认证登录；部署软、硬件服务器，进行系统安全拓扑设计；基于Hadoop分布式架构建设数据中心以及大数据平台，对接政府、商家与第三方已有系统数据，包括数据模型设计、数据仓库与集市设计、数据抽取JOB触发、数据挖掘模型算法设计、数据接口设计。打造改善消费体验的应用，如行人诱导系统、车辆引导与自动泊车系统、大五角场智能交通系统、移动应用、网络社交平台、五角场商圈呼叫中心。同时，开发用于改善管理服务的应用，如政府决策管理分析、商业情报分析、大五角场发展舆情分析、多媒体广告精准投放以及物业管理等应用。
>
> 时尚五角场App和微信公众号结合了自动信息聚合和人工内容编辑方式，实现对下沉式广场公共区域、主要核心商城及周边辐射区域的商业与生活信息覆盖，为五角场商圈打造用户移动端统一入口奠定了良好基础。后续将扩展该平台与各商场及社会化应用的数据接口，进一步丰富业务应用功能，利用商圈顾客群体相对稳定的特点，不断提升用户对该App和公众号的使用黏度，并叠加特色化公共服务功能，使其成为线上引流的主要渠道之一。
>
> 商圈周边主要商城及社会化车库的空闲车位数据已实现联网，可通过各主要道路的指示牌实现区域停车诱导。随着商圈智慧停车系统逐步建成，后续将集中共享各车库的停车地图、反向寻车等功能，并展示在App及微信等移动终端渠道上。
>
> 商圈内主要商城均部署客流分析统计系统，基于智能视频分析技术，实现各商场主要出入口的客流统计。所有这类系统均提供开放接口，共享客流信息，这些信息结合下沉式广场改造后的公共区域客流统计分析，将形成基于整个商圈的人流分析系统，

[①] 资料来源：孙杰、徐少明."五角场 筑梦智慧商圈生态链".《上海信息化》，2016年第4期.

服务于商业决策及公共管理等多种应用需求。

部分商场已通过WiFi和蓝牙Beacon技术,实现基于顾客的LBS定位功能,不但为顾客提供定位导航和基于位置的精准推送,同时为商场及商圈运营者提供用户轨迹和商业热区的大数据统计。商圈及商场内部分业务系统已逐渐迁移并采用云平台。运用云计算及虚拟化等技术,不但能够大幅降低建设和运维成本,还能够根据用户规模的变化,快速灵活地调整配置,并加快应用服务的上线速度。

创新式众筹与共享

不同于智慧城市其他领域的信息化建设,智慧商圈建设由于业务参与主体众多,且利益诉求有差异,因此在建设、运维和服务模式上很难完全统一。五角场商圈在信息化建设实践中,秉承"众筹建设、共享共赢"原则,对每种业务系统都独立考虑其最适合的建设主体和运营服务模式(包括商城、商圈、政府以及市场化资源),确保业务可持续发展能力;同时,提前考虑系统之间的接口开放和数据共享,减少重复投资和建设,实现共同利益最大化。

以WiFi建设为例,商圈内有条件的商场采用AP自建自维方式;在公共区域或不具备自建自维的商业区域,采用运营商或社会第三方参与的方式。虽然这两种方式在AP的物理设备建维上有明确界限,但业务层面却已经考虑互联互通,五角场商圈正准备建设服务于WiFi网络的统一身份认证平台,改善用户接入WiFi的使用体验。与此类似的还有智慧停车,将商场自建的停车管理系统、市场化的第三方停车管理系统与商圈综合停车信息共享平台等结合,一并实现自建自维与共享互动,促进用户最高频度地使用业务应用,形成良好的业务生态系统。

业态融合与跨界融合

五角场商圈作为新兴的城市综合体,除了购物消费外,周边以科创企业为代表的商业办公也是商圈重要业态。考虑到年轻白领对工作午餐的刚性消费需求,五角场与商圈内部分餐饮企业合作,结合政府对区域办公白领的午餐补贴,集中通过App下发"白领午餐"优惠券,在协助政府实行公益服务的同时,也促使核心商城与商业办公人群互动并实现引流。

商圈内各主要商城已逐步开始O2O建设,但单个商城的O2O在业务融合上吸引力和影响力有限。目前五角场商圈App已对周边及主要商城内的商户进行了分类展示,在此基础上,将进一步整合各商城的O2O数据,并基于商圈层面进行跨商城、定制化团购和热卖,形成商城之间深度业态融合,促进用户对五角场商圈一体化品牌的认知和认可。

五角场商圈周边高校林立,高校特有的文化氛围和资源为五角场商圈的信息化建设提供了跨界互动的条件。商圈App的特色栏目中已包含了一些高校向社会公众开放的资源(如同济大学的深海探索馆、樱花一条路等),后续还将进一步挖掘类似资源,并尝试用适当的方式与商圈消费需求联动,将访客或游客吸引到五角场商圈中来。

此外,五角场商圈附近社区众多,周边居民也是商圈的固定消费群体,通过在商圈信息服务中容纳社区街道服务信息、文化活动信息、社会民生信息、政府公告信息等,体现商圈信息化中的公共服务功能,逐步吸引更多的周边居民关注和使用公众号及 App 等应用,在更大范围内传播和推广购物消费等商业信息。

五角场商圈后续还计划自主建设商圈大数据平台,进一步规范数据采集渠道、扩充数据采集类型。通过数据挖掘形成商圈独有的数据资产,除了服务于商圈自身运营决策及政府公共管理外,还可以为市场第三方提供有偿数据服务,解决平台可持续运营的投入和收益问题,不断累计动态数据,形成商圈核心竞争力。

4. 智慧门店:与消费者建立新连接

智慧门店是以满足消费者需求和提升效率为核心,通过数字化协同,提供消费者进店、决策、支付、售后等环节线上线下体验与服务升级融合的平台(时应峰和张洪,2018)。智慧门店能够营造新的购物体验场景,无论是 3D 门店实现的线上逛店或线下消费,还是"魔镜"实现的实体门店线上内容赋能,消费者不再因选择不同消费场景而使服务被局限,新零售将线上与线下两个消费场景的优势最大化融合,全渠道服务提升,最终受惠的是消费者。例如,位于南京西路的星巴克烘焙工坊是星巴克亚洲首个、全球最大的烘焙工坊,星巴克在其中首度使用创造沉浸体验的 AR 技术,每天平均接待 8 000 人次,这群消费者让上海烘焙工坊成为目前星巴克全球销售额最高的门店。

线下门店是零售的主战场,过去它与消费者的连接主要通过交易与服务达成。在新零售的变革中,升级后的智慧门店将改变成为交易、服务、物流和互动的场所。通过技术和数据能力,它帮助门店实现客流的可识别、可触达、可分析,极大优化了门店运营效率,提升了消费体验。据 DT 财经统计,在零售业竞争激烈的上海,数量最多的品牌门店率先跨出了"智能第一步",四座城市中上海的品牌智慧门店分布最多。尤其在全球新品首发方面,上海居全国之首。例如,2018 年天猫"618"期间,天猫新零售新技术已在上海遍地开花。全国超过 70 个新零售商圈、10 万家智慧门店将在线上线下联动狂欢,上海氛围尤为热闹,智慧门店达 5 183 家,位列全国之首。

案例 8.3

上海静安大悦城首家 Kerr & Kroes 天猫智慧门店[①]

天猫新零售联合女装品牌 Kerr & Kroes 打造的首家服饰领域全品类会员店于 2018 年 4 月 21 日在上海静安大悦城正式开业。该门店是 Kerr & Kroes 品牌全国旗舰店,同时也是新零售战役中结合紧密度最深的天猫智慧门店之一。

从货品、交易、会员三个维度实现了线上与线下紧密环抱,借助天猫新零售智慧商圈团队的品牌赋能,实现商业场景的数字化沉淀,Kerr & Kroes 天猫智慧门店将发

① 资料来源:搜狐新闻网,https://www.sohu.com/a/228809951_500093。

力重构传统零售业态,探索集合品类大店的运营思路。

产品场景化

作为一家服饰领域全品体验店,售卖产品包含女性服饰、女装配件延展系列、INS风家居摆件、母婴用品、轻食餐吧等。在陈列方式的选择方面,Kerr & Kroes陈列团队经过多次商讨和反复斟酌,摒弃了传统零售大类集中的陈列方式,真正从搭配美学角度出发,对全品类商品进行家庭式场景化陈列。

在Kerr & Kroes天猫智慧门店,用户将会看到一个个有味道、有故事的主题区域,融入了龟贝叶、尤加利等仿真植物,服装风格简约、大牌色彩明快的区域必定是INS风深度控用户的聚集地,主题区域搭配的雕塑摆件、金属质感马克杯、地垫等产品在Kerr & Kroes线上与线下同步售卖。

商品随心购

Kerr & Kroes天猫智慧门店大面积运用了当下最为流行的粉色系,场内25%的区域不做售卖,开放出来打造成或趣味或搞怪或浪漫或文艺的拍照区,专供消费者休憩和拍照。

在Kerr & Kroes大悦城店内,包包可以放进储物柜,家属可以放到寄存处,BABY可以存放在海洋球浴场内,女性们可以完全没有任何负担地挑选商品,同时场馆给用户以绝对的开放和绝对的自由,在试衣间换上了新衣服,也可以在店里自由走动,拍照分享。

购买商品的可以门店买单取货,也可以线上买单,并寄回家中,再畅快地去下一个店面购物。

活动集散地

在Kerr & Kroes天猫智慧门店,每月第二周的周五都会有3小时会员封场活动,这一天场馆会营造各种主题气氛,以及从商品销售方面线上与线下同步放价让利,让会员在Kerr & Kroes体验会员尊贵感。

届时各行业一线红人到店专题开讲,美妆答疑,科普种草,与场内用户亲密互动的同时,与场外粉丝直播互动提升Kerr & Kroes线上的关注热度。轻食餐吧可以摇身变成烘焙坊,美食达人可以现场教学各类烘焙美味。场内品牌新品发布升起灯光T台,会员能在饱览视觉大秀的同时学习时髦搭配法。厌倦了热烈的场景,Kerr & Kroes天猫智慧门店还可以开书友会,与会员碰撞心灵的火花。

智能互动网,打造沉浸式用户体验

体感云货架(拿起商品就能看到商品的所有信息)、智能试衣镜、试妆镜、娃娃机、AR扫一扫以及多项智慧设备串联的打卡换礼手淘游戏,使用户在进店体验智能硬件的同时,还能收获购物礼券。将产品呈现结合智能玩法纵横交错编织出一张趣味互动网,捕捉路过用户眼球的同时,可以极大化延长用户在店内的逗留时间。

对于Kerr & Kroes天猫智慧门店而言,参与互动的用户可以通过智能硬件了解商品浏览路径,对沉淀的AIPL数据加以分析可以更好地指导门店运营,辅助门店为消费者打造更好的消费空间。

> 天猫方面认为,新零售的意义不仅仅在于改造线下场景,而且在丰富线下体验的同时可以重塑产品和品牌。对品牌来说,新零售的目标不仅仅是要打动消费者、增加销售额,更重要的是通过创新的互动方法,更容易获取新用户,并增强老用户的粘性,线上线下全域做好用户的深度运营。新零售体验店落地,仅仅是撬动商业场景变革的一种形式,期待未来借由 Kerr & Kroes 天猫智慧门店给消费者呈现更多的惊喜。

8.1.2 上海老字号

老字号通常被认为是一个约定俗成的概念,是中国商业特有的称谓,泛指有多年成功的经营经历,在一定区域内有良好声誉的商号及商品和服务。我国商务部 2005 年开始对中华老字号进行评定,将 1956 年以前成立的企业都纳入老字号评审的范围内,这样就扩展了老字号这一概念的内涵。专家对中华老字号的界定为:具有展示中华民族文化创造力的价值,具有鲜明的中华民族传统文化和地域文化背景以及一定的商业价值和文化价值,具有 1956 年前开设的经营店史、世代相承的独特工艺或经营特色,赢得了广泛的社会认同,具有良好的商业信誉,并符合中华人民共和国有关部门规定的企业或产品品牌(王成荣,2017)。

在《全力打响"上海购物"品牌 加快国际消费城市建设三年行动计划(2018—2020 年)》中上海市政府提出八大专项行动,其中"老字号重振专项行动"则指出"支持老字号创新经营方式,实施老字号+互联网计划",促进老字号品牌传承创新。据上海市商务委的统计数据,上海现有老字号品牌 222 家,其中经商务部认定的"中华老字号"企业为 180 家,占全国的 16%,居各省区市首位。2018 年阿里研究院联合北京大学光华管理学院王锐教授共同发布"中华老字号品牌发展指数"①,通过对 2017 年 8 月至 2018 年 7 月天猫平台成交规模 TOP300 的中华老字号搜索引擎的数据进行统计,得到老字号品牌发展指数 Top100 榜单,其中排名前十的上海老字号分别为恒源祥、美加净、回力、红双喜、光明、马利、古今牌、梅林、冠生园和老庙(见表 8.1)。

表 8.1 上海中华老字号品牌发展指数分析

排名	老字号品牌	市场力	创新力	认知度	美誉度	忠诚度	总指数
1	恒源祥	100.0	88.5	98.4	67.7	36.0	81.9
2	美加净	40.6	97.1	87.7	56.5	35.6	66.2
3	回 力	50.6	60.6	100.0	55.5	39.7	59.9
4	红双喜	46.0	43.4	72.2	60.8	72.1	55.3
5	光 明	15.6	64.3	77.1	74.8	55.1	54.2
6	马 利	32.0	37.1	76.1	56.0	61.7	48.2

---

① 老字号品牌发展指数从市场、消费者、品牌主体三大视角出发,基于五个一级指标(市场力、创新力、认知度、美誉度、忠诚度)综合计算得出。

续表

排名	老字号品牌	市场力	创新力	认知度	美誉度	忠诚度	总指数
7	古今牌	14.0	55.5	80.5	65.7	31.7	46.8
8	梅 林	19.4	37.4	64.1	75.0	51.0	44.6
9	冠生园	18.7	54.5	72.9	66.9	17.2	44.6
10	老 庙	21.5	47.6	62.3	70.2	23.1	43.0

数据来源：阿里巴巴。

2019年迈迪咨询发布了《上海老字号品牌白皮书》，以"老字号品牌活力指数"①从上海222个老字号品牌中选择99个品牌，通过网络问卷研究接触了近2000名消费者，并最终形成了老字号的活力50强。其中排名前十的上海老字号分别为光明、大白兔、老凤祥、回力、红双喜、老城隍庙、白猫、和平饭店、恒源祥、老庙(见图8.5)。可以看到，在两个老字号品牌排行榜中均排名前十的上海老字号包括恒源祥、回力、红双喜、光明、老庙，这些企业在产品、渠道、消费者等方面均有不同程度的创新。

图8.5　2019年上海老字号活力品牌十强

资料来源：迈迪品牌咨询。

2017年商务部等16部门发布《关于促进老字号改革创新发展的指导意见》，包括三大重点任务：推动老字号传承与创新，提供市场竞争力；加强老字号经营网点保护，优化发展环境；推进老字号产权改革，增强企业自主发展能力。其中，推动老字号传承与创新位列三大重点任务之首。研究者们对老字号活化策略的研究也主要集中在"变"与"不变"(许晖等，2018)。国内学者何佳讯等(2007)指出，老字号品牌的长期管理存在"变与不变"的两难选择，在理论上存在创新和怀旧两个相对应的研究视角，并通过研究发现创新特质和怀旧倾向这两个心理变量可以很好地对老品牌市场进行细分，由此也引发了对于老字号创新与怀旧

---

① 品牌活力指数由市场活力、产品活力、营销活力、文化活力的指数加上组织能力评估构成，赋予权重后相加得到最终品牌活力指数(百分制)。

战略的研究。

一、老字号的"创新"

创新是指将新的思维或技术等要素转化为新产品的过程,包括新产品或服务、新的目标市场、新的生产方式和新的组织制度等(Schumpeter,1912)。在数字化转型背景下,加快老字号创新是势在必行的。研究者们对老字号的创新策略进行了大量研究,包括产品或服务的创新、品牌创新、营销沟通的创新等。

1. 产品或服务的创新

产品或服务的创新是老字号创新战略中的重要方式,大多数老字号品牌都要借助产品或服务创新来推动品牌的发展。如2018年9月中旬,"56岁"的美加净和"59岁"的大白兔奶糖跨界合作,推出美加净牌大白兔奶糖味润唇膏,产品在上市前便引发了朋友圈、微博网友的刷屏热议,一经上市便成为网络爆款。

2. 品牌创新

从品牌管理的角度,创新是指企业面向未来,通过营销沟通的创新获取新的品牌资产来源,增强品牌意识和改善品牌形象,最终实现品牌活化的目标(Keller,1999)。例如,中华老字号云南白药集团通过多品牌战略成长为品牌生态圈,包括原生药材及养生系列中的千草堂品牌、药品及医疗器械系列中的泰邦品牌、大健康产品系列的养元青等品牌。

3. 营销沟通的创新

营销可以帮助老字号把自身的品牌或产品创新传递给消费者,老字号品牌营销创新包括渠道的创新、口碑传播、品牌社群等方式。例如,上海老字号恒源祥2012年开始正式投入电商运营,并取得显著成绩;从2013年恒源祥电商首次参与"双11"突破8 000万元销售额,到2017年"双11"全网销售额突破3亿元,离不开恒源祥精准的电商战略和市场渠道的不断创新。

> **案例8.4**
>
> **大白兔奶糖能否跨界重生?**[①]
>
> **辉煌的过去**
>
> 可以说大白兔奶糖是绝大多数人童年中美好的回忆,一颗大白兔奶糖就是对自己最好的奖励。大白兔奶糖的前身源自1943年上海"爱皮西糖果厂"。中华人民共和国成立后公私合营并且开始采用现在熟知的大白兔图案作为商标。大白兔奶糖曾多次出现在新中国历史上的重要时刻上,1959年大白兔奶糖被选为中华人民共和国国庆十周年的献礼产品;1972年周恩来总理将大白兔奶糖作为礼物赠送给了访华的

[①] 资料来源:上海财经大学商学院案例研究院。

美国总统尼克松。无论是城市还是农村,大白兔几乎成为奶糖的代名词。

不断的尝试

然而,近年来随着生活品质的不断提升,中国的奶糖市场也在不断萎缩,大白兔奶糖也面临着增长的困境。为此,大白兔奶糖品牌的所有者上海冠生园在过去的几年也在不断探索用大白兔品牌做新的跨界盈利模式。

2015年,大白兔和法国时尚品牌agnes b.合作推出"大白兔—agnes b."跨界糖果礼盒(见图一),首批限量推出了"粉蓝"经典奶糖和"粉红"红豆奶糖两款包装。虽然在相同重量下,其价格相比于传统的袋装高出近10倍,但还是饱受市场的欢迎。

除了改包装、换口味之外,在之后的几年间大白兔的跨界营销动作保持着每年1—2次的频次。在这些尝试中,最为人所知的就是大白兔润唇膏和大白兔奶茶两样,凭借着这两次跨界尝试,大白兔奶糖再次登上新闻成为人们关注的焦点。

2018年9月7日,上海知名老字号冠生园食品宣布大白兔奶糖将和美加净跨界合作,推出联名款——美加净牌大白兔奶糖味润唇膏(见图二)。在产品描述上更是打出了完美保留大白兔奶糖的经典味道,就连包装都是大白兔奶糖的模样的口号。该润唇膏在美加净的天猫旗舰店上预售的半秒钟内卖空920支,成为老字号跨界合作的经典案例。

图一 "大白兔—agnes b."跨界糖果礼盒　　图二　美加净大白兔润唇膏

2019年5月29日,大白兔品牌方冠生园官宣正版大白兔奶茶店已在上海上线,该奶茶店为大白兔与快乐柠檬合作推出的快闪店(见图三),开放时间到8月18日为止。大白兔奶茶的价格与快乐柠檬奶茶价格相差不大,平均在20元左右,在上市当天卖出1 000多杯,并且出现了排队加价的现象。

与此同时,2019年大白兔还和气味图书馆推出大白兔奶糖味香氛、沐浴乳系列(见图四),和太平鸟旗下乐町推出印有大白兔LOGO的服饰等。

跨界的难题

纵观大白兔这些年来的多次尝试,这些跨界行为大多为短期的营销行为,并没有形成持续性的业务和盈利模式。此外,跨界营销的效果也并不如意,热烈追捧之后往

图三　大白兔60周年奶茶快闪店

图四　大白兔与气味图书馆推出大白兔奶糖味沐浴乳

往由于消费者心理期望和实际的落差导致大白兔品牌的过度消费。如网上就有消费者在尝试了大白兔奶茶之后评价其和快乐柠檬原本的饮品并无差别,与大白兔奶糖味的奶茶形象并不相符。

从2014年开始,中国的糖果行业就开始了持续的萎缩,在中国消费升级的道路上,奶糖似乎成了被"升级"的对象,逐渐被其他食品所替代。近年来大白兔的数次跨界就是要寻找扭转这一发展颓势的方法和模式,然而就目前来看大白兔奶糖的跨界行为仍然属于蜻蜓点水,远未解决消费升级问题。

二、老字号的"怀旧"

怀旧是指一个人年轻的时候(在成年期早期、青少年期、幼年时期甚至出生之前)对经常出现的人、地方或事物的一种态度或情感偏好(Holbrook & Schindler,1991)。与互联网品牌单一追求创新不同的是,老字号在创新的同时还需要兼顾其独特的历史文化资源,也就是传承性。传承性是中华老字号固有的一个属性,而怀旧可以增强消费者对老字号品牌传承性的感知(Rose,2016)。当老字号面临新品牌的竞争时,怀旧策略的利用显得尤为必要。消费者往往对那些能够引起过去回忆的事物怀有强烈的情感,进而激发出强烈的购买倾向(Holbrook & Schindler,2003)。

近年来,怀旧营销逐渐成为一种消费动力,许多老字号企业推出含有怀旧元素的产品或包装,激发消费者的怀旧情怀。例如,上海回力运动鞋、青岛啤酒等围绕"情怀"引发消费者情感共鸣,进而产生购买行为。老字号还可以通过广告中植入能够引起消费者怀旧心理的片段来唤起消费者对于过往美好的回忆,进而促进消费者对老字号的积极态度。例如,"冰峰"作为一个60多年的老字号饮料品牌,其成功很大程度上得益于充分挖掘自身怀旧的价值,不断进行怀旧式广告营销。

案例 8.5

上海回力——怀旧营销策略

回力概况

上海回力于1927年创立,1999年被认定为中国驰名商标。"回力"一词来自英文"Warrior",有战士、斗士之意。回力运动鞋因其优秀的产品质量和时尚的设计理念,在当时的中国得到热捧。回力是中国第一批以时尚为目标的胶底鞋品牌。20世纪70年代期间,回力以其垄断式的地位成为运动休闲鞋的代名词。20世纪80年代后,回力简单纯粹的设计、高性价比的品质受到消费者的青睐。拥有一双回力鞋是青少年时尚、潮流的标志。1984年,中国女排脚穿回力球鞋获得了洛杉矶奥运会的冠军,回力鞋成为当时家喻户晓的爆款。目前,回力鞋业不仅专注于运动休闲业的研发,还开发了轻便注塑休闲鞋、雨鞋、凉鞋等多中类型的产品,产品系列线共计200个、品种多达5 000种,在国内的专卖店数量达1 000家。

回力衰落与复兴

计划经济制度下,回力只需要完成国家制定的生产计划,不用考虑市场营销、宣传推广等问题。进入20世纪80年代后期,随着改革开放步伐的加速,人民物质生活水平极大提高,购买力逐渐增强,消费理念也发生了极大的变化,国家取消了传统的统购统销政策,整个运动鞋市场逐渐趋向饱和。此外,耐克、阿迪等外国知名运动鞋品牌及国内民营企业运动鞋市场的竞争愈发激烈,以李宁、安踏为首的中小企业通过运作灵活、成本低廉的运作优势,迅速占领了以回力为首的老字号品牌的中低端市场。然而,回力鞋业由于缺乏市场前瞻性,在厂房设备、产品设计、公司理念、营销推广等方面未能及时更新,逐渐陷入困境。2000年2月,回力鞋业总厂宣告破产,回力系列商标被上海华谊集团有限公司接管。

21世纪以来,随着数字化技术的发展和普及,回力鞋业从中看到了新的希望。2008年,北京奥运会来临之际,回力开始反思自己的品牌定位,重新规划发展战略。借助奥运会的良机,回力在国内外市场上逐渐回归大众视野。2010年上海世博会期间,回力趁热打铁,获得上海世博会特许生产商、零售商的授权资质。随后,回力开始打造高端系列产品,摆脱廉价的产品形象。随着国内电商的飞速发展,以淘宝、京东为首的电商平台成为消费者购物的首选,传统的线下实体商店营业额逐步缩减。回力抓住电商热潮,入驻天猫商城、京东商城等平台,实现线上与线下的全覆盖,多次与其他品牌进行联名跨界合作。

2017年,在阿里研究院发布的《中华老字号电商百强排行榜》中,回力取得了总榜第二名的优异成绩。2018年9月,在《中华老字号品牌发展指数》报告中,上海回力在发展指数总榜排名前十,消费者创新力和品牌认知度指标位列第一。截至2019年,回力的天猫平台粉丝数量已超越300万,其中90后粉丝占比为52%。近十年来,具有90多岁"高龄"的回力在数字化背景下利用粉丝经济模式成功转型实现涅槃,不仅成功维系住了老顾客,还受到了新生代消费者的青睐,让品牌焕发出新的生机,成为老字号品牌中的佼佼者。在吸引粉丝方面功不可没的就是回力的怀旧营销策略。

怀旧营销

怀旧是人与生俱来的一种情感，是人们对过去时光的一种富有情感性的积极。回力所谓的怀旧，不是单纯的回归，更是瞄准年轻人这一新兴消费群体做足文章。一方面，既保留了经典款式，也老款新做，引进新材料，赋予其新功能，将怀旧做成一种新时尚；另一方面，迎合大众消费者特别是年轻人的口味，不断在款式设计上推陈出新，让产品更加丰富。就是因为主打"国货经典"，回力白底红标、白底蓝标两款经典球鞋卖得最好。在具体的怀旧策略上主要包括以下三点。

图一　电影《致青春》引发回力鞋回忆　　　　图二　回力90周年纪念款

第一，回力利用青春电影进行宣传。电影《致青春》热映，从此开启了国产电影青春片的风潮，回力鞋、校服等经典的校园元素成为这些电影共同的特点。许多观众在观影结束后，开始回忆校园往事，或者到母校追寻自己青春的记忆。怀旧、青春成为当时网上热议的关键词，这些元素经过电影的宣传和炒作，在各大社交平台引发强烈反响。回力抓住机会推销电影中的同款回力球鞋（见图一），获得众多追求怀旧的粉丝关注，引发抢购热潮。

第二，回力举办怀旧征文大赛。回力在官方网站宣布征集回力故事，诚邀广大消费者向回力投稿，讲述自己关于回力的难忘故事，并且每期都评选出优秀作品，刊登在回力的官网上，并向获奖者赠送回力的经典款球鞋一双。目前在回力的官网中，有数十篇关于怀旧情怀的文献，回力成为粉丝回忆过去的代名词。

第三，回力还推出经典款纪念球鞋。2017年是回力品牌90周年的纪念，为此回力在最经典的红白鞋基础上加注了"90"的字样，限量推出回力90周年纪念款（见图二），来致敬怀旧情怀。这些怀旧营销的措施成功挽留了对回力抱有浓厚情感的老粉丝，并增加了产品的关注度。

8.2　商业模式创新

商业模式是近年来管理学界讨论特别热的一个概念。学者们关注商业模式的视角不同,给出的定义也各不相同。北大汇丰商学院魏炜将商业模式定义为企业为了最大化企业价值而构建的企业与其利益相关者的交易结构,并与清华大学朱武祥教授联手在全国率先推出"魏朱商业模式六要素"模型。从复杂系统视角出发,汪寿阳等(2015)提出了商业模式冰山理论,认为商业模式根植于其所处行业、社会环境,和科技发展中,是与组织自身条件匹配集成的复杂系统。目前国内普遍被接受的定义来自魏朱商业模式理论创始人魏炜教授、朱武祥教授所定义的商业模式,即"利益相关者的交易结构"。本质上,商业模式是一个由焦点企业及其供应商、合作伙伴等外部主体形成的复杂系统,它描述了一个公司如何创造和获取价值。当交易结构可以持续交易时,就会创造出新的价值,每一方会按照一定的方式去分配这个价值,而分配比例很大程度上取决于双方的讨价还价能力以及实力对比。如果每一利益相关方获得的价值超过了它投入资源的机会成本,这个交易结构便能达成并持续下去。

8.2.1 商业模式创新的含义

基于商业模式的定义不同,学者们对商业模式创新的研究视角也不同,研究者们认为引入新的可盈利业务方式、实现顾客价值持续增长的业务创新、对现有资源和交易网络进行重组优化等均为特定情境下的商业模式创新。商业模式创新从内容上看,包括商业模式构成要素、利益主体的创新,以及商业模式系统性架构的创新。Amit 和 Zott(2001)认为创新需要重新定义商业模式的内容、结构与治理关系。Foss 等(2017)将商业模式创新定义为"对一个企业的商业模式中关键要素或者联系这些要素的架构(精心)设计的、新颖的、重大的变化"。基于主动性市场导向型创新和反应性市场导向型创新的区分,Aspara 等(2010)认为商业模式创新是基于主动性市场导向驱动的,把商业模式创新定义为"一种重塑既有市场结构、面向消费者潜在需求、实现顾客价值跳跃式增长、设计独一无二的业务系统、开发新渠道或者彻底改变竞争规则的创新"。

Hossain(2017)对商业模式创新进行了系统综述,涉及商业模式创新的定义、战略、技术、创新、治理、灵活性、实验、价值创造、价值捕获、企业绩效、可持续性等方面,建立了商业模式创新研究中的连贯性。从研究视角看,商业模式创新包括技术创新、战略创新、价值视角创新、系统视角创新等(陈秀梅,2019)。从生态系统视角来探讨商业模式创新是最能发现其创新本质的。企业生活在以生产产品和提供服务为中心,被生产商、供应商、消费者、政府、投资者等群体环绕的商业生态系统中,在这个生态系统中不同群体承担着不同职能,有着不同的利益驱动,但又相互依存、资源共享、融合共生。Amit 和 Zott(2012)认为,商业模式是一系列相互联系、相互影响的活动组成的系统,这个系统超越了企业自身的界限,并从一致性、新颖性、效率性、持续性四个商业模式特性分析企业商业生态系统的价值创造。这一视角打破了企业进行商业模式创新的边界,涵盖了生产者、供应商、消费者等利益相关者,体现了外部资源的协同与优化对于商业模式创新的重要性(吴玥,2019)。

商业模式创新的目的是寻求或维护企业的竞争优势,是出于对营利的追求。对商业模式创新高度关注的企业利润明显会高于竞争对手。苹果公司、亚马逊、谷歌的成功,不仅仅只是因为技术创新,在很大程度上也与商业模式创新密切相关。2005 年,对全球超过 4 000 名高管所做的一项调查显示,54% 的高管认为,对于维持企业的竞争优势而言,商业模式创新比产品和服务创新更为重要(Economist Intelligence Unit,2005)。

8.2.2 商业模式创新的动力

一、技术推动视角

Amit 和 Zott(2001)等早期的研究者认为,以互联网技术为代表的新技术是商业模式创新的主要动力。之后,在更为广泛的领域中发现技术对商业模式创新的推动作用,如 Yovano 和 Hazapis(2008)等学者指出,在 IT 和 ICT 领域中,产业模块化和产业融合等技术变化推动了欧美国家和日本相关企业进行商业模式创新。Willemstein 等(2007)的研究证实了企业内部技术的提升是推动生物制药企业商业模式创新的重要动力之一。Sorescu(2017)分析了利用信息网络和大数据创新现有商业模式或开发全新商业模式的方法,探讨了大数据与商业模式创新之间的联系。

二、需求拉动视角

与大家通常认为商业模式创新的主要动力是技术、法律和社会经济不同的是,德勤咨询公司通过对 15 家企业的商业模式创新研究后指出,商业模式创新的主要动力是企业为了满足消费者长期拥有但被忽视或未得到满足的需求而进行的努力。比如,美国西南航空公司提供的廉价短途航空旅行服务,星巴克提供给消费者的是能够放松交谈及参与的聚会场所。

三、企业高管视角

企业高层领导者对外部环境的认知能力对商业模式创新具有驱动作用(Martins 等,2015)。Linder 和 Cantrellis(2000)通过对 70 名企业高管的访谈和二手资料研究发现,企业高管是推动企业商业模式创新的主要动力。企业的领导者作为商业模式的设计者,是组织中对商业模式影响最大的个体,他们的决策和能力对企业商业模式创新具有重要意义。企业高管特定的领导力可以引导商业模式创新,包括领导者对市场的认知能力和决策信念(Aspara et al., 2011)、创造力(Svejenova et al., 2010)等。企业高管不仅在企业建立之初构思商业模式设计,同时他们对是否维持现状或模仿市场中其他商业模式做出决策。

四、系统视角

Mahadevan(2004)从价值创造的角度研究了不同因素对商业模式创新的影响,并指出随着行业竞争的加剧和客户需求的变化,企业现有商业模式的价值趋于减小,从而需要运用新技术或者外部环境变化带来的机会实施创造价值的新策略,带来的结果就是商业模式创新。Clauss(2017)在对大量文献进行综述后指出,商业模式创新是对价值创造、价值主张、价值获取方面的创新。因此,商业模式创新包括供应商、采购商、顾客及其他利益相关者等众多组成部分,在商业模式创新中既要考虑内外部资源和能力的整合,也要兼顾宏观环境的影响。

8.2.3 商业模式创新的类型:颠覆性创新与渐进性创新

商业模式是动态调整的,市场需求的改变、竞争环境的变迁、技术进步以及新的利益相关者出现都会促使企业进行商业模式再设计和创新。从某种意义上讲,商业模式本身具有很强的非连续性属性,表现出跨越式、间断发展的趋势,过去的经验对未来商业模式设计的参考意义几乎为零。但是,这并不否认商业模式存在渐进式改革。魏炜等(2015)将商业模式创新区分为商业模式变革和商业模式渐进式创新,前者指伴随着价值创造机理的显著革新,后者则是指在商业模式价值创造机理不变的前提下进行模式微调,是一种稳定性管理。对于高速成长企业,其商业模式创新带给企业巨大的发展空间。问题是,对于大多数非高速成长企业,应该如何应对新商业环境下的变革,是一个需要慎重考虑的问题。

在魏炜教授看来,在传统的产品技术研发路径(即用户需求导向和技术自身发展)之外,可以先设计出一个商业模式,然后再设计与模式相匹配的产品。这意味着,商业模式驱动可以成为引领产品技术发展方向的第三个来源。除了引领技术创新,成功的商业模式通过连接技术与市场需求,推动产业突破性发展。这是斯泰利奥斯·卡瓦迪亚斯等人2016年10月发表在《哈佛商业评论》一篇文章里提到的重要观点。在他们看来,尽管新技术往往是主要因素,但它们从未颠覆过一个行业。实现这种颠覆的是商业模式的革新,成功的商业模式可以将新技术与新的市场需求联系起来。他们进一步明确了此类商业模式应该具备的六要素:(1) 定制化程度更高的产品或服务;(2) 实现产品循环使用的闭环流程;(3) 资源共享;(4) 基于顾客对产品或服务的使用情况定价;(5) 与供应链合作伙伴合作性更高的生态系统;(6) 能对市场变化做出实时调整的敏捷的自适应组织。研究认为,通常具有三种以上的要素才能构成颠覆性商业模式创新,且具备的要素数量越多,越有助于企业的成功。事实上,这六大要素也可以看作是企业商业模式创新的六大突破口。以在线影片租赁提供商Netflix为例,流媒体可以通过Internet实现对音像资料的点播或实时访问,这一新的商业模式将过去向客户发布租赁DVD的旧模式彻底颠覆。这里Netflix商业模式创新起码具备了定制化程度更高的产品或服务、资源共享、基于顾客对产品或服务的使用情况定价、与供应链合作伙伴建设合作性更高的生态系统等要素。

在理论上,一个新的商业模式具备上述要素越多,其改变行业的潜力就越大。这类商业模式也被称为颠覆性商业模式或转型性商业模式,顾名思义,此类商业模式可以助推产业转型,使产业发生根本性变革,就如Uber和Airbnb的出现颠覆了传统的出租车和酒店行业一样。颠覆性商业模式通常从企业外部视角出发进行资源整合,往往适用于新创企业。正如美国哈佛商学院著名教授克里斯滕森所认为的,大公司很难做颠覆性的商业模式创新。这从另外一个角度也说明,颠覆性商业模式的存在仍然是少数。对于绝大多数企业,尤其是资源能力有限的中小企业,重点不是进行颠覆性的商业模式创新,而是有针对性地在原有业务基础上结合自己的企业基因,选择适合自己的渐进性商业模式创新,在时机成熟时,再尝试颠覆性商业模式改革。

相比颠覆性创新,商业模式渐进性创新才是更为一般和普遍的形态,现实中大量的案例也支持这一点。渐进性创新强调商业模式在外围功能上的微小改进和适应性调整。Chesbrough(2010)认为,商业模式创新的实施过程是一个组织不断学习的过程,同时商业模式创新也是一个不断试错的过程(Sosna et al.,2010;McGrath,2010),因此企业在商业模式创新过程中应采取循序渐进的方式。在现实中,现有商业模式的渐进性创新往往有更大的概率获得稳定回报。另外,Skarzynski等(2011)的研究也指出,要想成功实施颠覆性创新,企业应该具备一个共享的愿景,能够将渐进性创新和颠覆性创新努力联系起来。王炳成等(2020)运用扎根理论,选取了阿里巴巴、红领、小米和分众传媒4家中国典型的商业模式创新企业,构建了商业模式创新过程阶段模型,强调了商业模式创新是一个不断修正、完善和逐步演化上升的过程,其中各个阶段相互之间密切关联,相互作用。

8.2.4 商业模式创新的实施

一、持续的创新

可持续性作为商业模式创新的一个重要因素,受到了越来越多的关注。无论商业模式的颠覆性创新还是渐进性创新,创新的可操作性是企业关注的重点。那么,企业如何才能有效、持续推动商业模式的创新呢?

首先,企业要对自己有一个清楚的定位,要认真回答"我想做"与"我能做"的问题,明确目标。简单说,"我想做"是企业基于对现状的分析和未来前景的预测所做出的未来发展战略定位以及初步规划。但是,想做并不意味着能做,更不意味着一定能成功。企业关键资源的匮乏将对企业的战略选择形成重大约束。此时,企业要么通过引入新的利益相关者,形成新的关键资源,要么企业基于自有资源选择可行的战略方向。当前社会发展、技术进步,使得竞争环境也日趋复杂,但是就如复杂的生态环境可以包容更多的物种一样,复杂的竞争环境也允许更多类型企业的存在,很多企业在相似的行业中经营,服务对象和运营区域皆有交叉,但它们又各自在一些重要方面彰显特色,主导市场的不同部分,成功地在竞争中赢得一席之地。对于在位的传统企业而言,具有颠覆性商业模式的新创企业无疑是一个巨大的挑战,但对他们而言,最佳的应对方案是通过适应性调整,进一步完善现有产品或服务的质量,将关注的焦点集中在抓住核心客户上。另外,建立具有不同商业模式的独立业务部门也是一个可以参考的方案,IBM就是一个典型例子。

其次,作为企业的管理者,在应对组织转型的过程中,最为基础的一点是商业模式创新思维方式的确立,思维方式决定了企业商业模式创新的能力。在当前信息异常发达的社会,唯一不变的就是变化,变革成为一种新常态。几乎每个企业都在考虑或实施某种类型的转变。为了在组织和产业转型中生存下来,领导者需要超越具体的变革,思维不能仅仅局限在具体的变革细节上,即要掌握变革和创新的方法论工具,这就是思维方式的改变。在组织转型的过程中,高管们最大的失败往往是误解了变革的需要,或是走错了方向。例如,Durk Jager仅仅上任一年半就在2000年辞去了宝洁公司首席执行官一职。一个重要的原因就是他"太多太快的改变",挑战了宝洁历来保守的企业文化。但是,更常见的是,管理者对于变化的反应迟钝。例如,早在2004年,诺基亚内部就开发出触控技术,但对市场的低估,该项技术一直未推出。直到iPhone推出一年后,诺基亚才推出第一款触控技术的手机,但已错过了最好的发展时机。因此,要成功地在变革的环境中生存下来,企业的管理者必须能够快速更新组织结构并进行自我调整。他们要考虑他们在新秩序中的位置,还必须与CEO或董事会进行充分沟通,弄清楚他们变革的立场以及他们将如何实施变革。他们要在整个团队培养商业模式创新的思维方式,甚至通过交流——将战略野心传达给更广泛的人,担当起强有力的教练和培训者的角色,通过相似的思维方式,增强战略的执行力。

最后,落实到具体操作层面,就是选择突破口进行商业模式创新。图8.6描述了商业模式创新的基本框架。如何有针对性突出某些关键要素,是企业成功生存的重要一环。转型性商业模式六要素指明了商业模式创新的方向,在实际中这六要素可以概括为三个核心问题:实现资源或成本节约、满足不同市场需求、识别真正的利益相关者。渐进性创新并不必面面俱到,只需关注其中之一即可。

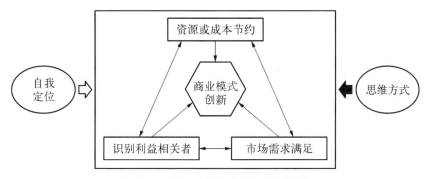

图8.6 商业模式创新中的核心问题

二、渐进性商业模式创新的具体举措

1. 如何实现资源或成本的节约

成本节约是企业经营中的一个关键问题,而资源共享的核心也在于资源的节约,以及由此导致的成本的降低。从消费者的角度看,如果企业能够按照产品或服务的使用情况定价,顾客的消费成本将大大降低。当前垂直化电商的大量涌现,则以最高性价比将物美价廉的商品提供给消费者。垂直化电商会细分到某一特定商品品类,往往选择自创品牌—自主设计—自己生产(或外包)—网上直销的模式。这种商业模式借助互联网跳过多个中间商环节,将优化流程获取的额外利润与顾客分享,并通过社交媒体的密集宣传和沟通,不断加强顾客忠诚度,在线上打造独有的品牌形象。典型的案例如互联网眼镜品牌Warby Parker、专门销售意大利高端手工女鞋的互联网女鞋品牌M.Gemi、致力于销售用顶级材料制作的高质量行李箱的纽约互联网直销行李箱品牌Away等。

2. 如何满足不同消费层次目标顾客的需求

当前,消费者需求的多样化趋势日益明显,群体差异显著。如何能够更好满足特定目标顾客的需求,开发新市场,是商业模式创新中的一个核心问题。以电商企业为例。传统电商(如亚马逊、阿里巴巴)以卖家和商品为中心,开发各种折扣手段强推商品。社区电商则始终围绕顾客做文章,让顾客带动顾客消费。一个典型的案例是打造食品社区的Farmigo,让顾客直接从农户购买生鲜农产品。从商业模式上看,美国在线农产品销售平台Farmigo是连接顾客和农场的中介:对于顾客而言,Farmigo是一个在线市场,顾客通过它直接从农民手中购买新鲜农产品;对于农民而言,Farmigo是一种销售渠道,农民通过它管理农产品的生产、销售和配送。然而,Farmigo的真正创新在于:将地理位置相近的顾客以"食品社区"为单位和当地中小农场连接起来。发起人建立食品社区,食品社区创建后,发起人也是带头人。带头人发动更多新人加入社区,当然这些带头人会获得奖励和食品折扣。Farmigo通过食品社区采集订单,再向农场发出订货需求。这种方式解决了食品电商的痛点,降低了物流成本和仓储费用,并为农民搭建起了稳定的销售渠道,也保证了生鲜农产品的质量。

作为共享经济最具代表性的两只巨无霸,Uber 和 Airbnb 分别为出租车业和酒店业带来了革命性改变。可以说,共享经济即按需提供服务,代表的是一种全新的交易模式,通过建立实物或服务的公共交易平台,在线撮合供需双方成交,完成支付并收取佣金。

3. 如何识别真正的利益相关者

"我想做"与"我能做"之间的差距通常决定了寻找利益相关者的方向。产业链的拓展与重组可以说是识别利益相关方的重要环节。作为史上最成功的选秀节目之一——《中国好声音》的商业模式引起了人们的巨大兴趣。制作方和电视台除了传统的广告收入分成、向视频网站征收版权费之外,还把目光投向了整个音乐产业链,节目创收渠道不断增多。例如,制作方灿星制作公司成立专门的演艺经纪公司,与选手签约并且把选手推向市场。在《中国好声音》第一季落下帷幕之后,制作方便接连举办了十场巡回演唱会,这不仅让好声音的选手知名度大增,也让制作方收入颇丰。制作方把选手签约这一环以及签约后的商业演出等项目也收归自己所有。加上一系列为选手定制的商业演出、活动,不仅延长了选秀选手的生命力,也建立了《中国好声音》的持续赢利能力。

识别利益相关者的过程,实质上就是企业生态系统不断扩展、升级的过程。就像站在生态链顶端的人类依然是生态环境中的一员,企业生态系统中任何一个组成部分都是有存在的依据的。理想的状态是,企业的生态系统能依据市场灵活自动调整,即拥有了敏捷的自适应性,可以进行动态自发调整。另一方面,良好的企业生态系统的运行,必须处理好生态系统内所有利益相关方的关系,必须充分考虑生态系统核心价值而并非某一产品本身的价值。企业如何更好强化自身资源能力和维系生态系统的核心价值,要做出谨慎的平衡。

以上三个问题决定了渐进性商业模式创新的方向。事实上,识别真正的利益相关者是商业模式创新思维中最重要的"一根弦",始终应该处于绷紧的状态。上述三个方向,能够实现其一,就可以保证商业模式创新对于企业竞争力的巨大推动作用。总之,在万物互联的"互联网+"时代,企业对于外部环境资源变化的敏锐性、对商业模式创新的关注,决定了一个企业在竞争中能走多远。在快速变化、复杂的竞争环境里,颠覆性创新固然不错,但更多的时候企业需要的是在"边际"上做文章,站在巨人的肩膀上,比竞争对手棋高一着。

在企业进行商业模式创新的过程中,有两个重要的关系需要澄清。一是产品创新和商业模式创新之间的关系。目前有一个偏见是将产品创新带来的经营模式调整与商业模式创新混为一谈,甚至将两者对等起来,这显然是错误的。澳大利亚适应年轻人品味的茶叶连锁品牌 T2,号称茶叶中的"爱马仕"。它以全新的产品设计和时尚的店面装修风格抓住了年轻人的心。那么,T2 存在商业模式创新吗?乍看上去,这类跟传统企业定位明显不同的新建企业具有很强的创新性,但却并不一定包含真正的商业模式创新。商业模式创新的核心是交易结构改变引起的价值创造源泉的重构,T2 对于茶叶零售的创新显然不是商业模式的创新。正如魏炜教授指出的,产品创新成功后,可以推动商业模式的创新;反过来,商业模式创新也可以引领企业产品创新。但是,能将商业模式创新和产品创新乃至技术创新紧密结合在一起,才能创造企业的最大价值。二是战略管理创新与商业模式创新之间的关系。在魏炜教授看来,一个企业从事的活动有两类,即业务活动和管理活动,而商业模式是有关业务活动的安排,管理模式是关于管理活动的配置。显然,战略是属于管理活动层面的。魏炜教授也指出,商业模式与战略不同,战略首先是选行业,但商业模式不是选行业,同一个行业可以有很多很不一样的商业模式,同一个商业模式也可以用于不同的行业,但同一战略却很难应用于不同的行业。把同一个模式用于不同的行业,这也是商业模式创新的一个很重要的来源。

8.3 商业模式创新案例——以上海"拼多多"为例

拼多多隶属于上海寻梦信息技术有限公司,创始人黄峥2004年加入谷歌,2006年与李开复一起被派到中国拓展业务,建立谷歌中国办公室,2007年离开谷歌后先后创办了手机电商、电商代运营和游戏公司,2015年4月成立拼好货,创立社交电商模式,2015年9月游戏公司内部孵化拼多多,2016年9月拼多多与拼好货合并。拼多多的成长离不开其所在的商业环境——上海,拼多多业务发展副总裁曾怀忆说:"我们的成绩与上海的人工智能发展环境不无关系,人工智能为拼多多提供了后来居上的底气。"另外,在竞争激烈的电商市场中,拼多多凭借着独特的商业模式快速发展。成立3年多来,拼多多平台已汇聚超过4亿的年度活跃买家和360多万活跃商户。2018年,拼多多移动平台完成111亿笔订单,平台年交易额超过4 716亿元[①]。截至2018年年底,拼多多平台的商品已覆盖快消、3C、家电、生鲜、家居家装等多个品类,并以持续增长的速度进行全消费品类的覆盖。在迅速发展过程中拼多多逐步从拼购型社交电商转型为平台电商。

本章节将运用商业模式画布模型对拼多多的商业模式进行分析,进而对新时代背景下其他社交电商的商业模式提供借鉴思路。

奥斯特瓦德(Osterwalder)在其著作《商业模式新生代》(*Business Model Generation*)中提出了商业模式画布这一工具,用来描述、分析、评估、设计和创新商业模式。商业模式画布模型包括了价值主张、客户细分、客户关系、渠道通路、关键业务、核心资源、重要合作、收入来源和成本结构九个分析模块。为了将拼多多的社交电商商业模式更直观地呈现出来,下面我们将基于商业模式画布模型对拼多多商业模式的九大要素进行全面深入分析,并按照模型结构绘制出拼多多的商业模式画布,能够清晰地呈现企业如何创造价值、传递价值和获取价值的路径,帮助企业更直观地分析自己的商业模式并加以调整。

一、价值主张

价值主张指企业给消费者创造价值的产品或服务。拼多多将自身定位为一家"致力于为最广大用户提供物有所值的商品和有趣互动购物体验的'新电子商务'平台",追求为消费者提供"极致性价比"的商品。拼多多属于平台电商,商业模式类似线下购物中心/小商品城,平台为上架提供销售场景,通过用户主动发起的,和朋友、家人、邻居等熟人之间的拼团购物模式。这种模式以消费者利益为导向,通过更低的价格,拼团和游戏的方式来凝聚人

---

① 数据来源:拼多多2018年年报。

气,使用户体会更多的实惠和购物乐趣,让"多实惠,多乐趣"成为消费主流。在供给层面,拼多多的使命是通过创新的商业模式和技术应用,对现有商品流通环节进行重构,持续降低社会资源的损耗,为用户创造价值的同时,有效推动农业和制造业的发展。

二、客户细分

客户细分指的是企业为谁创造价值,哪一类人群才是企业的消费者。与传统电商平台淘宝和京东相比,拼多多的社交电商用户既有重叠部分,也表现出自己的特点,下面主要从年龄、性别和地理细分上进行分析。

(1) 在年龄上,25—35 岁的用户占比最大,这部分用户显著的特征是处于职场的上升期与婚姻家庭的组建期。与淘宝、京东的用户画像相比,拼多多用户中 24 岁以下年轻人比例更低,而 36 岁以上用户比例更高。

(2) 从性别上看,拼多多拥有明显更高比例的女性用户,女性占到了 60% 以上的比重。而淘宝和京东的女性比重分别为 52% 和 34%。拼多多用户中女性占比较大,一部分原因在于女性用户对于低价购物更敏感,另一部分原因是女性用户会更多地负责家庭购物,购物需求更旺盛。

(3) 从地理细分看,相比较于京东等购物平台而言,拼多多虽然在一、二线城市也有着相当大的用户群体(约占 41%),但在三线以下城市的用户比重要相对更大(59%)(见图 8.7)。而淘宝和京东在三线以下城市用户的比重分别为 54% 和 44%。

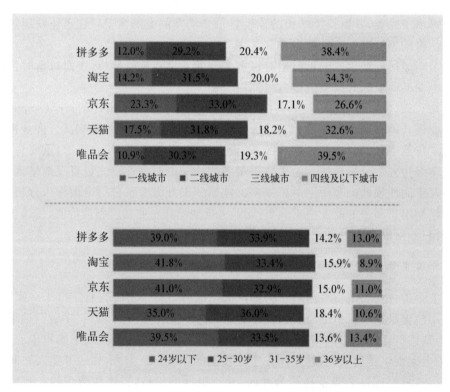

图 8.7 拼多多与淘宝等电商在用户特征上的差异

数据来源:Quest Mobile。

三、客户关系

客户关系是指企业和客户之间的关系,通过哪种方式可以缩短与客户的距离。图8.8中列出了五类拼多多用户群体,圆环内环(三四五线青年、中年以及一二线务工人员)是拼多多目前的核心用户,他们对价格更敏感,在购物时往往以价格为导向,对于商品品质要求相对较低。而圆环外环的大学生与一二线上班族,他们虽然也会在意价格,但是他们通常会在对品质要求不高的商品上选择低价,例如在拼多多购买一些日用品。对于大学生群体和一二线上班族是拼多多扩大用户规模中必须拓展的群体,其应对策略也会不同于以往用户群体。

拼多多与客户通过两个关键要素建立起连接关系,分别为省与闲。"省"是拼多多客户的特征,并且大部分客户也具有闲暇时间较多的特征。因为"闲"暇,他们可以花费更多时间在拼多多上,以便获得收益和娱乐。"省"和"闲"是在产品设计时可以进行重点思考的部分,以期能更好地满足用户需求。

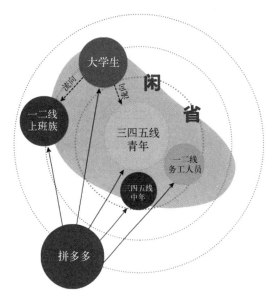

图8.8　拼多多与客户关系

资料来源:电子商务研究中心。

四、渠道通路

渠道通路指的是企业传递价值主张的通路。拼多多作为无自建物流和无自营业务的轻资产电商,其与物流公司、入驻商家等企业间的联系更加紧密。同时,拼多多的轻资产特性与其利益相关者的多样化相对应,利益相关者之间呈现的是网络状分布。例如,入驻拼多多的商家和最终用户之间既有传统的线下分销渠道,又有拼多多作为电商团购的渠道(见图8.9);金融企业不仅为拼多多和入驻商家提供融资渠道,而且在移动支付中承担重要角色;物流则一直贯穿在拼多多供应链中。此外,拼多多还利用微信小程序获取客户,与淘宝不同的是,拼多多可以直接绑定微信账号独立操作,用小程序代替App,避免了没有绑定银行卡的问题,这也为中老年人提供了便捷性。

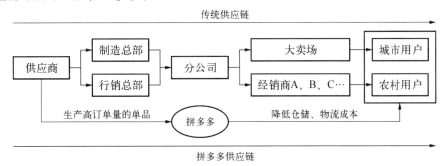

图8.9　拼多多创新供应链

五、关键业务

关键业务描述的是企业如何运作商业模式。拼多多作为不具有自营业务的电商平台,其主要业务不是产品研发和制造,而是基于团购模式,对产品的供给渠道和经销渠道进行整合(如图8.10)。

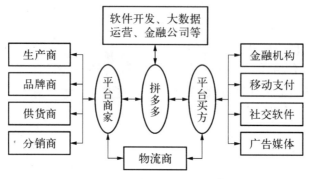

图8.10 拼多多业务系统[①]

首先,拼多多的团购模式对产品经销渠道有所创新。在电商平台出现前,产品要经过供货商、总生产商、分公司、经销商等供应链节点才能销售给客户。拼多多的创新在于它利用大量的需求撬动生产商,减少中间环节的成本,规模效应最终降低价格。因此,直观看来是拼多多的团购模式使产品价格得到降低,但低价的根本原因却是拼多多运用客户的大订单需求打动了供应链,避开了复杂的经销网络。

其次,拼多多的团购模式对生产供给的流通模式也有所创新。在拼多多等电商出现前,作为供应商的工厂所面对的需求主要来自各类超市,它们在激烈竞争中占据各自市场,为超市提供小批次、大批量的货物,此时的供需情况可视为全市场经济,即完全的市场经济。拼多多的团购思维使集中起来的用户在同一时间内有对同一产品的共同需求,即对供应商提供了确定的需求信息,这可视为半计划经济。与此对应,此时的供给侧也由全市场经济转为半市场经济,供给流通市场出现了变化,为厂商的竞争和发展提供新的机会。

最后,商家和用户是拼多多的直接交易对象,但其他利益相关者也为交易的达成起到辅助作用。如软件开发商和大数据公司为拼多多的平台运营提供技术支持,拼多多向外界披露的审计报告有赖于审计机构的帮助等。最终,基于拼多多关键业务的整个业务系统需求都得到了满足。

六、核心资源

核心资源描述的是企业获取核心竞争力的关键性资源。社交电商的本质依然是电商,既然是电商,其本质并没有变,用户在意的不是购买媒介,而是产品品质,用户消费需求倒逼电商品质升级是必然选择。拼多多要获取客户资源,取得好的营销效果,首先是打造其App产品。

[①] 纪建悦等:"广义虚拟经济时代背景下拼多多商业模式研究",《广义虚拟经济研究》,2019年第1期。

1. 产品逻辑

拼多多的产品购物逻辑主要围绕拼团模式设计(图8.11),用户可以选择一件开团也可以单独购买,单独购买优惠力度肯定没有拼团大,价格上的对比鼓励用户选择拼团模式。下单成功以后可以将拼团信息发布到你的朋友圈、微博等社交圈子,也可以由App内有同样购买需求的陌生用户组团。一旦达到拼团人数的条件,就被认定为拼团成功,各个买家将获得优惠的拼团价格,且商品将分别发货。若无法满足拼团要求,则拼团失败,付款金额将返回给用户(见图8.12)。

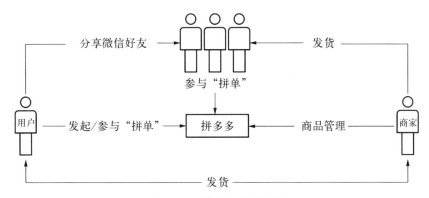

图8.11 拼多多产品逻辑

资料来源:国金证券研究所。

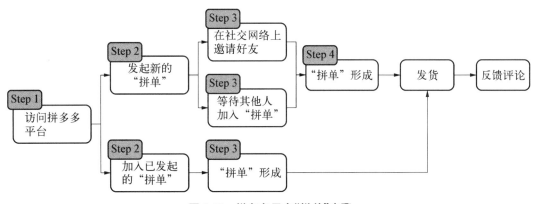

图8.12 拼多多平台"拼单"步骤

资料来源:国金证券研究所。

2. 产品结构

拼多多主要有五个板块,即首页、推荐、搜索、个人中心、聊天(如图8.16)。用户选购商品,分为被动选择和主动选择,其中首页、推荐板块属于被动选择,搜索属于主动选择。在拼多多的App中可以发现其首页的部分取消了搜索框,因为拼多多本质是一个团购的电商平台,需要各种优惠专题活动和爆款单品的优惠等,刺激用户快速的做购物决策。不像淘宝,需要扮演好导购的角色,所以着重站内搜索、商品筛选功能,以及口碑排序等,此部分的不同在用户研究的结果中也有体现。

商务经济学

图 8.13 拼多多产品结构

资料来源：电子商务研究中心。

3. 产品品质

在产品品质这一点上，拼多多做得尤为可圈可点。首先，从货源上，各大品牌商家均有入驻，从 2018 年 8 月开始，拼多多平台加大了对大品牌入驻的引进，成立了"品牌馆"。如强生集团、德运旗舰店、好奇官方旗舰店、BLACKMORES 官方旗舰店、Nestle 雀巢官方海外舰店、妮维雅旗舰店、惠氏官方旗舰店、百事食品官方旗舰店、高洁丝官方旗舰店等品牌方相继入驻。

其次，拼多多拥有严格且谨慎的商家监管机制和专门品控团队，来确保商品质量，力求让用户买得放心。电商作为开放式平台，天猫、京东这样的平台也难免出现假货，为了避免出现类似情况，成立之初，信奉"不打假无未来"的拼多多，将打假上升到战略层面，拼多多 CEO 黄峥本人拿出 1/3 的精力在打假上。在具体措施上：采取了大规模关闭违法违规店铺，建立"假一赔十"的惩罚制度；从技术上建立了假货监控系统。

最后，拼多多另一大核心优势是有温度。"购物不全都是目的型的。很多时候，你就是想约上三两好友，去大悦城、去沃尔玛逛逛。购物是社交，是娱乐，是生活的一部分。"拼多多

CEO黄峥将这样的购物行为称为"有温度的购物",而拼多多的运营理念即是如此,通过"社交+电商"的模式让更多的用户享受到购物的乐趣,将线下生活中的购物场景移植到线上。体验到更多"有温度的购物"(见图8.13),拼多多的出现让整个行业看到了电商"高效冰冷"外的另一种可能。

七、重要合作

重要合作指的是企业运营商业模式的合作者。拼多多作为电子商务平台,根据平台商家的产品供给信息和用户需求信息撮合交易,本身不具有自营业务,因此在生产制造的产业链外;但发挥交易平台的供求连接作用的拼多多与产业链内的厂商、物流公司、金融企业之间存在利益合作关系。例如,以促进经济发展、承担社会责任为目标,与政府部门间存在监管与被监管的关系;以为客户提供最终产品和服务、实现利益共享为目标,与相关企业之间存在合作关系。其中,相关企业包括入驻拼多多的商家企业、物流公司、软件开发企业、金融企业等;个人作为拼多多的用户和产品购买者,是拼多多的直接服务对象,两者间存在服务与被服务的关系。

八、收入来源

从收入来源看,拼多多的营业收入主要包括在线营销服务收入和佣金收入两部分。在线营销服务类似于向拼多多上的卖家收取的广告费,即通过提高卖家品牌在顾客搜索中出现的频率,进行引流。在线营销服务收入主要包括搜索推广、明星店铺、Banner广告和场景推广(见表8.2)。根据2017年、2018年第一季度财报,2017年在线营销服务的营收为12.09亿元,营收占比69.30%;2018年第一季度在线营销服务营收为11.08亿元,营收占比80%。佣金是商家按照交易额的百分比向平台支付的佣金,目前拼多多要求的佣金比率为0.6%。在佣金收入方面,2017年营收为5.31亿元,营收占比30.5%;2018年第一季度营收为2.77亿元,营收占比20%。由此可见,在线营销服务收入是目前拼多多最主要的收入来源。

表8.2 拼多多的收入来源

业务板块		盈 利 模 式
在线市场服务	在线营销服务	搜索推广 提供关键竞价排名,按点击收费
		明星店铺 提供明星店铺推广服务,按千次展现计算付费(CPM)模式
		Banner广告 提供Banner资源位店铺推广,按展现付费(CPM)模式
		场景推广 定位与资源位组合场景推广,按点击收费
	佣金	商家交易佣金(销售商品价值的0.6%)

资料来源:国金证券研究所。

九、成本结构

从成本支出看,拼多多的成本结构主要包括销售与营销费用、一般及行政费用、研究与开发费用三大部分。从图8.14可以看到,拼多多的销售与营销费用在2018年第一季度财报中显著增长,该费用主要是用于推广品牌的商业赞助以及投放广告等。这部分费用的增长提高了拼多多的曝光率和知名度,进而吸引更多的卖家入驻拼多多,顾客下载 App 并使用的活跃度提高,这些为拼多多平台的营收创造了条件。例如,2018 年第一季度拼多多的活跃客户量接近 3 亿,在发展趋势上追赶京东。但是,拼多多也因为过多的销售与营销费用开支而处于持续亏损状态,2018 年第一季度的亏损额为 2 亿元,约为 2017 年总年亏损的一半。另外,根据拼多多的招股说明书,一般及行政开支在 2018 年第一季度有所缩减,研究和开发费用呈现先增高后稳定的趋势。

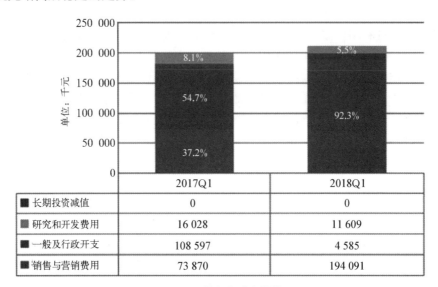

图 8.14　拼多多成本结构

数据来源:拼多多招股说明书。

根据以上分析,得出如表 8.3 所示的拼多多商业模式画布。

表 8.3　拼多多的商业模式画布

重要合作	关键业务	价值主张	客户关系	客户细分
与产业链内的厂商、物流公司、金融企业间有利益合作关系	基于团购模式,对产品的供给渠道和经销渠道进行整合	致力于为最广大用户提供物有所值的商品和有趣互动购物体验的"新电子商务"平台,追求为消费者提供"极致性价比"的商品	与客户通过两个关键要素建立起连接关系,分别为省与闲	25—35 岁的用户占比最大,女性用户比例较高,在三线以下城市的用户比重要相对更大
	核心资源 App 产品与服务		渠道通路 与物流公司、入驻商家等企业创新供应链	
成本结构 销售与营销费用、一般及行政费用、研究与开发费用			收入来源 在线营销服务收入和佣金收入	

本节结合商业模式画布模型中的九要素对拼多多的商业模式进行详细分析。基于以上分析,对拼多多等社交电商平台模式的发展提出以下建议:第一,拼多多的盈利模式需要多元化,这有赖于拼多多未来业务的转型、竞争力的提高和盈利点的扩展。基于拼多多的收入来源和成本结构分析其盈利模式可以发现,拼多多作为新生电商平台,其盈利模式与主流电

子商务的盈利模式具有相似之处,但受平台发展阶段限制,目前其收入结构较为单一,缺少竞争壁垒,估值想象空间较低。第二,拼多多的价值定位思考。作为对假货、山寨现象的管理,拼多多在上市后推出了品牌馆、新品牌计划等,这一变化可以看作平台内部的品牌升级。但是,品牌升级后的拼多多提供的产品和服务与之前的不同,交易要素的变化使得其商业模式向传统综合电商靠拢,这与拼多多最初的价值主张和定位产生冲突,未来如何更好地协调商业模式转变与企业发展协调是需要关注的。

思考题

1. 上海新零售业态包括哪些形式?请结合具体例子分别展开讨论。
2. 企业如何才能有效、持续地推动商业模式的创新呢?
3. 什么是渐进性商业模式创新?渐进性创新的具体举措有哪些?
4. 你如何看待商业模式创新和技术创新之间的关系?

参考文献

[1] 周寅跃、忻芸、卢志宏:"上海郊区商业业态现状及未来趋势——奉贤地区商业业态为个例",《科技信息》(科学教研),2007年第16期。

[2] 钮钦:"面向体验经济的智慧商圈:理论阐释和建设路径",《中国流通经济》,2018年第10期。

[3] 宋瑛:"上海推进智慧商圈发展的对策建议",《上海商业》,2018年第12期。

[4] 孙杰、徐少明:"五角场 筑梦智慧商圈生态链",《上海信息化》,2016年第4期。

[5] 时应峰、张洪:"新零售智慧门店OMO创新模式研究",《商业经济研究》,2018年第13期。

[6] 王成荣:《老字号品牌文化》,高等教育出版社,2017年。

[7] 何佳讯、秦翕嫣、杨清云、王莹:"创新还是怀旧?长期品牌管理'悖论'与老品牌市场细分取向——一项来自中国三城市的实证研究",《管理世界》,2007年第11期。

[8] 魏炜、朱武祥、林桂平:"基于利益相关者交易结构的商业模式理论",《管理世界》,2012年第12期。

[9] Keller K L. Managing Brands for Long Run: Brand Reinforcement and Brand Revitalization Strategies[J]. *California Management Review*, 1999, 41(3): 102-124.

[10] Holbrook M. B., Schindler R. M. Echoes of the Dear Departed Past: Some Work in Progress on Nostalgia[J]. *Advances in Consumer Research*, 1991(18): 330-333.

[11] Rose G. M., Merchant A., Orth U. R. Emphasizing Brand Heritage: Does It Work? and How[J]. *Journal of Business Research*, 2016, 69(2): 936-943.

[12] Holbrook M. B., Schindler R. M. Nostalgic Bonding: Exploring the Role of Nostalgia in the Consumption Experience[J]. *Journal of Consumer Behaviour*, 2003,

3(2): 107-127.

[13] 汪寿阳、敖敬宁、乔晗、杨一帆、胡毅、姜懋:"基于知识管理的商业模式冰山理论",《管理评论》,2015年第6期。

[14] Amit R., Zott C. Value Creation in E-business [J]. *Strategic Management Journal*, 2001 (22): 493-520.

[15] Foss N. J., Saebi T. Fifteen Years of Research on Business Model Innovation: How Far Have We Come, and Where Should We Go? [J]. *Journal of Management*, 2017, 43(1): 200-227.

[16] Aspara J., Hietanen J., Tikkanen H. Business Model Innovation vs Replication: Financial Performance Implications of Strategic Emphases [J]. *Journal of Strategic Marketing*, 2010, 18(1): 39-56.

[17] Hossain M. Business Model Innovation: Past Research, Current Debates, and Future Directions [J]. *Journal of Strategy and Management*, 2017, 10(3): 342-359.

[18] 陈秀梅:"商业模式创新路径研究综述",《当代经济》,2019年第1期。

[19] Amit R., Zott C. Creating Value through Business Model Innovation [J]. *MIT Sloan Management Review*, 2012, 53(3): 41-49.

[20] 吴玥、杜梦丹:"商业模式创新:研究综述与展望",《商业经济研究》,2019年第4期。

[21] Economist Intelligence Unit. Business 2010. Embracing the Challenge of Change [M]. White Paper, New York, 2005.

[22] Sorescu A. Data-driven Business Model Innovation [J]. *Journal of Product Innovation Management*, 2017, 34(5): 691-696.

[23] Martins L. L., Rindova V. P., Greenbaum B. E. Unlocking the Hidden Value of Concepts: A Cognitive Approach To Business Model Innovation [J]. *Strategic Entrepreneurship Journal*, 2015, 9(1): 99-117.

[24] Clauss T. Measuring Business Model Innovation: Conceptualization, Scale Development, and Proof of Performance [J]. *R&D Management*, 2017, 47(03): 385-403.

[25] 魏炜、胡勇、朱武祥:"变革性高速成长公司的商业模式创新奇迹——一个多案例研究的发现",《管理评论》,2015年第27期。

[26] Chesbrough, H. Business Model Innovation: Opportunities and Barriers [J]. *Long Range Planning*, 2010, 43, (2): 354-363.

[27] Sosna M., Trevinyo-Rodriguez R. N., Velamuri S. R. Business Model Innovation Through Trial-and-Error Learning-The Naturhouse Case [J]. *Long Range Planning*, 2010 (43): 383-407.

[28] McGrath R. G. Business Models: A Discovery Driven Approach [J]. *Long Range Planning*, 2010 (43): 247-261.

[29] Skarzynski P., Rufat-Latre J. Lessons to Jumpstart Disruptive Innovation [J]. *Strategy & Leadership*, 2011, 39(1): 5-10.

[30] 王炳成、闫晓飞、张士强、饶卫振、曾丽君:"商业模式创新过程构建与机理:基于扎

根理论的研究",《管理评论》,2020 年第 6 期。

[31]〔瑞士〕亚历山大·奥斯特瓦德、〔比利时〕伊夫·皮尼厄等:《商业模式新生代》,王帅、毛心宇、严威译,机械工业出版社,2011 年。

[32]纪建悦等:"广义虚拟经济时代背景下拼多多商业模式研究",《广义虚拟经济研究》,2019 年第 1 期。

第九章 商务经济新发展

商务经济一直处于不断的发展之中,不难发现,大数据的广泛应用极大地推动并加速了商务经济的发展,更好地支持企业进行商务决策。同时,互联网的广泛应用,增强了人与人、企业与人、企业与企业之间的联系,网络外部性在逐渐发挥着作用,商务经济中的企业或者个人的决策不再是独立的,规模效应愈发明显。另一方面,互联网的广泛应用后,市场上出现了大量的平台,平台经济在商务经济中扮演着越来越重要的角色。大数据、互联网、云计算技术的全面普及,使得共享经济重新回到了人们的视野之中,成为焦点与热点,它无疑是商务经济新发展的代表之一。

本章将从大数据与商务决策、网络经济与网络外部性、平台经济、共享经济四个方面,简单介绍商务经济的新发展。

9.1 大数据与商务决策

9.1.1 大数据的发展背景

当今世界各国都把推进经济数字化作为实现创新发展的重要动能,在前沿技术研发、数据开放共享、隐私安全保护、人才培养等方面积极布局,运用大数据推动经济发展、完善社会治理、提升政府服务和监管能力正成为趋势。我国已进入创新驱动转型的新阶段,大数据和互联网已成为产业发展的创新要素。2015年9月,国务院印发《促进大数据发展行动纲要》(以下简称《纲要》),系统部署大数据发展工作。《纲要》中提出:"……目前,我国互联网、移动互联网用户规模居全球第一,拥有丰富的数据资源和应用市场优势,大数据部分关键技术研发取得突破,涌现出一批互联网创新企业和创新应用,一些地方政府已启动大数据相关工作。坚持创新驱动发展,加快大数据部署,深化大数据应用,已成为稳增长、促改革、调结构、惠民生和推动政府治理能力现代化的内在需要和必然选择。"2016年3月,《国民经济和社会发展第十三个五年规划纲要》发布,提出"实施国家大数据战略",在拓展网络经济空间,实施"互联网+"行动计划和发展物联网技术和应用的基础上,推进数据资源开放共享。同时,积极完善电信普遍服务机制,超前布局下一代互联网,推进产业组织、商业模式、供应链、物流链创新,支持基于互联网的各类创新。未来,我国将进一步实施国家大数据战略,完善大数据发展政策环境,坚持数据开放、市场主导,以数据为纽带促进产学研深度融合,形成数据驱动型的创新体系和发展模式。

在这样的宏观背景下,近年来,商务决策越来越脱离"拇指规则",不再以领导的经验作为决策制定的唯一标准,更加侧重于对数据的分析及应用。比如,在投资决策中,越来越的基金公司采用算法交易方法,以对大量的数据分析作为基础,开发出一整套的算法,一旦达到预设的触发点,程序自动进行证券交易,摒除了原来采用的经验交易方法,不再完全依赖于决策者的经验。事实表明,决策者的信息不完全和情绪等会对他的正确决策产生重大影响,造成决策偏差,而基于数据分析的决策,更能挖掘数据背后隐藏的信息,不受决策者情绪的影响,更加客观公正。

在大数据之前,学术界已经有一整套基于数据的模型,能够根据商务决策需要,选定合适的模型,搜集相应的数据,进行商务决策分析。然而,随着互联网的出现,信息呈现爆炸式的增长,对商务决策有意义的数据越来越多,已经超出一般模型及软件的处理能力。第一个主要原因是数据量的增加,互联网上充斥着亿兆级的数据,其中部分是有意义的,部分是无意义的,识别起来异常困难;而由于数据量的巨大,已超出现有模型及软件的处理能力范围。第二个原因是大量的图片、音频、视频等对商务决策同样意义重大,但目前尚未有一整套的方法可以将它们处理成为可用的数据,进而支持商务决策。基于如上原因,学术界乃至业界亟须一套分析方法来处理更多更复杂的数据,从中提炼出有用的信息,作为商务决策的参考。

以下对上述内容采用举例的方式进行阐述。假设,某商务决策的主要目的是预测某线下门店明天某款零食的销量。互联网上可以找到的信息包括但不限于表 9.1 所示。假设,商务决策所要分析的决策结果的全部信息来源如下,那么根据表 9.1 所列举的信息,第一步首先是要识别信息类型。可以看到,(1)、(6)是图片信息,(3)、(5)是视频信息,(8)是音频信息,仅有(2)、(4)、(7)、(9)、(10)是数据信息。基本上说来,不论数据格式有多复杂,一般的模型和软件都是可以处理的。难点在于图片、视频和音频,它们当中包含了大量的信息,但却难以识别,更难以处理。第二步则是要识别哪些信息是有效信息,哪些信息是无效信息。可以看出,周边小区的房屋成交数据、违章拍照信息、广播电台的播出内容定位这几条信息是与门店零食销量无关的。因而,(2)、(5)和(8)是无效信息。那么,总的说来,要想准确进行商务决策,需要识别出有效的图片信息(1)和(6)、有效的视频信息(3)、有效的数据信息(4)、(7)、(9)和(10)。之后的步骤才是分析该信息是正向影响销量,还是负向影响销量。而就现有的技术来说,想要从(1)—(10),精确识别分解到刚刚那一步,是无法实施的。现有的技术手段,仅仅可以识别出信息(4)、(7)、(9)、(10),会遗漏信息(1)、(3)、(6),使得商务决策有偏差。可以预见,如果信息量不是十个,而是亿兆级的,那商务决策偏差将会十分严重。

表 9.1 某商务决策涉及的互联网信息

(1) 明天下雨	(2) 周边小区最近成交了 20 套房屋
(3) 某热映电影中出现该零食片段	(4) 明天是节假日
(5) 交通违章拍照到行人抢红绿灯	(6) 今天某顶级流量明星与该零食合影
(7) 附近门店明日类似零食打折促销	(8) 某广播电台的播出内容日益有趣
(9) 该零食过去一个月的销量纪录	(10) 周边人群节假日喜欢出游

9.1.2 大数据的定义及应用

大数据应运而生,学术界和业界将这些数量庞大又类型多样的数据,称为大数据。不难发现,大数据是近年来非常流行的词汇,对于大数据的应用已经越来越常见。现在的社会是一个高速发展的社会,科技发达,信息流通,人们之间的交流越来越密切,生活也越来越方便,大数据就是这个高科技时代的产物。具体说来,大数据是指无法用现有的软件工具提取、存储、搜索、共享、分析和处理的海量的复杂的数据集合。业界通常用四个 V(即 volume、variety、value、velocity)来概括大数据的特征,即数据体量巨大、数据类型繁多、价值密度低、处理速度快。随着大数据技术的不断发展,数据的复杂程度愈来愈高,不断有人提出了大数据特征新的论断,在 4V 的基础上增加了:准确性(veracity),强调有意义的数据必须真实、准确;动态性(vitality),强调整个数据体系的动态性;可视性(visualization),强调数据的显性化展现;合法性(validity),强调数据采集和应用的合法性,特别是对于个人隐私数据的合理使用。全球知名咨询公司麦肯锡称:"数据,已经渗透到当今每一个行业和业务职能领域,成为重要的生产要素。人们对于海量数据的挖掘和运用,预示着新一波生产率增长和消费者盈余浪潮的到来。"对于很多行业而言,如何利用大数据是赢得竞争的关键。

科学而又严谨的界定大数据是处理繁杂数据而支持商务决策的第一步。对大数据的准确界定,为科学家们处理海量信息提供了可处理的基本问题。同时,也准确描述了业界所遇到的难题,为问题的成功解决从而更好地支持商务决策提供了可能性。通过大数据的界定,桥接了学术界与业界,准确传递了业界所面临的难点问题,也准确提供了学术界研究问题的方向。

经过学术界多年的努力,大数据分析(big data analysis, BDA)的方法体系构建完毕,尽管目前还处于不断完善的过程之中,但已经可以进入实践使用。具体说来,大数据分析(BDA)方法是采用先进的技术方法分析大数据的过程。大数据包括结构化的数据,如医疗记录、政府统计数据和财务数据,这一部分相对较好处理,挑战主要在数据量大,难以发现规律来指导实践。在大数据中,更常见和更具挑战性的数据格式是半结构化的,如文本、电子邮件和推文,或者是非结构化的,如图片和电影的形式(Kambatla et al., 2014)。这两类数据的处理难度在于数据类型种类繁多,对数据处理方法要求极高。大数据分析即是对这两类数据进行分析,从中提取有价值的信息,以辅佐商务决策。回到表 9.1 的问题,也就是说,通过大数据分析(BDA)方法的使用,可以识别出(1)、(3)、(4)、(6)、(7)、(9)、(10)这几个有效信息。

互联网中的电商平台在长期的经营过程中,也积累了大量的数据(大数据),这些数据关于用户、蕴藏着潜在的经济价值,能够有效支持商务决策。这些数据来自电商平台的营销体系、广告推送、捕获系统、销量预测系统、物流配送调用乃至其移动终端。要发现、利用这些大数据的经济价值,就必须对其进行全面系统的挖掘,需要经过清洗、分析、建模、加密、搜索、制作等一系列环节,而所有这些环节都属于整个大数据分析(BDA)的一个流程。

要注意的是,大数据分析在商务决策中并不是完全独立的方法。也就是说,仅仅依靠大数据分析是无法为商务决策提供有价值的依据。大数据分析与其他方法结合使用才能够有效支持商务决策。举例来说,在需求预测中,大数据分析更多从事的是数据的预处理的工作,将结构化、半结构化乃至非结构化的数据采用特定的方法预处理好,再结合已有的比如时间序列分析方法、回归分析方法等,对需求进行精准预测。在大数据分析没有得到广泛应用之前,人们对海量数据、非结构化数据几乎没有处理能力,因而所获得的结果并不能很好地支持商务决策。然而,在大数据分析方法获得人们的重视之后,企业可以利用隐含大量信息的图片乃至视频等非结构化数据,有效支持商务决策,提升商务决策的正确性。

目前来说,大数据分析方法正处于全面融入企业决策乃至个人决策的过程之中。它的应用范围日益扩大,目前比较成熟的应用包括但不限于:(1)协调/集成过程,比如仓库运营流程的改进、流程/设备的监控、物流系统的改进等;(2)学习过程,比如采购分析、支出分析、CRM/客户/患者分析、预测/需求管理等;(3)重构过程,比如网络设计/优化、生产运行优化、库存优化等(Daniel et al.,2015)。

基于用户行为分析的精准营销是大数据在商业领域中的典型应用。例如,在浏览网页时,我们经常会看到"猜你喜欢"的栏目内容,或者你之前浏览过的相关产品的广告。除此之外,大数据在商业领域还有着很多其他的应用。美国高级文具制造商万宝龙通过分析监控摄像机所拍摄的顾客在店内的行为数据来进行商品陈列布局的相关决策,将最想卖出的商品摆放在最容易吸引顾客目光的位置,使得销售额提高了20%。传统奢侈品牌PRADA为每一件衣服安装射频识别码,每当顾客拿衣服进试衣间时,衣服会被自动识别,试衣间的屏幕会及时推出相关广告或自动播放模特穿这件衣服走台步的视频。射频识别码还可以帮助企业记录衣服的试穿情况。如果有一件衣服销量很低,以往的做法是直接废弃掉。如果射频识别码传回的数据显示,这件衣服虽然销量低,但进试衣间的次数多,那就说明衣服或许还有改进的余地,这项应用在提升消费者购物体验的基础上,最终帮助提升了30%的销售量。2009年,Google通过分析5 000万条美国人最频繁检索的词汇,将其与美国疾病中心在2003—2008年季节性流感传播时期的数据进行比较,并建立出一个特定的数学模型。最终Google成功预测了2009年冬季流感的传播,甚至可以具体到特定的地区和州。

企业组织利用相关数据和分析可以帮助它们降低成本、提高效率、开发新产品、做出更明智的业务决策等,如通过结合大数据和高性能的分析。下面这些对企业有益的情况都可能会发生:

(1)利用消费者行为数据来开发新产品和服务。
(2)及时解析故障、问题和缺陷的根源,每年可能为企业节省数十亿美元。
(3)为成千上万的快递车辆规划实时交通路线,躲避拥堵。
(4)分析所有SKU,以利润最大化为目标来定价和清理库存。
(5)根据客户的购买习惯,为其推送他可能感兴趣的优惠信息。通过市场细分,甚至为每个用户提供定制化的产品和服务。
(6)从大量客户中快速识别出金牌客户。
(7)使用点击流分析和数据挖掘来规避欺诈行为。

在商业活动之外,大数据也有着极其广泛的应用。在医药卫生方面的药效分析与新药研制、病例分析与预测、基因检测和健康保险智能化管理等;在工业方面的新材料的模拟与预测、产品的智能化设计、智能物流以及宏观经济预测和调控智能化等;在科教方面的智能图书馆和知识服务系统、知识交叉创新等;在城市建设与管理方面的城市运行模拟与预测、环境智能分析与改善决策、智能交通、人口资源综合分析以及城市经济结构调整的智能辅助等。

9.2 网络经济与网络外部性

9.2.1 网络经济与网络外部性的内涵

随着互联网、大数据、云计算等科学技术的发展,人与人之间的交互越来越错综复杂,因而，网络经济学的应用越来越广泛。最早的网络经济的概念是指网络产业经济（network industries economy），包括电信、电力、交通（公路、铁路、航空）等基础设施行业。之所以被称为网络经济，是因为这些行业都具有网络式的结构特征和由此引发的经济特征。随着互联网在经济活动中的作用越发凸显，人们把网络经济中的网络的含义更多地赋予了互联网。

一般认为约翰·弗劳尔（John Flower）最先提出网络经济（internet economics）一词，但是对网络经济的内涵却很少有人进行明确的阐述。

美国得克萨斯大学1999年10月发布的《测量Internet经济》是全球第一份网络经济发展的实证分析报告。该报告把网络经济分成四个层次，依次是网络基础结构、网络应用基础结构、网络中介和网上商务。第一层网络基础结构包括网络主干提供商、网络服务提供商、网络硬件/软件公司、电脑和服务器制造商、安全卫士、光纤制造商、线性加速硬件制造商。第二层网络应用基础结构描述了网络顾问、网络商业应用、多媒体应用、网络发展软件、内容搜索软件、在线培训、网上数据库产业的发展。第三层描述了网络中介市场的发育，包括垂直做市商、在线旅游代理商、在线股票交易、内容门户、内容提供商、网络广告经纪人、在线广告商的市场发育情况。第四层网上商务是在线交易，也是网络经济链条中的最高形态，包括电子零售商、制造商的在线销售、在线娱乐、专业服务等。

采用网络经济这一称谓，是从经济活动的主体媒介或者说是载体出发，突出了互联网的关键地位，这是商务经济的新发展之一。它突出了商务经济中网络结构的特点，强调不同的经济主体之间是互联的，这导致了网络外部性的产生。

接下来，首先对外部性进行回顾，再引出网络外部性。外部性，按照美国经济学家萨缪尔森的定义，是指在生产和消费过程中给他人带来的非自愿的成本或收益，被强加于他人身上，而这种成本或收益并未由引起成本或间接受收益的人加以偿付。更精确地说，外部性是一个经济主体的行为对另一经济主体的福利产生影响，而这种影响并没有从货币上或市场交易中反映出来。外部性有积极和消极之分，前者被称为正外部性。比如，某人从个人利益出发，建造灯塔，其他经过灯塔的人同样也受到了灯塔的指引，而这些人并未对此付出成本，那么该人建造灯塔这一行为就产生了正外部性。消极的外部性又称为负外部性。比如，厂商在生产时产生的噪声、废气、废水等直接影响到周围居民的生活环境，但厂商并未对此进行任何补偿，这便是一种负外部性。外部性是市场失灵的一种表现，产生的根源是产权界定不清晰。

网络外部性与外部性在概念上有相似之处，但在具体表现形式上、产生的根源等方面又大不相同。当一种产品对用户的价值，随着采用相同产品或可兼容产品的用户数量的增加而增大时，就出现了网络外部性。也就是说，由于用户数量的增加，在网络外部性的作用下，原有的用户免费得到了产品中所蕴含的新增价值，而无须为这一部分价值提供相应的补偿。网络外部性改变了传统产品"物以稀为贵"的价值定理，在网络中，使用越是普及，越多用户使用的产品就越有价值。以购买操作系统软件为例，随着使用Windows系统的用户增多，该产品对原有用户的价值也随之增大，因为用户可以与更多的使用Windows产品的用户实现信息兼容与共享，而其他计算机相关产品也都会与Windows系统兼容，从而提高了用户使用效率。

网络外部性可以分为直接网络外部性和间接网络外部性。直接网络外部性通过消费相同产品的购买者人数对产品价值的直接影响而产生的。以固定电话网络为例，用户的数量决定了网络连接线路的数量，增加了新用户就增加了新的网络连接线路，也就增加了原有使用者的连接价值,也因此给网络中所有其他使用者提供了直接的外部性。在双向通信网络中,无论是有形的(如传真机、电话网),还是无形的(如电子邮件使用者网络、即时通信系统构成的网络)都是具有直接网络外部性的典型产品和服务。间接网络外部性是指随着某一产品使用者数量的增加,由该产品的互补品数量增多或价格降低而产生的价值。间接外部性的例子包括作为互补商品的计算机软硬件,当某种特定类型的计算机操作系统用户数量提高时,就会有更多的厂家生产该种操作系统所使用的软件,这将导致这种操作系统的用户可得到的相关软件数量增加、质量提高、价格下降,因而获得了额外的利益。

那么,直接网络外部性和间接网络外部性可以同时存在吗? 举个例子,用户购买 Office 软件,随着使用 Office 软件的用户数量的增加,原有用户可以与更多的 Office 产品用户实现信息兼容与共享,因而该产品对原有用户的价值随之增大。同时,由于使用 Office 软件的用户越来越多,会有更多的企业为 Office 产品提供兼容性的软件,来强化 Office 软件的功能。不难分辨,随着使用人数的增加,用户所能获得的与更多用户沟通的价值,是直接网络外部性。而更多的软件配套所提供的新增价值是间接网络外部性。直接网络外部性和间接网络外部性是可以同时存在的。

那么,网络外部性究竟是怎样形成的呢? 网络外部性产生的根本原因,是网络自身的系统性和网络内部组成成分之间的互补性。网络自身的系统性是指,无论网络如何向外延伸,也不论新增多少个网络节点,它们都将成为网络的一部分,同原网络结成一体,因此整个网络都将因为网络的扩大而受益。而网络内部组成成分之间的互补性是指,网络系统中,信息流的流动不是单向的,而是相互的,因而任意两个节点之间都具有互补性。

举个例子,假设一个系统中共有 n 个节点,这时,如果增加第 n+1 个节点,那么原有的 n 个节点中的每一个,都会与该第 n+1 个节点产生联系,共增加 n 条连接,这就是网络外部性的本质。如果不考虑网络外部性,一个节点的增加只会带来一个单位的价值的增加。而网络外部性理论的应用,每增加一个节点,使得原先的每个节点都有一个单位的价值受益。

从网络系统本身的物理性质来看,影响网络外部性大小的因素,主要包括网络的规模和网络内部物质的流动速度。网络规模越大,外部经济性就越明显,并且在网络规模超过一定阈值的时候,外部性就会急剧增大。同时,网络外部性与网络内物质流的速度同样存在着正相关的关系,流速越大,外部越经济。相比较而言,在对网络外部性大小的影响中,网络的规模所起的作用更重要,更占有主要地位。

9.2.2 网络外部性与企业竞争

不难看出,网络外部性对企业产品的成功起着至关重要的作用。如今,企业推出产品进入市场,如果没有考虑到网络外部性的影响,那么很难取得成功。网络外部性对企业竞争的影响主要包括如下四点。

一、标准化的压力

网络外部性越强,单个消费者购买该产品加入该网络所能获得的价值就越高,因而消费者对该产品的支付意愿就越高,企业可以设置更高的单品售价,从而获得更高的利润。那么,如何才能获得较强的网络外部性呢? 上文提到,影响网络外部性大小的因素主要包括网络的规模和网络内部物质的流动速度,而网络的规模更占有主要地位。也就是说,企业应当尽可能地提升网络的规模,从而最大化自身的利润。网络规模的最大化,即是实现产品对市场的高占有率,实现产品的标准化。产品成为行业标准:一方面,可以为消费者带来更高的直接网络外部性,通过该产品,消费者可以连接到市场上的绝大多数消费者;另一方面,由于产品是行业标准,会有大量厂家为该产品进行互补性的产品开发,从而进一步提升了消费者的效用。因此,考虑到网络外部性的作用巨大,企业开发产品时,将会以成为行业标准为目标,面临标准化的压力。

二、锁定用户

从第一点的分析中不难发现,网络规模越大,网络外部性越强,消费者的支付意愿就越高,企业所能获得的利润就越高。因此,企业需要不断扩大网络规模。然而,网络规模大小是一个动态变化的过程,在任何一个时期,产品网络都有人进、有人出。要想迅速扩大网络规模,企业需要尽一切努力来阻止用户的流失,用户不再流失,即被锁定。从定义上讲,锁定是指由于各种原因,导致从一个系统转换到另一个系统的转移成本不经济,从而使得经济系统达到某个状态之后就很难退出,系统逐渐适应和强化这种状态形成一种选择优势并把系统限制在这一状态。

用户锁定是网络经济的一个重要规律,例如,从苹果转移到英特尔计算机,不但要涉及新硬件,还要涉及新软件。不仅如此,为了能使用软件和硬件而建立的知识也需要更新。因此,更新计算机系统的转移成本可能会异常庞大。而微软的用户一旦使用该产品,就会产生依赖性,因为用户已经被锁定在某一个文字处理系统上,他们不愿意学习使用新系统,于是不断购买原系统的新版本。

用户锁定产生的重要原因在于转移成本的存在。在网络商品消费中,转移成本包括消费者购买网络商品所形成的沉没成本,使用网络商品所形成的个人效用以及由于使用网络商品所形成的社会效用等。消费者在转换厂商时,必须把这些成本全部考虑进去,除非转换厂商所带来的预期效用超过这些效用的损失,否则他是不会改变所属厂商的。以下列举一些锁定的类型和相关的转移成本的类型,见表9.2。

表9.2 锁定的类型和对应的转移成本类型

锁定的类型	转 移 成 本
合同义务	补偿或毁约损失
耐用品的购买	设备更换,随耐用品的老化而降低
针对特定品牌的培训	学习新系统(直接成本和生产效率的损失)随时间而上升
信息和数据库	把数据转换为新格式,随着数据的积累而上升
专门供应商	支持供应商的资金,如果功能很难得到或维持,会随时间上升
搜索成本	购买者和销售商共同的成本,包括对替代品质量的认知
忠诚顾客计划	在现有供应商处失去的利益,加上可能的重新积累使用的需要

因此,考虑到网络外部性对企业利润至关重要的作用,企业在开发设计产品时,会增加产品的粘性,尽可能地增大转移成本,从而增强对用户的锁定效应。

三、盲目追求用户规模导致竞争机制扭曲

网络外部性的增加,对企业来说诱惑太大,因而企业会拼尽全力来扩大用户规模。扩张用户规模的手段,除了本身的产品性能过硬之外,还会涉及一些其他的竞争手段。就现今市场来说,"独一份"的产品少之又少,大多数情况是同类甚至同质产品的正面竞争。企业想要在这种竞争中脱颖而出,占据较高市场规模,充分发挥网络外部性的作用,则需要使用一些较为极端的竞争手段,比如恶意降价、打价格战等。因此,网络外部性会导致企业对用户规模盲目追求,扭曲健康的市场竞争机制。

四、导致马太效应

在市场中,类似产品竞争到了后期,会出现不对称的现象,有些企业的用户规模较大,有些企业的用户规模较小。这时,对消费者来说,在类似价格的情况下,由于网络外部性的作用,消费用户规模较大的产品会带来更高的消费者剩余,因此越来越多的消费者会选择用户规模较大的企业的产品。这样,用户规模较大的企业的规模越来越大,消费者剩余越来越高。当用户规模较小的企业的产品的价值小于消费者剩余时,消费者会转移到用户规模较大的企业的产品使用者行列。这会导致用户规模较大的企业的用户规模越来越大,用户规模较小的企业的用户逐渐流失,也就是马太效应。

其实,马太效应是由美国著名社会学家、科学史家罗伯特·默顿在1973年于所著的《科学社会学》一书中首次提出,强调了资源配置总是向强势的一方聚集。

由此看来,网络外部性对企业能够成功在市场上占有一席之地非常重要,因此需要对网络外部性的实现策略进行探讨。

(1)扩大消费者安装基础,获得先发优势。所谓安装基础,即在初始阶段所拥有的消费群体的规模。对于网络产品的消费者而言,只有某一网络产品的消费者的规模达到一定的临界值,网络消费才是有意义的。安装基础越大,对于先期消费者的吸引力越大,而进行先期消费的往往是对网络产品的效用评价较高的消费者,一旦将此类消费者锁定,一方面其后期消费投入会较多,对于升级和完善的后继产品较为热衷;另一方面先期消费的消费者对于产品的需求较为强烈,对产品的性能相对了解,而且他们大多属于消费潮流的领先者,所以具有很强的消费示范作用,很大程度影响着身边潜在消费者的消费决策。

(2)增加潜在消费者对网络外部性的预期,取得规模优势。对于理性的消费者而言,未来的网络规模是影响其消费决策的另一重要因素。其中,良好的品牌和信誉是增强消费者预期的一种有效方法。人们通常认为品牌和信誉优势意味着产品是成熟和完善的,质量和服务是有保障的,因此会吸引更多的消费者。此外,也要使消费者确信该产品或服务在更长的时期内仍能存续并流行。如果企业拥有突出的技术创新能力,能够不断对产品和服务进行完善和升级,这就向消费者发出了强有力的信号,证明该网络外部性是处于上升阶段的,且具有较强的生命周期。

(3)提高与其他同类产品的兼容程度,实现间接外部性收益。就消费者而言,一方面,当该产品未与其他产品兼容时,网络外部性只存在于单一产品构建的网络内,而当其实现了与其他产品的兼容时,与之兼容的产品数量越多,兼容的程度越高,意味着网络规模越大,网络外部性也就越大;另一方面,兼容性的提高增加了消费者购买新产品的可能性,因为如果

新产品不与其他产品兼容,锁定成本很高,消费者会顾虑选择新产品将脱离现有的网络,而兼容性的存在将使得这种顾虑不复存在。这两种截然不同的结果间接影响着企业兼容战略的实施。

9.3 平台经济:单边平台和双边平台

平台经济是指一种虚拟或真实的交易场所,所谓平台就是为合作参与者和客户提供一个合作和交易的软硬件相结合的场所或环境,平台本身不生产产品,但可以促成双方或多方供求之间的交易,收取恰当的费用或赚取差价而获得收益的一种商业模式。作为一种新兴的经济形态,平台经济是全球化、信息化、网络化三大趋势的集大成者。它广泛存在于各个行业,包括机场、交易所、购物中心、信用卡系统等线下平台经济和电子商务、金融服务、社交网络等线上平台经济。

平台经济的形式多样,包括单边平台、双边平台和多边平台,本节中我们重点介绍前两种类型的平台。单边平台是指业务活动分为两类:一类是以业务为中心的活动,可以采用经济责任独立衡量;另一类则是焦点企业成为业务中心,其共享的以具备规模经济的与业务中心互补的资源能力为主的平台。这两类业务活动有机的结合,提高了交易效率。单边平台的业务范围是水平方向的交易行为;在利益相关者类型方面,则更多地侧重于内部利益相关者的交易。例如,农业合作社在各个单一农户所不具备的农业技术、农业设备购置、农业产品购销等方面的能力与单一农户的农业生产能力形成有机互补,提高生产效率和交易价值。

双边或多边平台则是指焦点企业搭建的平台的业务范围是在产业链水平方向,而交易的利益相关者多来自外部,由此形成交易。双边平台指的是除焦点企业之外,主要参与的利益相关者有两方,例如信用卡公司一边连接着消费用户,另一边连接着商家,这就是典型的双边平台。多边平台则参与方更多,例如手机平台,就涵盖了用户、商家、内容提供商、服务提供商等利益相关者。

9.3.1 平台经济的形成及其主要特征

平台经济是以平台企业为支撑演化出的新的经济形态。当前新出现并且快速成长的企业大多属于平台型企业,如淘宝、阿里巴巴等。通过这些平台企业的成功,演化出一种新的商业模式,并形成平台经济。平台经济的基础是所谓的双边市场。有别于传统市场,双边市场是由通过同一平台发生交互影响的交易双方构成,其中一方的收益取决于加入平台的另一方的数量。以手机应用的营销为例,在传统市场下手机生产商一般采用向目标群体直销或预装捆绑软件等销售方式,而在双边市场下则会以平台商的身份,创建一个诸如超市一样的应用商店(如苹果、华为等公司),由第三方应用开发商提供各种性能和用途的手机应用,供使用该品牌手机的消费者选择;应用下载越多、好评率越高,其他消费者越倾向于购买,开发商获利就越多,而手机生产商则因提供增值服务而提高市场占有率。双边市场这种跨侧或同侧的网络外部性,事实上是对交易双方的利益捆绑:供应商为了吸引消费者,必须根据消费者的偏好开发多种产品和服务,并对优势客户采取倾斜性定价;而偏好相似的消费者通过团购、订购等方式,获得合理的市场价格,并引导供应商的产品生产和服务。这样,长期隐藏在"长尾市场"①中的潜在需求也能被充分挖掘出来。在模仿型排浪式消费基本结束,个性化、多样化消费已然到来的中国经济新常态下,从卖方市场到买方市场再到双边市场是大势所趋。

平台经济的发展以电子信息技术的发展为基础。电子信息技术的发展,一方面催生出大量的电子类平台企业,另一方面通过互联网的发展,使人们的经济行为在很大程度上突破了空间限制,使平台企业可以快速发展壮大,推动平台经济的蓬勃兴起。当前,随着移动通信技术的迅速发展和推广,手机上网的速度和便利性大大提高,也促使手机平台成为平台企业发展的另一主要方向。可以说,没有电子信息技术的快速发展,就不可能出现平台经济这种形态。然而,电子信息技术的发展方向也影响着平台经济的发展方向。

平台经济实现了制造业与服务业的融合。平台经济通过沟通产业链上下游、生产者与消费者,实现了交易撮合。在这其中,从生产到运输再至消费,都通过平台得以整合,实现了制造业和服务业的融合。以京东为例,生产者通过京东网上平台展示其产品,而消费者通过这一平台浏览、比较并购买产品。从展示到下单,再至快递运输,以及其中涉及电子支付,这一平台直接沟通了生产、消费、物流、支付等从生产到服务的链条。同时,平台企业本身也会衍生出各种服务,包括咨询、营销等,实现制造业与服务业融合。

平台经济将推动商业模式、经济形态的彻底改变。一是通过平台经济的发展,不仅产生了更多新的经济概念、经营方式(如团购等),还带动了业态创新(如第三方支付的发展)。第三方支付在解决平台经济发展瓶颈的同时,也推动了自身的发展,涌现出一批知名的第三方支付中介公司,如支付宝、快钱、财付通、银联电子支付等。二是平台经济的发展也使企业组织模式发生了变化。在越来越多平台企业出现的同时,一些传统企业也通过搭建平台,成功开拓了新的增长点。如 App Store 作为软件销售平台,使苹果从纯粹的电子产品生产商转为以终端为基础的综合性内容服务提供商,成为苹果战略转型的重要举措,成为苹果重要的盈利模式。此外,平台之上又衍生出新的平台,形成新的商机。比如,返利网把众多网络购物平台整合,成为平台之上的权威平台。可以说,平台经济正推动商业模式、经济形态和人们消费习惯的彻底改变,使整个经济的微观基础发生变化。

平台经济作为新经济时代越来越重要的一种产业组织形式,具有如下四个特征。

一是平台经济是一个双边或多边市场。平台企业一边面对消费者,另一边面对商家。平台经济通过双边市场效应和平台的集群效应,形成符合定位的平台分工。在这个平台上有众多的参与者,有着明确的分工,都可以作出自己的贡献,每个平台都有一个平台运营商,它负责聚集社会资源和合作伙伴,为客户提供好的产品,通过聚集人气,扩大用户规模,使参与各方受益,达到平台价值、客户价值和服务价值最大化。

二是平台经济具有增值性。也就是说,平台型企业要能为消费者和商家提供获得收益的服务。例如,百度为广大用户提供搜索服务,通过聚集流量,为商家提供更加精准的广告,提高广告效益。平台企业要能立足市场,关键就是要为双边或多边市场创造价值,从而吸引用户,提高平台的粘性。

三是平台经济具有网络外部性。平台企业为买卖双方提供服务,促成交易,而且买卖双方任何一方数量越多,就越能吸引另一方数量的增长,其网络外部性特征就能充分显现,卖

---

① 长尾市场是指那些需求不旺或销量不佳的产品所共同构成的市场。

家和买家越多,平台越有价值。同时,平台经济之所以拥有巨大魅力,是因为具有交叉外部性特征,即一边用户的规模增加显著影响另一边用户使用该平台的效用或价值。在网络外部性下,平台型企业往往出现规模收益递增现象,强者可以掌控全局,赢者通吃,而弱者只能瓜分残羹,或在平台竞争中淘汰。

四是平台经济具有开放性特征。平台经济最大的特点就是筑巢引凤,吸引各种资源的加入,这就需要平台对外开放,平台的合作伙伴越多,平台就越有价值。平台的开放性实现多方共赢,从而提高平台的聚焦效应和平台价值。如今,我国互联网企业走上了开放的道路,淘宝、腾讯、京东商城、奇虎360、百度等纷纷加入开放的行列,开放使这些平台型企业更有竞争力。

一、单边平台

单边平台指的是把每个具备单独要素能力的业务环节或多个环节的组合,转换成以其为中心的业务自主体,为其搭配具备互补资源能力组合的平台企业。单边平台模式不仅适合于知识密集型企业如管理咨询公司、律师事务所、设计公司等,还适合于农业种植、养殖等存在天然规模天花板的小专业化组织。企业是否适合单边平台,只需考察其切割、重组的交易价值、交易成本、交易风险综合效益是否合算。因此,只要技术条件具备、管理水平足够,单边平台模式可以应用于各行各业的任何环节,包括业务活动和资源等,不管是采购、财务、制造还是资金、管理标准等的单个还是组合,都能以其为中心业务单元构建单边平台,实现更高层次和数量级的规模经济。当然,由于技术条件和管理水平有差异,不同平台企业最终建立起的单边平台有可能规模有大有小,甚至有些企业根本不具备构建单边平台的资源禀赋。任何商业模式创新都有一定门槛,这种结果不足为奇。

平台企业和业务自主体的总和,称为单边平台商业模式。业务自主体的划分以范围经济和规模经济边界为限。范围经济指的是当自主体经营范围扩大时,其生产要素每单位投入的经济效益提高;反之则为范围不经济,而单位投入经济效益最高的经营范围临界点,即为范围经济边界。同理,单位投入上经济效益最高的经营规模的临界点,称之为规模经济边界。显然,规模经济和范围经济边界的确定,是经营自主体和单边平台划分的最重要的概念和实施操作的关键。

在一些行业中普遍存在着规模不经济或范围不经济的现象,小微企业依靠贴近客户、效率较高、灵活决策等优势,竞争力很强,而一旦企业规模做大,就会出现很高的管理成本,出现规模不经济。同时,如果涉及业务领域太窄,形不成范围经济;如果涉及业务领域太多,外部服务难度和内部管理难度则成倍增加,又会失去竞争力。单边平台模式则能很好地解决这个问题。所有具备规模经济性和范围经济性的环节都由平台来负责,获取经济优势;而所有不具备规模经济性和范围经济性的环节则交由若干个经营自主体独立负责,自主经营、独立核算,和平台之间通过管理手段或交易方式获得支持,就能够很好地解决行业规模化发展问题。

对单边平台来说,存在两类规模经济:第一类是业务自主体的规模经济;第二类是聚合了平台企业和业务自主体的单边平台整体的规模经济。第二类的整体规模经济,是同时达到第一类中业务自主体的规模经济边界、自主体之间相互组合的范围经济边界和平台企业环节的规模经济边界之后的结果。

单边平台具备竞争优势的基本原理是：把规模经济边界小的业务变成一个一个的、分权的自主体，把集合在一起、规模经济边界大的业务变成一个统一的、集权的平台；同时，平台企业和自主体也按照其范围经济边界自由组合，使单边平台的总和形成范围经济，从而实现不同规模经济边界、不同范围经济边界的环节在一个体系内和谐共存。

在行业相同的前提下，在平台企业和业务自主体之间分配不同业务活动时，业务自主体的规模经济边界是不同的。如果平台企业承担了更多的集权活动，业务自主体只承担了很单一的业务功能，则业务自主体的规模经济边界可能较小；反之，如果业务自主体需要承担较多活动，则可能规模经济边界相对较大。平台企业对业务自主体有约束、管理和支持、激励的双重作用。业务自主体规模经济边界过大，会削弱平台企业对诸多业务自主体的向心力。

除了要考虑整体单边平台的规模经济、范围经济之外，为了使单边平台的交易结构更加稳定，在处理平台企业和业务自主体的关系时，还有两点需要注意：第一，要在平台企业和业务自主体之间合理分配活动，使平台企业规模经济边界大于业务自主体的，并且两者在数量级上要形成一定的落差；第二，在业务自主体的设施基础、技术基础和管理基础升级后，业务自主体规模经济边界可能会扩大，此时平台企业的设施基础、技术基础和管理基础也应保持适度的升级，或者重新分配双方活动，使双方的规模经济边界保持一定的数量级落差，从而形成更稳定、可持续性更强的单边平台结构。

二、双边平台

1. 双边平台型商业模式的正反馈性

双边平台型各利益相关者之间相互依存、相互加强的特征一般被称为正反馈性，是这种商业模式的核心所在。这种正反馈性分为两种。

第一种是不同类利益相关者之间的正反馈性。以获取租金收益的家电连锁卖场为例，家电供应商越多，里面的家电种类和品牌越多，吸引到的消费者就越多；反过来，消费者越多，通过家电连锁卖场能够接触到的终端消费力就越强，自然吸引到的家电供应商也就越多。

第二种则是同类利益相关者内部的正反馈性。以移动即时通讯软件微信为例，微信的用户越多，用户间的交流越多，那么对新的用户而言吸引力就更大。为什么在即时通讯软件领域很少出现后发制人的情况，就在于已经用了微信的用户绝大部分的联系人都使用微信，换到一个新的即时通讯软件需要一群朋友和潜在的联系人整体搬家，转换成本较大。

如果同类利益相关者内部的正反馈性足够大，平台对该类利益相关者的粘性就会很大。除非有颠覆性的破坏因素出现，否则出现大规模退场的可能性比较小。这也就为原来规模大的领导企业设立了竞争优势的势能，如果要打破领导企业的优势，最关键就是打破这种内部正反馈性。这两种正反馈性的直接结果就是对参与者的态度是多多益善，特别在软件平台上，增加一个新用户或者一个新商家的边际交易成本基本为零，而增加新用户和新商家却可以带来边际交易价值，这种相互加强的循环使很多领导企业一旦启动就很难被后来者追赶。

平台型商业模式的正反馈性带来的一个结果就是捆绑销售普遍存在。例如，一个报纸的版面有很多内容，包括新闻、体育、娱乐、星座等，并不是所有的读者都需要这些版面，但是针对不同读者的需求设计定制化的报纸是成本极高的而捆绑多个组件的边际成本摊平下来却几乎为零。提供全部选择的成本更低，吸引到的读者也更多。

如果某类利益相关者对平台吸引力的边际贡献比较可观的话,那么就要设定门槛,以保持双边平台的双边正反馈性。比如,购物商场虽然不直接从消费者身上盈利,但是由于出租的空间有限,选择优质商家就成了购物商场的一项重要任务。只有优质商家多了,吸引到的优质客户才会更多,反过来会提升购物商场对商家的吸引力,为下一期的租金谈判奠定了基础。同样,即使第二家电影院出的租金比第一家更高,也很少有购物商场会引进第二家电影院,原因之一是提高商家的多样性会提升购物商场对消费者的持久吸引力。

2. 双边平台型商业模式的交易特征

平台型商业模式之所以能够吸引到各方利益相关者的参与,无疑跟平台中各方交易价值、交易成本和风险有关。

对终端消费者而言,平台要么提供多种差异化的选择,要么提供一站式整体解决方案,比如在网上电商平台购物,消费者能够同时接触到的商家和商品数量远远大于在实体店内的陈列。这无疑给消费者带来更高的交易价值。消费者越多,对电商平台的参与者交易价值也就更高。商家接入平台,就意味着接入海量的消费者,这就形成了双边正反馈性的滚动。与单边平台相比,双边平台型商业模式能为参与各方降低搜寻交易者的成本,在统一平台规则的监督下,也有望降低讨价还价和执行的成本,从而大大降低交易成本。接入平台的商家分摊了多项服务,更容易积累起专业化竞争优势,跟单一企业提供所有服务相比,在长期内降低相互之间的交易成本。

双边平台吸引到的利益相关者种类越多,规模越大,对平台的依赖性更强,则对单独某一个利益相关者的依赖性更弱,这就有限降低了交易风险。与单边市场相比,双边平台抵抗的能力无疑更强。双边平台型商业模式,在为各利益相关者提升交易价值、降低交易成本及控制交易风险的同时,为处于平台中间的焦点企业更提供了莫大的价值,成就了一大批成功企业。

案例 9.1

Uber 的双边平台

Uber 是一家美国硅谷的科技公司,作为一款出行应用软件,它的终极价值体现在,采用信息化的手段,利用经济学最简单的供求原理,提供一个平台,将司机和乘客的信息做匹配,让资源分配更合理。对于乘客来说,存在高峰时期打车难的困扰;对于司机来说,空是不经济的,并且私家车主的空闲时间也有机会变现。因此,Uber 被很多人称作共享经济的鼻祖。共享经济,是一种每个人既是供给者,也是需求者,利用各自闲置资产、时间为他人提供服务的一种新的经济模式。

Uber 致力于"为乘客提供一种高端和更私人的出行方案"。乘客使用软件时,Uber 会利用手机的定位系统准确定位乘客位置,并给出估价参考,自动分配离乘客最近的车辆,乘客可以查看司机的资料和实时位置分享,只需要原地等待短信或电话即可,行程结束后,车将自动从乘客绑定的支付卡扣除,操作简便且可靠。Uber 作为一个平台,不单单是做需求匹配,还做了整个系统的运营及效率管理。Uber 具备一套独家开发的精准算法,对用车需求、供给进行测算,进而确定某一时段、区域应有多少车在路上跑,达到效率的最大化。但是,司机不是平台的,要如何调整这个数量呢?这就得益于Uber的实时定价系统,在高峰时期、供不应求的区域,车程价格会自动调高,这样,会吸引周边的空闲车辆汇集到这一区域,这个定价技术还在美国获得了专利权。除了算法,Uber还提供司机评分平台,交易结束后乘客可以根据服务质量对司机进行评分,司机一旦违反规定,永久封号,不允许再接单。

从盈利方面来看,Uber的盈利来源首先是按单分成,收取每次租车费用的20%,这里值得一提的是,每单结束时,车费会从乘客的支付卡直接划到Uber的账户中,而Uber跟司机的结算周期为一周,这就意味着Uber有了一个至少七天的稳定现金池,市场越大,这个池子也就越大,借此获取的资本回报也会增多。另外,在积累了庞大的用户数量后,与广告商的合作还可以获取广告收益。

3. 双边平台商业模式的成功关键要素

很多企业看到了双边平台的成功,都试图从现有的商业模式转型成为双边平台模式,希望通过这种模式转型,实现交易双方的交易撮合,并获得自身的价值。然而,双边平台又是个门槛极高、成功概率不高的商业模式,双边平台的商业模式要想成功,取决于以下四个要素。

(1)交易价值的突破口。双边平台模式要想成功,首先就要解决平台的交易价值问题。双边平台不仅仅是作为交易各方的信息、交易行为的聚集之处,简单实现交易撮合,而是要看在交易价值增加、交易成本降低,和交易风险控制方面的贡献是什么。一般简单的撮合交易仅仅是降低了交易各方的搜寻成本,但是对于交易各方的其他价值贡献就相对比较小,平台的吸引力也因此而下降。

除了搜寻成本降低,双边平台的交易价值还可以体现在信息透明化、交易信用增加、交易附加服务等方面。比如,淘宝在一开始推出的时候,以撮合交易为主,但是当时整个电子商务市场最大的担心是交易的信用风险,如何实现交易过程中钱和货物的安全是最大的交易风险,因此淘宝推出支付宝,解决了这个交易风险问题。在交易过程中,通过顾客的反馈评价,为潜在购买者提供了信息透明的价值,进一步降低了交易成本和交易风险。同时,吸引物流、广告等第三方入驻,为交易提供便捷便利的服务,也是交易价值的增加。再比如,今日头条实质上也是一个双边平台,而它所提供核心价值的则是根据客户需求特征的个性化推送算法,解决每个人在资讯获取方面的需求和海量信息搜寻成本太高的矛盾。因此,在互联网领域,无论是水平化领域,还是垂直领域,如果没有核心价值的贡献,单纯依靠信息交互和撮合,双边平台是很难成功的。

(2)规模聚集的能力。双边平台的正反馈效应要想发挥作用,推动正反馈循环的初始的力量至关重要。如果在平台建设初期能够形成交易一方的规模聚集,那么就很容易撬动其他利益相关者的参与,形成平台的规模。如果缺乏这种能力,则会出现平台冷冷清清的情况,即便吸引了一小部分利益相关者也会因为没有交易而离开。规模聚集的能力来源有如下三种:第一种,通过焦点企业的现有资源,比如苏宁,原本就是国内最大的电器连锁销售商之一,其推出电子商务平台,自然就能够吸引商家和一部分消费者的转移;第二种,通过交易的方式,比如新建的双边平台,往往通过与其他互补性的平台的交易,以支付获客成本的方式,从其他平台导流;第三种,自己迅速建设规模聚集能力,比如通过强有力的线下地面推广活动,吸引客户在平台上聚集,比如携程最初的用户规模聚集就是通过在全国的车站、机场铺天盖地的发送卡片获得的。

大多数试图实施双边平台商业模式的企业仅仅在交易价值的设计和平台功能的完善方面做好准备是远远不够的,很多企业是倒在规模聚集的初始阶段。然而,这个阶段企业的投入是十分巨大的,对接好资金来源的利益相关方也是至关重要的。在出行 App 领域,曾经有十几家企业争夺得不亦乐乎,并爆发了补贴大战,其实质就是获得用户的规模聚集,在这种种高强度的成本竞争之下,最终滴滴和快滴双雄并立,最后携手整合。大多数企业则资金难以为继,无法跟进这个阶段的竞争,在中途退出了市场。

(3)范围经济。在具备了初始的规模聚集能力的基础上,双边平台可以进行业务延伸,而延伸的领域取决于范围经济的大小。比如,电商延伸到物流服务、小额消费贷款、供应链金融、广告服务、培训服务等。越来越多的利益相关者加入,在交易价值方面只要是正向增值的,都会在整体上提升平台的吸引力和竞争力,甚至锁定一部分利益相关者。

当然,对于垂直领域的双边平台而言,也要关注业务领域的扩展是否会影响企业的价值定位。比如,一开始专注于家居生活类的垂直电商,在具备了一定的规模后,延伸到生鲜领域,尽管面对的消费者是同一个群体,但这两个领域的关键资源能力完全不同,两者之间并不存在范围经济,这样的延伸会面临很大的风险。

(4)盈利模式。双边平台的盈利模式在选择时非常多样的,根据交易额收取佣金、收取固定的入场费用、按照特殊的时间段和场景收费,甚至免费而在其他服务领域赚钱等,都是双边平台可选择的模式。当然,具体选择怎样的模式也取决于不同的收费模式带来的交易价值的差异。

在现实中还可以看到一些人气非常旺盛的传统的非商业平台,比如一些早期非常有影响力的网上论坛等,一旦转型到商业化方向,就会大量流失活跃用户,这就是在盈利模式方面没有进行深入的思考,想当然地认为流量就是收入,可以快速顺利地变现,而事实上构建一个好的盈利模式是双边平台赖以成功的非常重要的因素。

> **案例 9.2**
>
> **苹果的双边平台与软一体化**
>
> 2012 年,苹果公司以 6 235 亿美元的市值成为有史以来全球市值最高的公司。这比九年前即 2003 年的 60 亿美元市值增加了 100 多倍。在《商业周刊》列出的全球最伟大公司中,苹果公司排名第一。作为一家伟大的企业,它高速成长的秘密是什么呢?
>
> 苹果公司的 App Store 被誉为苹果发展史上最具开创性意义的发明,这也是平台型商业模式成功的典范。所谓平台型商业模式,是指除了焦点企业之外,利益相关者之间存在相互依存、相互加强特征的模式。苹果平台型商业模式,以 iTunes 的出现为起点,通过 iTunes 连接 iPod 用户和唱片公司,既为 iPod 用户提供高质量的正版音乐试听体验,又为唱片公司提供正版音乐的创新销售渠道。而 iTunes 带给苹果的,则是对 iPod 销量的巨大拉动。在 iPod 之后,iPhone 推出时的商业模式就更加得心应手

了。2008年3月,苹果公司对外发布了针对iPhone的应用开发包(SDK),供免费下载,以便第三方应用开发商,开发针对iPhone的应用软件。同年,苹果App Store上线。平台上大部分应用价格低于10美元,用户所支付的费用由苹果和应用开发商三七分成,并且有约20%的应用是供免费下载的。对于第三方开发商以及个人开发者而言,这有着极强的吸引力,既调动了开发的热情,又丰富了iPhone的应用,苹果的多边平台商业模式的竞争力得以充分体现。

而在供应链端,苹果产品的产品设计在美国,关键零部件的生产在日本,由韩国制造核芯片和显示屏,由中国台湾厂商供应另外一些零部件,然后在深圳富士康的工厂内组装完成,最后卖到全球各地。苹果的全球供应商已经达到766家,从芯片、显示器、电池等核心零部件,到各种小料件,无一不是由资本雄厚、耐力极强的企业代工。由此可以看出,苹果公司在制造环节是典型的软一体化模式。由苹果公司进行产品研发、设计,将生产部分外包给OEM厂商,并对生产标准进行管理控制。苹果在管理供应商的过程中,不允许供应商对它产生任何黑盒,必须完全控制手机生产的每道环节,要了解每一个元器件的来源、研发、生产测试等过程。对于某一零部件,苹果往往会让供应商之间相互博弈;或者扶持弱小,相互制衡,防止供应商议价能力上涨过快。然而,作为苹果的供应商,虽然利润率低,但在巨大的规模体量下,也让他们甘之如饴。

通过苹果的例子可以说明,一个企业的业务领域可能不止一个,所以在不同的业务领域内,企业应该能够为客户提供多种形态的组合应用,根据不同的业务特征和利益主体的角色定位,在不同领域分别采取不同的商业模式,并整合成一套完整有效的交易制度安排。案例9.2中所述的苹果公司,就是在不同的视角和领域内,采取了不同的制度安排,形成了一种混合式的商业模式实践。

9.3.2 平台的收费策略

平台并不是公益性的组织,无偿提供空间给交易双方进行交易。平台是盈利性的组织,需要对它的服务进行收费,一方面需要继续维系自身的运营,另一方面需要获得利润,来改进自身的机制,以更好地服务客户。

平台的收费是基于平台所提供的服务。一般来说,平台提供两种形式的服务,一种是匹配买卖双方,包括提供供给、需求、价格、具体要求的相关信息,另一种是其他的增值服务,包括产品交付、订约、支付、咨询、寻求商务伙伴等。随着互联网的发展,第一种服务已经实现了完全自助式,第二种服务也实现了部分自助式。因此,平台已从传统的功能开始向新式功能进行转变,如一些基于客户的定制化的服务。这些不同的服务在一定程度上方便了消费者,也就是平台的客户,但实际上,他们也需要对这些服务进行支付。

对于平台上的交易双方来说,平台收取的费用大小是不同的。这主要和两个因素有关,一个是双边的价格弹性,另一个是双边的引流能力。价格弹性是指价格变动一个单位时,需求量的变化。平台的人气越高,平台的附加值也越高,因此平台会对价格弹性高的客户收取较低的平台费,而对价格弹性较低的客户收取较高的平台费,从而保证平台的客户量的平衡。从双边的引流能力来看,平台会对引流能力较高的一边收取较低的费用,因为这部分客户的存在是在平台上能达成交易的基础;而对引流能力较低的一边,平台会收取较高的费用,因为这部分客户能够找到交易对象时就已经收获了较高的效用值。举个例子,一般来说,开在市区的购物中心的门店租金高,而开在郊区的购物中心的门店租金低。对于市区的购物中心来说,门店和消费者分别是购物中心这个平台的双方,由于市区的消费者的购买力较强,因而对品牌门店的引流能力较高,所以可以收取较高的租金;而对郊区的购物中心来说,主打的是性价比高,那么质量好、价格又实惠的品牌,才是主力店,因此会收取较低的租金,而对消费者收取较高的费用,对消费者的收费主要体现在消费者高昂的交通费用。

平台以服务收费,根据交易双方特性,收取不同的费用,同时也会有不同的收费机制。以下简单介绍平台的几种收费机制。

交易费模式,这种收费机制没有固定费用,只有交易发生时,才会按照交易金额,收取一定百分比的费用。比如,支付宝会实时划扣技术服务费,该费用是与支付宝成交额对应的技术服务费,是交易费模式。

预定模式,该收费机制是按照固定的时间间隔收取固定的费用,如亚马逊的店铺租金就是预定模式。

广告费模式,只要其他网站在平台上做广告,那么就会收取固定的一笔费用,该笔费用与是否有点击率无关,如京东商城的广告平台的开放,第三方可以在指定板块打广告,从而支付一定的广告费。

会员费模式。该模式又称点击收费模式,只有链接确实将流量引至预定版面,才会收取费用,也就是说,一般用户看到该链接,平台是不能收费的,只有用户点击了该链接,平台才能收取费用。这在很多网站上都有,它们一般提供两种广告模式,一种是打广告即收费,另一种是必须要点击才能收费,广告商可以自由选择。销售模式,该模式主要依赖于自有产品,通过销售来赚取价差,从而获得利润,如京东商城的自营模式就是销售模式。

一、单边平台的定价

单边平台的定价其实是一个很有挑战的问题,因为平台对业务自主体的定价是一个内部定价,定价不一定真实地反映市场信号,定价的偏差有可能带来额外的交易成本,在实践中单边平台的定价,有两个参考标的。

第一,让业务自主体的收益和产出挂钩。平台企业的收益本质上来源于对业务自主体的总产出切割一部分,平台企业与业务自主体相互间又处于交易界面相对清楚的状况,对业务主体内部实行较为精细的管理成本太高,因此可以根据业务自主体的收益与产出挂钩的方式来定价,通过定价和核算机制实现自主体在内部管理上的自我优化。

第二,让业务自主体的收益超过其机会成本。在业务自主体客观定价比较困难的情况下可以采用相对定价的方法,对平台企业而言,只需确保单边平台的构建净收益严格为正即可。而业务自主体只需在方法正确、比较努力的情况下,能拿到比它不参与单边平台更高的收益即可。

二、双边平台的定价

双边平台的定价问题比单边平台更为复杂。双边平台具有很强的网络外部性,即一边的用户越多,平台对另一边用户的吸引力就越大。在定价策略上,双边平台往往采取非对称定价策略,以低价大力培育一边的客户基础,通过网络外部性,吸引大量的另一边用户到平台上来交易,并在另一边收取高价以保证平台的收入和盈利。

一般认为,以下因素会影响双边市场定价策略:(1)两边的需求价格弹性。与单边市场定价策略相同,双边市场定价往往会对弹性较小一边的价格加成比较高,而对弹性较大的一边则价格加成比较低,这一边甚至低于边际成本定价,或者免费乃至补贴。(2)收回成本。网络产业的固定成本投入一般都很高,无论是营利性平台还是非营利性平台都必须收回成本并实现盈利,它们主要根据拉姆齐定价法(Ramsey Pricing)来实现预算平衡。(3)网络外部性。网络外部性越强,即网络外部性参数越大,平台两边价格的不对称性也就越严重。在强网络外部性的条件下,平台的一边可能会出现负价格。(4)两边收费的难易程度。在平台某一边收费可能比较困难,如网站较难向上网者收费,就只能主要依靠向企业收取广告费来获得收入。(5)平台观察用户参与和交易量的难易程度。平台可能较难观察到用户的参与程度和交易量,如媒体平台可能不清楚有多少用户在看它们的节目。在这种情况下,平台会倾向于收取注册费,而不是按交易量来收费。(6)单归属和多归属。单归属是指用户只在一个平台上注册交易,而多归属是指用户同时在多个平台上注册交易。我国移动电话用户一般都是单归属,要么加入中国移动的网络,要么加入中国联通的网络,很少有用户同时使用两家运营商的服务。而超市平台供应商则属于多归属。供应商一般会把产品供应给多个超市销售,而很少只向一个超市供货。单归属会形成平台间的竞争瓶颈,平台通常对单归属的一边制定低于成本的价格,对多归属的一边设定高价。(7)排他行为。竞争环境中的平台通常会采用排他行为来阻止用户的多归属行为,如采用各种优惠措施,诱使用户放弃多归属行为,或者采取拒绝交易的方式来迫使用户只在其平台上交易。(8)产品差异化。在现实中,平台往往会实施产品差异化策略。平台两边的产品差异会影响用户归属数量的决策,从而影响平台的定价策略。(9)互联互通。竞争性平台(如信息中介和电子商务平台)之间的互联互通可以提高效率和社会福利,用户接入一个平台,就可以访问互联平台的信息资源。从定价角度看,平台为了收回互联互通的成本通常会提高价格。

以上介绍了双边市场定价的主要影响因素,双边市场的理论和实证研究往往就是根据这些影响因素来建立数学模型,并对模型进行验证。国内外产业组织理论学界在双边市场定价策略研究方面已经取得了不少成果,也解释和回答了一些从单边市场角度无法解释的问题。

如表9.3给出了一些常见的双边市场类型及其定价情况,不难发现双边市场平台在定价方面通常采用不对称方式,一般对购买产品和服务的需求方按低于成本的价格收费,而对产品和服务的提供方则按高于成本的价格收费。其中的一个例外,就是在需求协调型操作系统平台中,对软件开发商收取低价,从软件用户那里获得主要的收入。

表9.3 双边市场分类及其定价

产业	平台	类型	边1	边2	收费较少的边	平台利润的主要来源
房地产	房产经纪	市场创造	买方	卖方	1	销售佣金
房地产	房产经纪	市场创造	出租人	租赁人	1	佣金

续表

产业	平台	类型	边1	边2	收费较少的边	平台利润的主要来源
媒体	报刊	受众创造	读者	广告商	1	广告费(约占80%的收入)
媒体	电视	受众创造	观众	广告商	1	广告费
媒体	门户网站	受众创造	上网者	广告商	1	广告费
软件	操作系统	需求协调	用户	软件开发商	2	微软67%的收入来自软件销售
软件	视频游戏平台	需求协调	游戏玩家	游戏开发商	1	微软以低于边际成本125美元的价格出售X-Box产品
银行	信用卡	需求协调	消费者	商家	1	2001年,美国运通公司82%的收入来自商家

9.3.3 平台经济的重要作用

平台经济是推动经济转型发展的重要引擎。从微观角度看,平台具有交流或交易的媒介功能、信息服务功能、产业组织功能和利益协调功能。从宏观角度看,平台经济的发展具有推动产业持续创新、引领新兴经济增长、加快制造业服务化转型和变革工作生活方式等作用,是一种重要的产业形式。

一、推动产业持续创新

平台通过对产业资源、市场资源的整合,可为企业提供广阔的发展空间,同时驱动企业进行持续创新,以获得和巩固竞争优势。例如,电子商务平台上产品相似的多家企业为赢得更多用户,就必须加强技术、产品、服务与品牌宣传推广等方面的创新。同时,平台企业自身为了实现高附加值和高成长性,也要持续进行技术创新和商业模式创新,而这些创新将会带动整个产业的发展。苹果应用商店模式的创新发展就引来众多企业效仿,从而带动了硬件制造—软件开发—信息服务整条产业链的创新发展。

二、引领新兴经济增长

平台经济属于服务业范畴。实际上,各类服务业的价值链或者价值网络里都存在着搭建平台的机会。平台一旦建立,就能够吸引各种资源加入,发挥平台的集聚效应,推动整个产业的资源向平台倾斜,创造出巨大价值。平台经济作为创造和聚集价值的桥梁,正日益成为服务经济中最有活力的一部分。谷歌的成功在于其打造了信息汇聚与分享的平台,苹果的成功在于其打造了内容汇聚与交易的平台,而脸谱的成功在于其打造了人们汇聚与联络的平台,这都充分体现了平台经济的巨大潜在价值。

三、加快制造业服务化转型

在竞争日益激烈的当下,制造业企业更需要利用有效的中介平台打通制造和流通之间的瓶颈,实现产品制造链和商品流通链的有效衔接。例如,面对行业利润持续走低的局面,家电企业纷纷转向电子商务平台,借助其庞大的用户资源和快捷的销售渠道,创新营销模式,降低运营成本,创造新的盈利点,获取更高利润。可见,平台经济将成为加快制造业服务化转型的重要推动力。

四、变革消费方式

平台经济中所蕴含的新的交流、交易模式,正成为人们日常生活模式和社交结构变革的重要推动力。例如,新浪微博等社交网络平台已成为人际交往的重要渠道;淘宝网等电子商务平台已成为人们日常消费的优先选择,而支付宝等第三方支付平台以及网络银行的普及为人们带来了更多便捷。特别是随着互联网由以信息为中心变成以人为中心,社交网络平台、人际关系平台等将现实关系搬到互联网上的新兴平台,加速了人与人之间的交流和信息流动。这种变革直接带来消费方式的改变,使信息消费得到迅猛发展,也使基于信息交换的商务活动、交易活动等成为未来经济活动的主要组成。

总体来看,作为一种重要的产业形式和发展模式,平台经济正逐渐成为服务经济的"皇冠",成为引领经济增长和推动社会发展的新引擎。

9.4 共享经济:基本理论及其发展

从人类存在之时开始,共享这一现象可能就已经出现,但是协同消费和共享经济却产生于互联网迅速发展的网络时代。共享经济一词最早由美国得克萨斯州立大学社会学教授马科斯·费尔逊(Marcus Felson)和伊利诺伊大学社会学教授琼·斯潘思(Joel Spaeth)于1978年发表的论文 Community Structureand Collaborative Consumption: A Routine Activity Approach 中提出,是针对资本主义国家出现的滞涨问题而提出的解决办法。但是,随着资本主义国家滞涨问题的解决,传统意义上的分享经济的影响逐渐减弱,退出人们的视线。然而,近几年来随着技术的发展,传统的分享经济内涵进一步丰富,逐渐演变成为共享经济。根据国家信息中心发布的《中国共享经济发展年度报告(2019)》,2018年我国共享经济市场交易额约为29 420亿元,比上年增长41.6%,并且我国共享经济的发展在未来三年中,可能仍将保持年均30%以上的高速增长。共享经济规模在我国逐渐扩大,如今已经遍布人们生活的各个方面。

2017年,在人工智能、大数据、云计算等新一代信息技术的推动下,以平台经济、共享经济为代表的互联网经济相关产业迈入了新阶段。以共享单车为代表的共享经济在2017年进入爆发期,并迅速进入调整期。这表现为共享单车品牌与数量急速增多,以及部分单车企业倒闭。从数量上看,单车投放量从2016年的约200万辆大幅增长到2017年的2 300万辆,并扩张到200多个城市。在需求端,共享单车注册用户数量从2016年的1 886.4万人增至2017年的2.21亿人,累计距离从2016年的25亿千米升至2017年的299.47亿千米。然而,到2017年下半年,二、三梯队的共享单车品牌迅速进入破产、倒闭阶段,行业格局趋于稳定。这里要说明的一点是,共享单车在发展过程中遇到的问题是一个快速发展的行业难以避免的,并不意味着共享经济的失败或失灵。

9.4.1 共享经济的概念及特征

共享即共同分享,一般是指以获得一定报酬为主要目的,将一件物品的使用权分享给他人以共同使用的模式。利用互联网等信息整合技术,共享经济模式能够合理地将闲置资源调配并且最大化利用。对于所有者来说,通过临时转让物品的使用权来获得一部分的经济收益;对于使用者,他们不需要购买商品来拥有所有权,而是通过临时租借的方式获得该物品的使用权,在约定好的时间内使用物品后归还所有者并支付少量的使用费即可。从狭义的角度来看,共享经济的共享对象一定是闲置资源,但是从广义的角度来说,闲置资源并不是唯一的共享对象,并且以盈利为目的的中介平台也会参与到共享经济中。共享经济平台作为连接供需双方的纽带,通过移动 LBS 应用、动态算法与定价、双方互评体系等一系列机制的建立,使得供给与需求方通过共享经济平台进行交易。

共享经济使得物品所有者和使用者双方都能获得一定的经济利益。其本质就是互助共利,即互相帮助,共同获利。闲置资源在共享经济中充当重要的角色,当然从更加广泛的角度来看,共享经济的迅速发展使得共享对象已经不局限于实体的物品,时间、信息、知识等无形商品也早已加入共享经济的行列。如果说计划经济是"按计划生产、按计划消费",市场经济是"按市场生产,按利润分配",那么共享经济就是"按消费生产,按价值分配"。

目前在全球范围内,除了人们熟知的 Uber、Airbnb 之外,还诞生了大量的共享公司来满足人们日常衣食住行学等方面的需求。共享经济提供了一种新的思维方式,通过过剩资源的再利用,替代了传统的生产力,因为过剩,所以变得便宜;因为过剩不需要再生产,所以环保;因为过剩,所以"顾客就是上帝"开始变成了"顾客也是服务者",顾客也提供服务。这就是共享的力量。

一、特征一:以低成本的分享渠道为保障

互联网技术和移动智能手机的发展降低了信息搜集的成本,为共享经济提供了降低成本的可能性,这也是共享经济产生的一个基本保障之一。使用者可以随时随地通过移动设备了解到附近的闲置资源的使用情况,并且通过支付宝等第三方支付平台快速地完成购买。

例如,如果一个使用者希望借到一个充电宝临时使用,但是他现在无法得知谁有多余的充电宝,这时他可能需要挨个询问,这要花费大量的时间成本和人力成本,但是通过互联网,他可以几乎零成本地发布一条临时借用充电宝的消息,而拥有多余充电宝的人也可以通过相同的方式发布一条临时出租充电宝的消息,两者看到消息后便可进行交易,这就实现了一次充电宝的共享。

二、特征二:以使用权的共享为核心

共享经济强调以租赁代替购买,其共享的不是物品的所有权,而是使用权。通过共享经济,使用者只需要支付一定的租赁费用就可以从所有者那里暂时获得某物品的使用权,在约定时间内使用完毕后将物品归还所有者即可。

这种使用权的共享形式使得社会上大量闲置零散的资源得以重复高效利用,一方面减少了所有者的沉没成本,使得该物品在闲置期间也能为所有者带来一定的经济收入;另一方面降低了使用者的经济成本,使其不用因为偶尔使用某物品而花费全价去购买。共享经济

为参与双方都带来了一定的经济利益。

三、特征三：以大众参与为前提

共享经济的发展需要有足够多的供求方参与其中。因为共享经济属于双边市场，需要供求双方共同进行交易，一方的参与者越多，为另一方带来的收益相应地就会越大。在共享经济的发展过程中，供求双方两个群体相互吸引，相互促进，并且这一表现将通过网络效应得到进一步的放大增强，使得共享经济规模逐步扩大。

因此，共享经济平台需要借助互联网等途径加大宣传力度，提高知名度，从而吸引更多的供求方参与其中。供方越多，所提供的产品的种类就越多，同时产生激烈的竞争来降低价格，这就能够吸引更多的需求方进入，更大的需求能够一定程度提高价格，从而吸引更多的供方进入。这就形成一个良性的竞争循环，为共享经济的发展提供动力。

四、特征四：以提高资源利用率为目的

在人们环境保护意识逐渐觉醒的情况下，"不求拥有，但求所用"的共享经济满足了人们的消费需求。共享经济的出现就是以提高资源的利用率为目的，同时也为所有者和使用者带来了共同的经济利益，从而实现了个体和社会的可持续发展。

虽然共享经济近几年来才在市场中受到人们的关注，但它给社会众多行业带来了巨大的变化和变革，很大程度上增加了人们对绿色产品和服务的需求，让广大人民从创新和变革中受益。

9.4.2 共享经济的参与主体

互联网技术的发展使得移动支付、数据搜集更加便利，利用大数据技术能够为供需双方和平台提供真实、多样、实时数据，为共享经济的运作提供了便捷和保障。除此之外，城市人口的急剧增加和经济的发展也为环境保护带来巨大压力。从城市交通拥堵到资源浪费，闲置资源的合理使用将在一定程度上改善这些问题。并且，随着人们环保意识和节约意识的增强，更多的人将接受共享经济这一模式。

一、实施主体

共享经济的实施主体主要是第三方的交易平台。在移动互联网技术普及之前，由于信息发布、整合、搜集困难而造成的信息不对称使得闲置资源的信息无法在供需双方之间有效传递。在互联网时代中，专业化平台能够利用其集聚功能，通过多人参与、平台过滤、信息交互、自动匹配等将闲置资源变为有利用价值的社会资源，使得这些闲置资源呈现出一定的公共性。在交易的过程中，供需双方通过第三方平台来匹配供需。双方将信息发布在第三方交易平台上，并从平台上获取他人信息，当两者供求相匹配时，即可在平台上进行交易。同时，第三方交易平台需要通过对参与者所发布信息进行审查、规定相关规则等，保证此次交易的顺利进行和供需双方的合理权益。供需双方需要在第三方平台上缴纳保证金，在交易完成后由平台退还保证金，保证交易合理顺利进行。互联网平台是共享经济的重要构成，闲置资源在互联网技术的作用下，能够在供需双方之间高效进行配置，从而实现"按需分配"和"物尽其用"。

二、目标客户

由于共享经济涉及所有权和使用权的分离,所以其目标客户主要针对有闲置物品的所有者和对这些闲置物品有使用需要的使用者两个主体。物品所有者需要在规定时间内提供使用者所需的物品,并保证商品的可用性。使用者则需要缴纳保证金,并且在规定时间内使用归还物品,保证物品的完整性。供需双方可以是个人,也可以是企业组织机构。在个人层面中,以青年人为居多,因为青年人对于移动互联网设备的使用更为熟悉,学习使用成本较低,并且青年人更加乐于尝试、接受新鲜事物,对于共享经济这一模式有更高的参与度。对于企业而言,大量的资源盈余和需求则占据了共享经济的巨大市场。

9.4.3 共享经济的形成要素分析

共享经济的形成需要供需匹配、第三方平台的保障以及合理的运营模式等。以下分六个方面介绍共享经济形成不可或缺的因素。

一、市场需求

共享经济的市场需求主要来源于成本型需求,拥有这种需求的人群希望通过分享而不是获得所有权来降低产品使用的消费成本,而共享经济的目的就是提高资源的利用效率,所以这也是共享经济能够形成的条件之一。

例如,共享单车的出现就是为了能够解决人们出行的最后一公里问题。人们在乘坐地铁或公交后,距离他们最后的目的地可能还有一小段的路程,但如果步行可能要花上十几二十分钟的时间,这时人们可能想要有一辆使用起来更加自由且高效的自行车来解决这个问题,原本的步行时间可能就缩短到十分钟以内。但是,这辆自行车携带并不方便,或者因为一两次的使用而购买一辆自行车所需要花费的成本过高,共享单车由此产生。共享单车的出现满足了市场需求,从而占据市场,获得了极大的发展空间。

二、资源过剩

共享经济核心就在于将线下零散的个人或社会资源进行整合,再将这些资源借给有需要的人群使用。所以,闲置资源在共享经济的发展形成过程中起着十分重要的作用。共享经济最重要的发展因素就是闲置资源,同时借助网络平台对闲置资源进行协调运作从而实现社会化生产,通过存量资源优势为共享经济的发展提供保障,从而推动社会经济的发展。

包括中国在内的大量发展中国家,由于受到市场经济的影响,产能在不断的扩张与收缩中交替进行使得很多产业都面临产能过剩的问题,因此很多国家逐渐从所谓的短缺经济演变成为供给过剩的经济形态。并且,随着技术的发展,资源的利用效率会在一定程度上得以提高,这就在一定程度上加剧了资源过剩的局面,从有形物品的盈余,到无形商品如技术、空间、知识,甚至是时间的盈余,都希望能够通过某一平台实现这些闲置资源的再利用,从而获得额外的经济收入,这就为共享经济的产生提供了物质基础。

三、共享媒介

再分配、共同化、共享移动、P2P 平台使用户能够访问组织所拥有的资产或是技能。共享媒介是共享经济是否能够实现的关键。共享媒介在共享经济中充当了搭建共享主体之间的桥梁的角色,即收集、整理、分析供需双方的信息并进行有效匹配,从而解决双方信息不对称的问题。

互联网大数据的出现为共享媒介的形成提供了技术上的支持,平台可以通过多种途径来获得有效信息,其中包括图片、视频、位置等,具有大量、高速、多样、真实、价值性等特征。大数据把供需双方的信息数据化,然后放在一个公共平台上。平台则需要把有效的数据以高效的方式传递给有需要的人,从而完成快速匹配的过程。这种技术的出现降低了双方搜集信息的成本,提高了交易发生以及成功的可能性,从而使得供需双方有效连接。

四、产品特征

共享经济中所说的所有权和使用权分离的前提是指物品具备分离的条件,即可以被重复、高频次利用,其所有权的分离是短期的,在此期间物品所有者对物品的所有权全部或者部分丧失,但仍能够有效并且灵活地控制使用权。

共享经济的共享对象可以分为以下三种情况。第一种是物品受到空间的限定,随身携带不便,如共享单车、婴儿车等这种体积较大的物品,出行时携带不便,就可以通过共享的形式临时使用。第二种是购买成本较高,并且使用频率较低的物品,这种物品对于某些人来说,购买后沉没成本较高,收益较低,如3D打印机等一些大型设备,通过临时共享使用就可以降低使用成本。第三种是技能、知识或者时间等无形资产。所有者希望在闲暇时间利用自己的技能等知识去帮助他人,同时获得一定的额外收益。

五、安全保障

共享经济的供需双方在大多情况下并不会面对面进行交易,这就需要一定的机制来保障交易的安全进行。互联网技术的发展促进了移动快捷支付的形成和完善,为交易提供了经济安全方面的保障。另外,售后评价体系使得双方在交易时有一定的参考依据,参与者可以根据对方以往交易的信用、记录等来决定是否与对方进行交易。客服服务也为双方交易提供了保障,使得交易在发生纠纷时能够顺利解决。

但是,在某些供需双方需要进行面对面交易的情况下,保证参与双方的人身安全就变成了安全保障的首要任务。例如,近年来滴滴打车等平台发生不少由于司机或是乘客素质问题而给对方带来财产甚至生命上的威胁,这也是平台和社会所需要关注的焦点问题。解决这个问题不是一件简单的事情,平台需要制定合理的规则来约束参与双方,并且在新的供需双方加入时,平台需要仔细核对其是否有不良表现,从源头上降低犯罪率。另一方面,需要双方提高自身素质,在共享经济中规范自身的行为,从而促进共享经济更好发展。

六、运营模式

共享经济的产生和运行同时也需要合理的运营模式。如何高效地匹配供需,如何建立信用体系,如何建立供需双方的信任关系,以及如何进行资金的流通等都是交易平台所面临的问题。其运营模式如图9.1所示。

共享经济的运行需要政府等相关职能部门、个人或企业、第三方共享经济平台、社交网络或征信机构等主体共同参与。其中,第三方共享经济平台在中间充当桥梁作用,连接其他

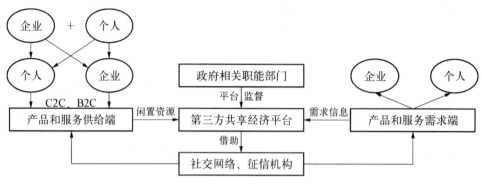

图 9.1 共享经济的运营模式

各个参与主体,保障共享经济的高效运营。

共享经济最主要的参与主体包括供需双方和第三方共享经济平台。产品和服务的供给端和需求端涉及企业和个人两个主体,包括 C2C、B2C 两种共享经济模式。可以分成个人对个人、个人对企业、企业对个人、企业对企业共四种模式,但是这四种模式都需要通过第三方共享经济平台来进行联系。由第三方平台整理供给端提供的闲置资源,且根据需求端的需求信息,利用大数据互联网分析技术进行供需匹配,联系产品和服务的供需双方,再提供一定的服务保障来完成经济共享。

政府相关职能部门需要在共享经济中对平台进行监管,包括平台经营是否符合法律法规、经营模式是否安全等问题,并且在平台出现问题时及时处理以保证经济的正常运行和人民的财产、生命安全。

同时,在共享经济中还有十分重要的一点就是建立供需双方的信任关系,从而能够保证共享经济的正常运行。这一环节主要由社交网络和征信机构来完成。征信机构对企业和个人的资料进行收集、整理并分析,从而淘汰存在违法行为的参与者,提高参与者的总体道德水平,以此来建立信任关系。在建立信任关系的前提下,一方面可以吸引更多的供求双方,扩大共享经济的规模,利用规模经济为双方带来更多的利益;另一方面,共享经济的运行将更加安全,能够为参与者提供更加可靠的安全保障。

9.4.4 共享经济的发展

共享经济的发展包括去中介化和再中介化的过程。去中介化是指随着共享经济的出现,打破了劳动者对商业组织的依附,他们可以直接向最终用户提供服务或产品;再中介化是指个体服务者虽然脱离商业组织,但为了更广泛的接触需求方,他们接入互联网的共享经济平台。共享经济关键在于如何实现最优匹配,实现零边际成本。共享经济平台的出现,在前端帮助个体劳动解决办公场地(WeWork 模式)、资金(P2P 贷款)的问题,在后端帮助他们解决集客的问题。同时,平台的集客效应促使单个的商户可以更好地专注于提供优质的产品或服务。

罗宾·蔡斯在《共享经济:重构未来商业新模式》一书中提出,被忽视的过剩产能将产生无处不在的机会。"它可能属于你也可能属于别人,它可能是有形的、暂时的、虚拟的,也可能是与流程、网络或经验相关的。这些过剩产能在过去造成了资源浪费,但在共享时代,它意味着孕育无限的可能。"在创新时代中,共享经济将在很多传统行业掀起新的产业革命,未来80%以上的产业都将被共享经济所改变。

回顾中国市场,共享经济还处在起步阶段,滴滴、WiFi万能钥匙等公司是在2012年才成立的。但是,共享经济来源于互联网,移动时代人们可以随时随地上网分享。其诞生的历史根源注定它将有一个不平凡的未来,这是适应时代发展的新经济模式,也将是未来最主要的经济模式之一。传统商业逻辑里供需关系的解决主要依靠生产力的不断提高,但是第三次工业革命后,尤其是近二三十年来,传统依赖生产解决供需矛盾的方法逐渐失效,因为人们面临的主要问题不再是产能不足,而是资源分配不均衡,但通过人人共享,可以将过剩产能达到最大限度的平衡,从而实现新的价值。

思考题

1. 当前大数据的应用非常火热,你认为大数据在哪些方面还可以进一步深入应用?
2. 你认为网络经济和互联网经济有什么异同?
3. 平台经济趋于自助化后,是否还会引入一些其他的非自助式的增值服务呢?如果有,你认为可能是哪些?
4. 通过对Ofo和摩拜单车的分析,你认为两者失败的根源在什么?共享经济在哪些方面还有提升的空间?
5. 你认为,共享经济是否适用于所有行业?如果不是,是否有行业准入标准?

参考文献

[1] Daniel Q. Chen, David S. Preston & Morgan Swink. How the Use of Big Data Analytics Affects Value Creation in Supply Chain Management [J]. *Journal of Management Information Systems*,2015,32(4):4-39.

[2] Kambatla K., Kollias G., Kumar V., et al. Trends in big data analytics[J]. *Journal of Parallel and Distributed Computing*,2014,74(7):2561-2573.

[3] 纪汉霖、管锡展:"双边市场及其定价策略研究",《外国经济与管理》,2006年第3期。

[4] 麻元元:《电子商务经济学》,北京理工大学出版社,2016年。

[5] 王晓晶:《电子商务与网络经济学》,清华大学出版社,2014年。

[6] 〔美〕罗宾·蔡斯:《共享经济:重构未来商业新模式》,王芮译,浙江人民出版社,2015年。

图书在版编目(CIP)数据

商务经济学/李育冬,张荣佳主编. —上海:复旦大学出版社,2021.1(2021.12 重印)
(创优·经管核心课程系列)
ISBN 978-7-309-14859-6

Ⅰ.①商⋯ Ⅱ.①李⋯ ②张⋯ Ⅲ.①贸易经济学 Ⅳ.①F710

中国版本图书馆 CIP 数据核字(2020)第 025925 号

本书为上海市一流本科引领项目资助。

商务经济学
李育冬 张荣佳 主编
责任编辑/鲍雯妍

复旦大学出版社有限公司出版发行
上海市国权路 579 号 邮编:200433
网址:fupnet@fudanpress.com http://www.fudanpress.com
门市零售:86-21-65102580 团体订购:86-21-65104505
出版部电话:86-21-65642845
上海新艺印刷有限公司

开本 787×1092 1/16 印张 14.5 字数 352 千
2021 年 12 月第 1 版第 2 次印刷

ISBN 978-7-309-14859-6/F·2674
定价:45.00 元

如有印装质量问题,请向复旦大学出版社有限公司出版部调换。
版权所有 侵权必究